메이지 시대의 창가(唱歌) 연구

일본의 근대 국민국가 형성 양상을 중심으로

메이지 시대의 창가(唱歌) 연구

일본의 근대 국민국가 형성 양상을 중심으로

박 선 희

Chonnam National University PRESS

| 일러두기 |

* 일본어의 한글표기는 한글 맞춤법 통일안의 외래어 표기법을 따랐다.
단, 고유명사 이름의 경우는 외래어 표기법에 따르지 않고 일본어 그대로 한글표기를 하였으며 (예: 堀内敬三 → 호리우치 게이조), 지명 관련 표기는 통일성을 위해 일괄 원문 표기하였다. (예: 富士川 → 후지가와, 三井寺 → 미이데라)

* 인명 및 지명은 처음에 한하여 일본어 표기하고 그 다음부터는 한글만 표기하였다.

* 본문의 창가 번역은 의미전달을 중심으로 번역하였으며 원문이 필요한 경우는 '번역문(원문)'으로 병기하였다.(번역과 관련하여 특별한 언급이 없는 한 필자에 의한 것)

* 본 책의 지도(地図)의 출처는 岡本仁(2000), 『鉄道唱歌』, 野ばら社에 의한 것이다.

책머리에

이 책은 필자가 2012년 박사학위 논문을 정리한 것으로 그 내용은 메이지 정부가 근대 국민국가 만들기 프로젝트를 이룩함에 있어서 창가(唱歌)가 수행한 이데올로기적 역할을 규명하고자 한 것이다. 이를 위해 그 필수 과정으로서 메이지 정부가 구상하고 있던 국민상과 국가상에 대한 고찰과, 그 실천 양상의 분석을 위해 문부성 창가집을 통해 본 국민의 신민화 양상, 철도창가를 통해 본 메이지 국가의 균질화된 근대적 공간화 양상, 그리고 의식창가를 통한 국가관 만들기라는 세 가지의 커다란 테마로 접근하여 메이지 시대의 창가 중 582곡을 선정, 창가가 수행한 이데올로기적 역할에 대해 분석 고찰하였다.

이 책은 전체 6장으로 구성되어 있다.

제1장에서는 연구의 필요성 및 목적과 연구방법, 그리고 선행연구를 검토하고, 제2장에서는 본 연구의 목적을 위해 다루어야 할 필수 과정으로서 메이지 정부가 구상하고 있던 국민상과 국가상을 제도적·교육적 측면에서의 고찰과 더불어 당시의 메이지에 대한 담론들을 조명해 봄으로써 메이지의 국가적 구상을 고찰하였다. 제3장에서는

근대 국민국가를 창출함에 있어서 그 실천적 양상을 파악하기 위한 첫 번째 작업으로 '국민'을 만들어가는 과정을 일본 최초 근대 음악 교과서인 『소학창가집』 전(全) 3편과, 일본 최초 유아용 음악 교과서인 『유치원창가집』, 그리고 문부성에 의해 편찬된 『심상소학창가』 전 6권을 연구 대상으로 살펴보았으며, 제4장에서는 메이지 국가의 균질화된 근대적 공간화에 대한 고찰을 『지리교육 철도창가』 전 5집(334절)의 가사 분석을 통해 메이지 정부의 국민국가 창출 구상의 하나인 근대 공간으로서의 '지리적 신체 만들기' 과정을 살펴보았다. 제5장에서는 근대 국민국가의 필수 요소 중의 하나인 국민적 일체성 의식, 즉 내셔널 아이덴티티라는 국가 의식의 구축을 위한 과정을 축일대제일 의식과 관련하여 규명하고자 하였으며 이를 위해 <축일대제일 의식 규정>의 제도 하에서 탄생한 8곡의 의식창가를 그 분석대상으로 하였다. 이 책의 마무리인 제6장에서는 본 연구의 결과를 토대로 얻은 결론으로서, 메이지 정부가 근대 국민국가를 창출해 나가는 과정 속에서 동시대의 창가 중 총 582곡에 내재되어 있는 이데올로기적 역할을 분석 고찰한 결과, 메이지 정부는 근대 국가 창출을 위해 국가가 요구하는 국민상과 국가상을 제시해 놓고, 그 3대 요소라 할 수 있는 국민·국가(지리적 신체)·국가관을 구축해 나갔으며, 그 과정 속에서 중요한 기제로 작동했던 도구 중의 하나가 바로 창가(음악)였음을 명확히 규명할 수 있었다.

이상과 같은 고찰 결과는 일본이 근대를 만들어 나가는데 있어서 창가가 일조했다는 점과 현 일본의 현상을 올바르게 인식하여 앞으로 나아갈 바를 파악하는데 미비하게나마 도움이 될 만한 분석 결과라고 할 수 있을 것이며, 무엇보다도 음악을 통해 일본의 근대 국민국가 형성 과정을 읽어내려 한 본격적인 연구라는 측면에서 앞으로의 일본의 음악(창가)을 통한 근대 연구에 선행적 자료를 제공할 수 있을 것으로 기대한다.

마지막으로 이 책이 완성에 이르기까지 많은 지도와 격려로 힘써 주신 김정례 교수님과 부족한 글임에도 불구하고 꼼꼼하게 아름다운 한권의 책으로 만들어주신 전남대학교출판부, 그리고 묵묵히 지켜봐 준 소중한 가족에게 고마움을 전한다.

– 내가 나 된 것은 하나님의 은혜로 된 것이니 –
고린도 전서 15장 10절

2014년 11월

박 선 희

차례

책머리에 5

1 서 론 11

연구의 필요성 및 목적 12
연구사 검토 15
연구 방법 및 구성 23

2 메이지 정부의 국가적 구상 31

국민·국가의 원형 32
'천황제'와 근대 국민국가 37
담론 속에서의 메이지의 형상 45
국가주의적 체제 만들기 60

3 '문부성 창가집'을 통해 본 국민의 '신민화' 양상 63

창가과의 제도적 노정(路程) 64
근대 국민국가 일본의 행로 – 창가 속 '신민' 만들기 66
'국민'에서 '신민'으로의 변용 165

4 '철도창가'를 통해 본 메이지의 근대적 공간화 171

근대 일본의 공간적 경계인식 172
일본의 철도 등장과 철도창가 176
『지리교육 철도창가』에 나타난 근대 공간의 구축 양상 182
이데올로기화된 지리적 신체 252
이데올로기와 공간의 국민화 260

5 '의식창가'를 통한 국가관 만들기 265

축일대제일 의식창가 탄생 266
축일대제일 의식을 통한 교화 장치 273
이데올로기로서의 '기미가요' 292
의식창가의 표상집 - 천황 301

6 결 론 303

주 315

참고문헌 337

1

서 론

연구의 필요성 및 목적

본서는 메이지 시대의 창가가 근대 국민국가를 만들기 위해 수행한 이데올로기적 역할 규명에 관한 연구이다. 그 중에서 특히 근대 국민국가가 갖추어야 할 필수 요소 중 이데올로기로서의 국민과 지리적 신체로서의 국가 그리고 국민적 일체성 의식인 국가관이라는 세 가지 측면으로 나누어 메이지 시대의 근대 국민국가 형성 양상을 창가 분석을 통해 고찰하였다.

창가는 원래 일본의 근대, 메이지 시대 초기부터 1945년까지 학교 교육용으로 만들어진 이른바 일본의 근대 동요를 뜻하지만 한편으로는 당시 초등학교 교과목 명칭이기도 했다.[1] 즉 창가는 메이지 유신(1868년)을 통해 근대적 개혁을 단행한 메이지 신정부가 일본 최초 근대 학교제도에 관한 규정으로서 1872년에 발표한 <학제(学制)> 안에 제시하고 있는 교과목이었다. 당시의 상황은 가르칠 교사나 교재가 없는 유명무실한 상태였지만, 1879년 문부성에 관련 부서로 음악취조괘(音楽取調掛)[2]가 설립되고 거기에서 일본 최초 음악 교과서인 『소학창가집(小学唱歌集)』이 탄생되면서 교과목으로서의 역할을 하게 된다. 또한 문부성은 1907년 창가를 필수과목으로 지정하여

"창가는 쉬운 곡을 노래함으로써 미적 감수성을 기르고 덕성을 함양하는 데 이바지하는 것"[3]이라고 과목 요지를 정했던 바, 이후 40여 년 동안 창가는 근대 일본 어린이의 감성과 덕성교육을 담당하는 위치에 있었다.

주목 되는 것은 일본의 근대 어린이의 감성과 덕성함양을 위한 교과목이며 노래였던 창가가 메이지 시대의 일본식 국민국가가 만들어지는 과정에서 어떠한 역할을 수행했는가 하는 점이다. 음악 인류학자인 A.P.메리엄(Merriam)은 음악 활동이 갖는 기능의 하나로서 음악의 사회 통합 기능에 주목하여 음악이 정치적·사회적으로 개인 및 사회 전체의 의견 형성이나 강화에 큰 힘을 발휘한다고 언급하였다. 그리고 음악을 통한 인간 행동에 가장 명확한 자료를 제공하는 것으로 가사에 주목하였다.[4] 사회 통합 기능 장치로서의 음악은 역사 속에서 국가체제의 설득 도구로 사용되기도 하였는데, 그 중 특히 가사는 국민국가의 주역이라 할 수 있는 국민에게 일체감을 느끼게 하는 정보를 제공한다는 측면에서 그 내면화의 역할을 짐작하게 한다. 또한 정치학에서 다루고 있는 '미란다(miranda) 개념'[5]으로도 음악을 통한 국민 통합 기능에 대한 설명이 가능하다. 즉 국가가 의식이나 예술을 통해 국민에게 감성적으로 호소하여 그 통합을 꾀하고자 하는 사고의 틀은 국민 통합·사회 통합을 위한 장치로서의 음악 기능과 맥을 같이 한다고 하겠다. 실제로 메이지 정부는 창가(음악)에 대해 당시 국가적 큰 문제였던 사회의 치안이나 풍기와 관련하여 음악적 감성의 육성을 위한 예술로서의 음악이 아니라, 덕육과 풍교에 필요한 도구로서의 음악이라는 인식의 틀 안에 있었다. 때문에 음악을 국가사업으로서 존속시키며 추진해 나가야 하는 중요한 과제의 하나로 다루고자 하였다. 이렇게 창가는 일본식 국민국가를 만들어 내기 위한 다양한 기제들 중의 하나인 국민화를 위한 도구로서 그 위치를 확보했다고 할 수 있겠다.

한편 일본은 근대의 문턱에 들어서면서 적극적 서구화라는 명분을 앞세우며 국민국가 만들기를 시작하였다. 1854년 미일화친조약 체결 후 반식민지 상태에서 출발하는 상황이었지만, 국민국가로서의 첫 출발인 메이지 국가의 모습은 거의 4세기의 시간을 필요로 하며 절대 왕권을 창출해 낸 영국이나 프랑스의 경우와 비교하여 보았을 때, 경이적인 발전 과정임은 두 말이 필요 없는 사실이다. 그러나 이렇게 시작된 일본의 국가 모습은 그 어디에서도 비슷한 예를 찾아볼 수 없는 독특한 '일본식 근대 국민국가'로서, 만세일계의 국체를 내세운 절대 천황제 국가였다. 외형상으로는 근대적 모습을 띠고 있으나 정치권력의 모든 것을 군주에 집중시키고 종교적·정신적 권위까지 독점하는 국가형태인 고전적 절대 왕정과 그 본질을 같이 하는 전근대적 국가의 모습이었던 것이다.[6] 그 과정의 일례로서 국민국가의 필수 요건 중의 하나라고 할 수 있는 국민의 '근대적 국민화'라고 하는 것을 보더라도 알 수 있듯이 그 보편성에서 벗어난 '일본식 국민국가로서의 국민=신민'이라는 도식을 성립시키고 있다.

요컨대 일반적인 국민국가는 진리와 법 앞에 모두 평등하다는 보편적 진리의 평등 의식을 요구하지만, 일본 메이지 시대의 국민국가의 모습은 진리와 법 앞에서라기보다는 천황 앞에 평등이라는 '특수한 진리' 앞에서의 평등 의식이 요구되었다. 이는 모든 인민을 천황에게 귀속시키는 것을 의미하는 것으로 이러한 특수한 진리의 기반 위에서 일본식 국민국가는 형성되어갔던 것이다.

최근 일본에서 일어나고 있는 현상 중에서 우리들이 주목해야 할 사회적 현상 특히 보수적 우려의 양상을 살펴보았을 때, 그러한 현상의 뿌리가 메이지 시대에 있음을 인식하는 문제는 일본 관련 연구자들의 입장에서 간과할 수 없는 매우 중요한 문제라고 할 수 있을 것이다. 따라서 메이지 정부가 어떻게 의도적으로 조작하고 강제하여 천황의 나라와 천황의 신민을 만들어냈는지를 확인하는 작업은 현 일본이 이 모든 현안들을 어떻게 풀어갈 것인가에 대한 실마리를 찾아낼 수 있는 하나의 작은 시도이며 그런 의미에서 지금 창가를 통한 메이지 시대에 대한 이와 같은 연구는 시기적절하다고 할 수 있을 것이다.

본서에서는 이상의 문제의식을 바탕으로 메이지 정부의 근대 국민국가 창출 과정과 그 양상을 동시대의 창가와 결부하여 분석 고찰하고자 한다. 특히 근대 국민국가의 필수 요소라 할 수 있는 세 가지, 즉 국민·국가(지리적 신체)·국민적 일체성 의식의 함양과 창가의 역할에 논의의 초점을 두었으며, 이를 위해 메이지 시대에 출간된 창가집 중 『소학창가집』 전 3편과 『유치원창가집(幼稚園唱歌集)』, 『심상소학창가(尋常小学唱歌)』 전 6권, 『지리교육 철도창가(地理教育鉄道唱歌)』 전 5집, '축일대제일 의식창가'를 분석 대상으로 하였다.[7]

연구사 검토

본격적인 연구에 앞서 선행연구에 대한 검토를 통해 본 연구의 방향과 그 특징에 관하여 언급하고자 한다. 본 연구의 선행연구 검토는 크게 두 가지 측면에서 이루어졌다. 첫 번째는 일본의 근대 국민국가 구축과 관련하여 연구된 내용에 대한 검토이며, 두 번째로는 본 연구의 중심 제재인 메이지 시대의 창가 관련 연구에 대한 검토이다.

먼저 일본의 국민국가의 형성 과정과 관련된 국내외 주요 연구에 대해 살펴보면 다음과 같다.

일본의 국민국가의 형성은 페리제독이 이끌고 온 흑선에 의한 충격으로 시작되어 메이지 유신으로 이어져가기 시작하는 근대로의 행보 속에서 그 윤곽을 드러내기 시작한다. 그리고 이러한 상황 속에 있던 메이지는 카오스적 상태로부터 조금씩 벗어나려는 시도 속에 대일본제국헌법 제정(1889), 국회 개설(1890), 교육칙어 발포(1890) 등, 국민국가로서의 골격을 구축해 나가는 과정을 보여주고 있다.

이러한 일본의 국민국가 형성 과정에 대해서는 다양한 코드를 통해 활발하게 논의되어왔는데, 이에 대한 본격적인 연구자로는 우선 먼저 니시카와 나가오(西川長夫)를 들 수 있다. 그는『국민이라는 괴물』에서 '국민'에 주목하여 국민국가의 특징을 고찰하였으며[8], 「일본형 국민국가의 형성」이라는 주제를 통해서는 프랑스 혁명과 메이지 유신에 대해 비교사적 관점에서 고찰한 바 있다. 여기에서 니시카와는 국민국가의 하나의 변용으로서 일본형 국민국가를 의식하면서 그 특징을 결정하는 기본적 조건으로서 한 나라의 역사 과정, 세계의 국가 간 시스템에 참가하는 역사적 시점, 동아시아에 있어서의 일본의 위치에 대해 언급하였다.[9]

한편 스즈키 사다미(鈴木貞実)는 문화 내셔널리즘과 관련하여 일본의 국민국가 창출에 주목하였다. 일본의 국민국가 형성 과정과 특질에 대해 문화 내셔널리즘이라는 키워드로 접근하면서 역사의 발명과 천황제의 발명 과정을 언급하였다. 또한 국민문화 이데올로기라는 틀 안에서는 국어, 그리고 일본문학과 내셔널리즘과의 관계를 고찰하

였다.[10]

그런가 하면 이효덕은 일본의 근대화와 국민·국가 형성의 관계를 표상과 미디어라는 관점에서 고찰하였다. 그는 서구 근대화와의 관련 속에서 생겨난 일본이라는 표상의 성립에 대해 그 획득되어가는 과정을 표상과 미디어와의 연관 속에서 밝혀내고 있으며, 이러한 작업은 일본을 '일본'으로 만드는 과정을 살피는 것이라고 설명하고 있다.[11] 위의 논의들은 국민국가의 창출 과정을 다양한 스펙트럼을 통해 분석한 귀중한 연구로써, 국민국가에 대한 기본적인 인식의 틀을 제공하고 있다고 할 수 있다.

일본 내의 이러한 연구 경향과는 조금 다르게 국내의 메이지 시대에 대한 연구는 주로 일본 국민국가의 형성 과정과 절대 천황제와의 관계라는 관점에서 이루어지고 있다. 함동주는 메이지 유신으로부터 시작된 일본의 국민국가로의 과정이 천황제 근대 국가의 형태로 진행되어져가는 배경과, 서구 열강이 주도한 제국주의적 국제 질서에 적극 참여함으로써 본격적인 제국주의 국가로 발전해 나가며 천황제 근대 국가 형성을 완성해나가는 과정을 상세히 고찰하였다.[12]

한편 박충석은 일본이 국민국가를 형성해 나가는 과정 속에서 나타내고 있는 국가주의의 이념적 성격을 밝히고자 하였다. 그에 따르면 일본의 근대 국가의 모습은 후기 미토학을 기점으로 하는 존왕양이 사상을 모태로 하는 천황제 국가이며, 대외적으로는 구미 열강에 편입하여 제국주의로 발전해가는 국가주의의 노정이라 할 수 있다.[13] 이상의 논의들은 정치적 공동체로서의 국민국가가 진행되어가는 배경과 그 형성 과정을 역사적·정치적·사회적 흐름 속에서 파악해 나가는 상당히 의미 있는 연구라고 할 수 있을 것이다.

다음으로는 창가와 관련된 선행연구를 살펴보고자 한다. 일본에서는 이 분야와 관련하여 활발히 연구가 논의되고 있다. 먼저 창가와 관련된 본격적인 저서로는 야마스미 마사미(山住正巳)의 『창가교육 성립과정의 연구(唱歌教育成立過程の研究)』[14]가 있다. 일본의 근대 음악 교육을 다룬 연구 논문들의 필수적인 기초 자료로서 중요한 위치를 차지하고 있는 이 저서는 이자와 슈지(伊沢修二)[15] 등이 중심이 되어 만들었던 음악취조괘를 중심에 놓고 <학제> 시기부터 축일대제일 창가 성립까지의 창가 교육의 전개를 상세히 고찰하고 있다. 특히 역사적 사료에 근거하여 객관적으로 접근하고 있으며, 따라서 근대 음악 특히 '창가'를 연구하는 연구자들은 이 저서에 빚진 자들이라고 할 수 있을 것이다.

또 호리우치 게이조(堀内敬三)의 『음악 메이지 백년사(音楽明治百年史)』[16]는 메이지 초부터 이후 100년간의 일본 음악의 변천을 기록한 것으로, 일본에서 이루어졌던 양악의 급속한 획득과 흡수, 그리고 그 반향으로 일어난 일본 전통음악의 '느린 변화' 등을 설명하며, 창가 교육에 대한 역사적 경로를 찾기 위한 귀중한 자료를 제공해준다.

한편 산토 이사오(山東功)는 『창가와 국어(唱歌と国語)』[17]에서 메이지 근대화의 장치였던 창가를 국어와의 연계성으로 접근하여 고찰하였다. 산토에 의하면 일본은 메이지 이후 본격적인 근대화의 흐름 속에서 서양의 이해를 필수 불가결한 것이면서 최대의 난업으로 파악하고 있었다. 그리고 대일본제국헌법이 공포되기까지의 메이지 전기는 그야말로 서양을 수용하는 것만으로도 벅찼던 시기였음을 지적하였다. 그와 같은 서양 수용의 대상은 모든 영역을 아우르고 있었는데, 특히 그러한 수용을 단적으로 보여주는 영역이 외국어 영역, 구체적

으로는 '문법'이었다고 언급하면서 메이지 근대화의 키워드로서의 기능을 설명하였다. 이러한 접근은 일본어 자체에 대한 문법뿐만 아니라 서양 음악의 수용이라는 관점에서 창가와 문법과의 접점을 찾아 접근하는 흥미로운 논의라고 할 수 있겠다.

단행본에 대한 선행연구 검토에 이어 다음으로는 개별 논문을 중심으로 살펴보고자 한다.

'국민성'과 '음악'과의 관계를 다루는 연구와 관련하여 니시지마 히로시(西島央)는 학교 교육의 국민 통합 기능을 명확히 하는 시도의 하나로 '창가과의 헤게모니 장치성'이라는 측면에서 사회학적으로 고찰하였다.[18] 또한 창가라는 음악이 내포하고 있는 장치성에 집중하여 국민국가라는 국가 장치 안에서 국민을 통합하는 수단으로서의 기능 등을 문제로 다루었다.[19] 그는 학교 음악이 국민 의식을 형성시키기 위하여 중요한 역할을 담당한다고 언급하면서, 국민 통합을 꾀하기 위해 메이지 정부는 그와 같은 특성과 역할을 국가 권력이 미치는 '학교'에서 아동들에게 '음악 교육화' 시켜갔다고 주장하였다.

『소학창가집』과 관련해서는 마쓰바라 다케미(松原武実)와 사토 도시오(佐藤敏雄)가 있다. 마쓰바라 다케미는 창가 교육의 태동이라는 커다란 기운 속에서 탄생하게 되는 일본 최초 근대 음악 교과서인 『소학창가집』 전 3편에 대해 선율과 리듬·박자·음역 등의 음악적 재료 분석과 함께 가사가 내포하고 있는 덕목까지도 상세히 분석하였다.[20] 사토 도시오는 『소학창가집』 작성의 배경이 되었던 당시의 사회 정세와 교육관을 살피고, 『소학창가집』에 담겨 있던 소재를 분석, 그 특징을 가사와 음계 및 리듬으로 나누어 파악함으로써 메이지 초창기의 음악 교육에 대한 분석을 시도하였다.[21] 그런가 하면 사쿠라이 마사토(桜井雅人)는 그의 논문을 통해 『소학창가집』 전 3편에 수록되어 있는 총 91곡의 대부분이 외국 곡[22]임을 지적하면서 각각의 곡들의 원곡을 명확히 한 바 있다.[23] 이들 대개의 논의는 창가 연구를 위한 중요한 자료로서 그 가치를 인정받고 있으며, 특히 음악의 문법적 이해를 돕는 기본적 자료를 제공하고 있다. 그러나 아쉬운 것은 분석의 초점이 음악적 자료 분석에만 맞추어져 있다는 것이다. 따라서 음악이 갖고 있는 구조적 요소들을 토대로 만들어내는 기호이자 메시지의 전달에 관한 확대 분석 작업이 활발하지 못하다는 아쉬움이 있다.

『유치원창가집』과 관련해서는 이와모토 마치코(岩本真智子)와 시마타 유미(嶋田由実)가 있다. 이와모토 마치코는 먼저 『유치원창가집』이 현재까지 만들어진 유일한 관제 유치원용 교재이며, 초등학교 창가 교육의 역사에서 중요한 위치를 차지한다는 평가를 받고 있음에도 불구하고 연구가 그다지 활발치 못한 점을 지적한다. 그리고 이어서 『유치원창가집』의 모태라 할 수 있는 보육창가에 대한 분석과, 교재로서의 『유치원창가집』의 특성에 대해 고찰하였다.[24] 시마타 유미는 1890년대 전후가 유치원 교육의 전개에 있어서 중요한 시기였음을 언급하면서, 이 시기에 편찬된 유아 교육을 대상으로 한 창가집을 분석하였다. 즉 이 시기에 아동의 음악이 어떻게 받아들여졌는가에 대해, 그리고 유아 교육에 음악을 이용함으로써 발생한 문제는 무엇이었으며 그 해결 방법은 어떠했는가, 또한 어떻게 노래가 창작되었는가에 초점을 맞추어 고찰하였다.[25] 이러한 논의들은 연구 자료로서 각각의 맡은 역할을 다하고 있다고 여겨진다. 그러나 아쉽게도 다루고 있는 영역이 보육이나 음악사적, 음악적 관점에 맞추어져 있기 때문에 연구의 방향이 악보에 대한 분석으로 치우쳐져 있다는 한계점을 드러낸다. 따라서 가사 분석을 통한 사회교육학적 접근으로의 확대 분석 작업은 드물게 발견되기는 하나, 기대에 미치지 못하고 있음이 아쉬움으로 남는다.

『심상소학창가』와 관련해서는 나카야마 에이코(中山エイ子)와 시마타 유미(嶋田由実)가 있다. 나카야마 에이코는 메이지 시대의 독본 창가집의 출판 과정과 검정 교과서 시대의 독본 창가집, 국정 교과서 시대의 독본 창가집을 개괄하고, 『심상소학독본창가』와 『심상소학창가』와의 관련성에 대해 분석 검토하였다.[26] 시마타 유미도 『심상소학창가』와 『심상소학독본창가』와의 연관성을 지적하면서 그 편찬 과정을 상세히 고찰하였다.[27] 이 두 논문은 본 연구의 텍스트에 대한 기초적 연구 자료로서 중요한 지식을 제공해주고 있으나 아쉽게도 문헌적 자료와 사적 자료 분석이라는 한계가 보인다.

『지리교육 철도창가』와 관련해서는 야마구치 유키오(山口幸男)와 가토 유코(加藤有子)가 있다. 야마구치 유키오는 메이지 시대의 지리교육 창가의 역할을 명확히 하기 위해 지리교육과의 관계에 주목하여 분석하였다. 그는 철도창가 유행의 배경을 음악교육사적, 교육사적, 그리고 국가 사회적 배경으로 나누어 고찰하면서, 철도창가가 전국 각지에 대한 지리적 정보의 축적과 메이지 시대의 지역의 실태를 나타내주는 '디스커버 재팬'이라는 상황을 방불케 하는 역할을 수행하였다고 주장하고 있다.[28] 그런가 하면 가토 유코는 『지리교육 철도창가』 전 5집을 개괄하고 그 중 제1집인 '도카이도(東海道)'에 대한 가사와 역 이름, 지명 등에 대해 기술한 바 있다.[29] 이들의 연구는 그 서술 방식이 가사의 내용을 소개하는 나열 방식을 취하고 있으며, 그로 인해 '지리교육'과의 관계라는 차원에서 일본의 지리적 측면의 이해에 대한 지식을 제공하는 역할에 치중되어 있는 듯하다.

'축일대제일 의식창가'와 관련해서는 사토 히데오(佐藤秀夫)와 혼다 가쓰(本田活)가 있다. 사토 히데오는 제국헌법 체제가 성립하는 1890년대 전반기에 국가권력 측으로부터 학교에 강제된 축제일 의식의 형성 과정을 고찰하였다. 특히 축제일 의식이 어떠한 과정을 거쳐 학교에 도입되고 정형화 되어갔는지, 메이지 공권력이 공교육인 학교에 어떠한 목적과 기능을 정착시키고자 했는지에 논의의 초점을 맞추어 축일대제일 의식의 형성 과정을 고찰하였다.[30] 또한 혼다 가쓰는 1890년대 전반에 관한 창가 교육, 특히 의식창가에 초점을 맞추어 초등학교의 교육 이념 측면과 교과로서의 창가 교육 측면, 그리고 의식창가 측면에서 논의를 전개함으로써 당시 창가 교육의 성격에 대한 고찰을 전개하였다.[31] 그러나 이들 논문이 심도 있는 고찰 내용으로써 의식창가에 대한 근본적 이해를 돕는 연구임에도 불구하고, 아동 교육 안에서의 실천적인 제시보다는 제도적 측면의 고찰로 치우쳐 있다.

한편 한국에서의 연구 경향을 살펴보면, 김병선의 『창가와 신시의 형성 연구』[32]와 구인모의 「가사체(歌辞体) 형식의 창가화(唱歌化)에 대하여」[33] 등을 들 수 있다. 김병선은 한국에서의 창가의 발생 배경부터 창가의 보급과 교재 편찬 과정, 그리고 한국 근대 문학의 선구자 육당 최남선의 문학 세계와 창가와의 연관성, 그리고 신시의 형성 및 창가의 역할 등에 대해 상세히 고찰하였다. 그런가 하면 구인모는 그의 논문에서 한국 문학사에 있어서 근대 계몽기(대체로 1895년~1910년까지)의 가사체 형식은 개인의 서정적 발화보다는 공동체를 향한 국내외 정세에 대한 정치적 의견의 피력이나 문명개화론, 그리고 국민국가주의 이념의 호소를 위한 공정한 발화의 양식이었음을 주장하였으며 나아가 근대 계몽기 가사체 형식의 운문 양식이 잡가·민요·찬송가 등과 접촉하면서 '창가'의 주된 형식으로 변용하는 양상을 규명하고자 하였다. 이와 같은 논의들은 한국의 근대 문학사의 한 단면을 파악할 수 있는 중요한 단초의 역할을 하고 있음에 틀림없다. 한 가지 아쉬운 것은 이들 연구가 모두 한국 문학사적 측면에서 논의가 진행되고 있기 때문에 한일 양국 관계를 횡단하는 관점이 결여되어 있을 뿐만 아니라 시대적 한계성을 노정하고 있다는 점이다.

본서는 이상의 선행 연구 검토를 통해 제공된 많은 연구 성과를 토대로 하되, 그 한계성으로 나타난 부분들을 보완해가면서 국민국가 구성 요소인 국민·국가(지리적 신체)·국가관을 창출하는 과정에서 중요한 기제로 작동한 창가의 이데올로기적 역할에 주목, 메이지 정부가 주도해 나갔던 '근대 국민국가 만들기' 프로젝트를 고찰하고자 하였다.

연구 방법 및 구성

전술한 바와 같이 본서는 메이지 정부가 근대 국민국가를 창출해 나가는 과정 속에서 동시대의 창가의 이데올로기적 역할을 명확히 규명하고자 함에 그 목적이 있다. 따라서 본 연구에서는 국민국가 창출의 필수 요건에 초점을 맞추면서 크게 네 가지 측면으로 나누어 살펴보고자 한다.

먼저 본 연구의 목적을 위해 다루어야 할 필수 과정으로서 메이지 정부가 구상하고 있던 국민상과 국가상을 살펴본다. 이 지구상에 국민국가라는 시스템이 만들어지기 시작하면서부터 사람들은 보여주고 싶어 하는 스스로의 이미지를 자신들이 추구하는 가치 체계 속으로 하나씩 만들어 갔다. 이러한 국가적 이미지 구축, 즉 그렇게 되고 싶은 가치 체계의 추구는 국가적 차원에서 전략적으로 이루어지는 것이 보편적이라는 전제 하에 제도적·교육적 측면에서의 고찰을 통한 국민상·국가상의 양상을 살펴보게 될 것이다. 또한 당시 일본을 바라보았던 외국인을 인식하며 자신들의 모습을 구축해 나갔던 메이지의 이미지를 타자 인식과 자의식의 관점에 초점을 맞추어 '오리엔탈리즘적 시선 투과로 그려진 상'과, 거기로부터 벗어나려는 '회귀적 시선을 통해 그려진 상'을 살펴보고자 한다. 이 작업을 위해 당시의 국내외 시선들은 국민국가를 지향하고 있었던 메이지 일본에 대해 어떤 이미지를 갖고 있었는지 당시를 묘사한 담론들을 통해 살펴볼 것이다.

두 번째 측면으로는 국민국가를 창출함에 있어서 그 실천적 양상을 파악하기 위한 첫 번째 작업으로서 '국민'을 만들어가는 과정을 살펴본다.

메이지 시대는 근대 국가를 창출하기 위한 필수 요소의 확립을 위해 다양한 방법들을 모색하고 있던 때로, 그 과정을 통과하며 많은 시행착오를 겪는 중요한 혼돈의 시기이기도 하였다. 특히 메이지 정부는 '국민 만들기=신민화'를 위해 가장 중요한 영역으로 교육을 설정하였으며, 그러한 정부의 강력한 의지의 표출은 교육상의 모든 제도의 확립으로 이어져 갔다. 국민국가 창출의 필수 요소 중 하나인 근대적 국민 만들기 프로젝트는 국민 교육의 근대 공간인 학교 안에서 이루어지게 되는데, 이때에 메이지의 국민을 국가의 체제 안으로 끌어들이기 위한 기호로 작동하면서 전달 도구로서 무시할 수 없는 위치를 확보하고 있었던 것이 바로 '창가'[34]였다고 할 수 있다. 창가는 1872년 <학제>

공포와 함께 학교 교육의 학과목의 하나로 채택되었으며, 1941년 이후 '국민학교'가 '초등학교'로 바뀌고 '창가'가 '음악'으로 그 명칭이 바뀔 때까지 약 70년간 일본인에게 애창되었던 노래였다[35]는 사실이 이를 잘 말해주고 있다.

한편 '국민 창출' 프로젝트는 국가적 차원에서 이루어지는 중요한 정책인 만큼 국가가 만들어낸 교과서 안에는 국가가 원하는 국민의 바람직한 모습이 명시되어 있음은 당연하다 하겠다. 따라서 본서에서는 1881년 11월부터 1884년 3월에 걸쳐 문부성 음악취조괘에서 편찬한 일본 최초 근대 음악 교과서인 『소학창가집』 전 3편과, 1887년 2월 편찬된 일본 최초 유아용 음악 교과서인 『유치원창가집』, 그리고 1911년 5월부터 1914년 6월에 걸쳐 문부성에 의해 편찬된 『심상소학창가』 전 6권을 그 연구 대상으로 하여 '국민 만들기'의 실천 과정을 고찰하고자 한다. 이 작업은 메이지 정부가 아동들에게 주입시키고자 했던 구체적인 의식을 파악함으로써 당시 아동들에게 미시적 권력으로 작동하고 있던 메이지의 강력한 이데올로기의 성격을 명확히 하는데 일조할 것이며, 이로써 메이지 정부가 주도했던 '신민화' 프로젝트의 양상이 가시화 될 것이다.

세 번째로는 메이지 국가의 균질화된 지리적 신체, 즉 근대적 공간화가 형성되어가는 과정을 살펴보고자 한다. 일본 민족에게 있어서 일본이라는 경계는 오늘날처럼 명확하지는 않았다. 이와 관련하여 아미노 요시히코(網野善彦)는 지금의 도호쿠(東北)지역과 홋카이도(北海道) 남부 지역은 왜인(일본인)과 아이누족이 섞여 살던 지역이었으며 남 규슈(九州)지역과 아마미(あまみ)지역 등, 소위 일본 문화의 영역 안이라고 하기 어려운 방치 지역이 광범위하게 존재했음을 밝히고

있다.[36] 이와 같이 명확하지 않았던 메이지 이전의 '국가'라는 공간의 경계성을 통해 지리적으로 집합된 이데올로기로서의 공간을 의식하게 된 메이지 정부는 국민국가로서의 균질 공간을 만들어내기 위해 근대적 교통망 구축과 그 중추적 역할을 이루는 철도 부설에 몰입하였다고 할 수 있다. 이 장에서는 이러한 문제의식을 기조로 하여 1900년 5월부터 11월까지 오와다 다케키(大和田建樹)[37]의 작사에 의해 이루어진 『지리교육 철도창가』 전 5집을 그 연구 대상으로 고찰함으로써 '내나라 일본'이라는 공간의 국민화 과정을 살펴보고자 한다.

마지막으로 네 번째 측면에서는 국민국가의 필수 요소 중의 하나인 국민적 일체성 의식, 즉 내셔널 아이덴티티라는 국가 의식의 구축을 위한 과정을 축일대제일 의식과 관련하여 규명하고자 한다.

메이지 정부는 주지하는 바와 같이, 국민국가 건설의 목표 아래 근대화가 바로 서구화이기라도 하듯이 적극적으로 서구화 정책을 추진해 갔다. 그리고 그것은 국내 제도의 파격적 개혁과 함께 민중의 생활과 문화 그리고 의식에까지 아우르는 전반적인 영역에서 이루어졌다. 특히 민중의 생활과 문화 향상을 위한 메이지 정부의 큰 고민 중의 하나는 민중들에게 '일본 국민'으로서 여러 나라(서구열강)와의 대등함을 인지시켜야 하는 것이었다. 그로 인해 이제까지 이루어졌던 서구화 정책의 방향은 일본 회귀라는 내셔널리즘의 노선으로 바뀌게 되었으며, 특히 '천황제적 근대 국가 건설'이 이루어지는 1890년대 전후에는 교육 방침도 그 노선을 따라서 강력한 회귀적 형태를 취하게 된다.[38] 일반적으로 국민 통합 원리를 구축하는 것이 핵심이라 할 수 있는 지배 이데올로기는 그 문제 해결을 위해 교육정책에 집중하게 되는데, 메이지 정부가 음악 교육을 통해 실시한 <소학교 축일대제일

의식> 의 제도화는 이것을 단적으로 보여주는 예라 할 수 있겠다. 따라서 본 장에서는 국가 의식 구축 과정의 양상을 고찰하기 위해 학교 행사로서의 <축일대제일 의식> 의 형성과 그 과정을 살펴보고자 한다. 그리고 학교 의식의 심화 장치였던 <축일대제일 의식창가> 가 메이지기 이데올로기를 아동들의 의식 속에 주입시켜가는 양상을 고찰하여 축일대제일 의식과 메이지적 이데올로기[39]와의 연계성을 명확히 하고자 한다. 이를 위한 연구의 중심 자료는 천황제 국가의 국민통합 이데올로기가 확립되어갔던 1890년대 전후의 창가 중에서 <축일대제일 의식창가> 8곡이다. 이 창가들은 전국적으로 매뉴얼화 된 학교의 의식 행사 안에서 메이지기 이데올로기의 주입 장치가 되어 아동들의 의식을 균질화시켜 가는데 일조한 곡들이다.

이상의 연구 분석을 위한 텍스트는 그 선정 기준에 있어서 문부성 편찬 사업과 관련된 자료들을 중심으로 채택하였다. 국민국가의 국민화 정책이란 국가적 차원에서 이루어지는 대 정책인 만큼 그 출발은 바로 국가가 주도하는 '교육'에서부터 시작된다고 할 수 있다. 따라서 국가가 만들어낸 교과서 안에는 국가가 필요로 하는 국민·국가·국가관 등에 대한 이데올로기 및 '상'이 제시되어 있음은 당연하다고 할 것이다. 이에 기본적으로 문부성 편찬과 관련된 자료가 텍스트로서 충분한 의미가 있다고 판단하였기에 학교 음악 교육과 관련된 자료를 그 중심 텍스트로 선정하였으며 구체적 범위를 표로 정리하면 다음과 같다.

표 1. 1차 자료 텍스트 목록

구 분	1차 자료 명	편찬 연도	곡수	비 고
국민 창출	『소학창가집』 초편	1881.11.	33	근대 일본 최초 음악교과서 (총 91곡)
	『소학창가집』 2편	1883.03.	16	
	『소학창가집』 3편	1884.03	42	
	『유치원창가집』	1887.12	29	근대 일본 최초·유일 관제 유치원용 음악교과서 (29곡)
	『심상소학창가』 1학년	1911.05	20	최초 문부성 창가집 (총 120곡)
	『심상소학창가』 2학년	1911.06	20	
	『심상소학창가』 3학년	1912.03	20	
	『심상소학창가』 4학년	1912.12	20	
	『심상소학창가』 5학년	1913.05	21	
	『심상소학창가』 6학년	1914.06	19	
국가(지리적 신체) 창출	『지리교육 철도창가』 1집-도카이도(東海道)	1900.05	66	공간의 국민화 과정 표상 (총 334개 절)
	『지리교육 철도창가』 2집-산요(山陽)·규슈(九州)선	1900.09	68	
	『지리교육 철도창가』 3집-오슈(奧州)선·이와키(磐城)선	1900.10	64	
	『지리교육 철도창가』 4집-호쿠리쿠(北陸)지방	1900.10	72	
	『지리교육 철도창가』 5집-간사이(関西)·산구(参宮)·난카이(南海) 각선	1900.11	64	
국가관 창출	의식창가	<축일 대제일 의식창가 가사 및 악보> 제정 1893.08	8	절대 천황제 표상 최고의 창가

한편 본 연구의 고찰 방법과 관련하여 일본 내의 창가 관련 연구의 성향을 일괄해 볼 경우 교과서의 내용 분석이 주를 이루고 있는 것을

알 수 있다. 구체적으로는 교육사적 접근이나 음악 교육사적 분석, 교육의 제도적 분석, 그리고 음악적 재료 분석과 접목된 측면에서 활발한 논의가 이루어져 있다고 할 수 있다. 그러나 국내에서의 연구 성과는 미흡한 상태로 국문학사적 측면으로 치우쳐서 연구되고 있는 실정이며, 특히 본 연구의 접근 방식과 같은 근대 국민국가 창출과 연계되어 고찰한 연구는 관견이기는 하나 극히 드문 것으로 사료된다.

따라서 본서에서는 이와 같은 문제의식 하에서 우선 먼저 1차 자료의 가사와 선율 분석을 본격적으로 시도하면서 2·3차 자료를 통한 문헌적 검토 분석을 중심으로 진행하고자 한다. 이때에 그 모든 과정들이 정치적·사회적·교육적 현상과 어떻게 상호 영향을 주고받으며 유기적으로 연계되어 있었는지에 대한 분석 방법인 사회교육학적 방법으로 접근하고자 하며, 이를 통하여 앞에서 제기한 연구 목적을 규명하고자 한다.

본서는 이상의 과제에 대한 답(당위성)의 도출을 위해 총 6장으로 편성하여 진행하며 구체적인 과정은 다음과 같다.

먼저 제1장 서론에서는 연구의 필요성 및 목적과 연구사의 검토, 연구 방법 및 구성에 대해 기술한다.

본론으로 들어가 제2장에서는 메이지 정부가 구상하고 있던 국민상과 국가상을 고찰한다. 이를 검토하기 위하여 메이지 시대의 교육적 측면과 제도적 측면을 국민상과 국가상으로 나누어 각각 분석하며, 그 과정에서 특히 근대적 국민의 신민화 과정과 절대 천황제의 구축을 위해 시도되었던 일련의 과정들에 주목한다. 더불어 당시를 묘사하고 있던 담론을 분석함으로써 국내외 시선을 통해 그려지고 있던 메이지의 이미지를 살펴볼 것이다. 제2장의 이와 같은 고찰은 제3장에서부터 다루어지는 메이지의 국민·국가(지리적 신체)·국가관 구축의 실천적 양상 고찰을 위한 필수적 과정이기도 하다.

제3장에서는 근대 국민국가의 필수 요건 중의 하나인 '국민'의 창출 과정을 '근대적 국민'의 '신민화' 과정으로 접근하여 살펴보고자 한다. 특히 이와 같은 '국민 창출'은 국가적 차원의 정책으로 이루어진다는 전제 하에 국가에서 만들어낸 교과서인 『소학창가집』 전 3편과 『유치원창가집』, 『심상소학창가』 전 6권을 중심 텍스트로 하며, 가사와 선율 속에 내재되어 있는 메시지에 초점을 맞추어 분석 고찰한다.

제4장에서는 『지리교육 철도창가』 전 5집의 내용을 통해 근대 공간으로서의 국가(=지리적 신체) 창출 과정을 분석 고찰한다. 이 작업을 통해 메이지의 국민적 풍경이 구축되는 과정과 국경선으로 구분되어진 정치·사회·문화 공간으로서 메이지의 근대적 영토, 즉 균질적 공간이 어떻게 형성되어 갔는지 그 과정을 명확히 할 것이다.

제5장에서는 메이지라는 근대적 시 공간 속에서 살고 있는 사람들이 갖고 있는 '우리는 하나'라고 하는 국민적 일체성 의식, 즉 내셔널 아이덴티티의 내면화 과정을 '축일대제일 의식창가'의 분석을 통해 규명하고자 한다. 메이지 정부가 축일대제일 의식을 통해 아동들의 의식을 규율화하고 통제하여 궁극적 정점으로서의 메이지적 이데올로기라는 국가관을 자기화시켜 갔음을 밝히며, 그 과정에서의 축일대제일 의식창가의 이데올로기적 역할을 고찰한다.

마지막으로 제6장 결론 부분에서는 이제까지 진행된 본론의 내용을 종합 정리하여 이상의 분석 고찰의 작업을 통해 드러난 국민국가로서의 메이지의 윤곽을 보다 명확하게 형상화시킬 것이다.

2

메이지 정부의 국가적 구상

국민·국가의 원형

국가에 대한 정의를 정확하게 내리는 것은 극히 어려운 일이다. 그것은 집중되어지는 초점과 관점에 따라 다양한 의미로 정의될 수 있기 때문이다. 국가에 대한 사전적 의미를 살펴보면 '일정한 영토와 그곳에 사는 일정한 주민들로 이루어져 주권에 의한 조직을 지니고 있는 사회집단 또는 나라'(『동아 새 국어사전』, 두산동아), '일정한 영토와 그 주민을 다스리는 배타적인 권력 조직과 통치권을 가지는 정치 사회로 근대 이후에는 통상 영토·인민·주권이 그 개념의 3요소이다'(『広辞苑』, 岩波書店), '하나의 정부 아래 개별적인 공간에서 살면서 같은 언어·문화·역사를 가지는 조직체로 간주되는 나라'(『OXFORD Advanced Learner's Dictionary』, Oxford University Dress 2000) 등으로 정의되고 있다. 그런가 하면 독일의 정치외교학자인 막스 베버(Max Weber)는 근대 국가는 국가의 하나의 특수한 형태라고 지적하면서 국가를 규정하는 메커니즘의 중요 요소로서 독점적 통제·영토권·주권·입헌성·비인격적 권력·권위와 정당성·시민권 등을 언급하였다.[1]

이와 같은 국가의 형태가 이 지구상에 나타나기 시작한 것에 대해, 최초의 전통적 국가의 등장 시기를 기원전 6천년에서 8천년 경으로 추정한 정치학자이자 사회학자인 틸리(Charles Tilly)는 최초로 근대 국가가 출현한 것이 3백년이 채 넘지 않는다고 언급하였다. 또한 국경이라는 키워드를 통해서 볼 때 1500년 경 유럽에는 약 500여개의 독자적 정치 단위가 있었으며, 1900년경에는 약 25개 정도로 통합된 정치 단위들이 있었음을 지적하였다. 그런가 하면 만(Mann)은 '완성된 국민국가는 대부분 20세기의 산물이며 대다수가 1945년 이후에야 비로소 등장했다'고 서술한 바 있다.[2] 이러한 전통적 국가, 즉 전근대적 국가는 근대화 과정 속에서 17세기 전반에 걸쳐 지배적인 국가 형태로 자리 잡고 있었던 절대주의 국가의 붕괴와 함께 국민국가라는 국가 형태로 탈바꿈하게 된다. 니시카와 나가오는 근대 국민국가라는 용어는 'nation-state'의 번역어로서 사회과학 영역에서는 상당히 오래 전부터 사용되어온 용어이지만, 널리 사용되기 시작한 것은 최근 십수 년에 불과하다고 언급하면서 국민국가를 크게 다음의 5가지로 나누어 설명하고 있다. 첫째로, 명확한 국경의 존재와 관련하여 국민국가는 국경선으로 구별된 정치적·경제적·문화적 공간이라는 사실을 지적하고 있다. 둘째로, 국가 주권을 말하면서 이 국가 주권이 미치는 범위가 바로 국민국가의 정치적 공간이라는 것이다. 셋째로, 구성원인 국민과 관련하여 국민이란 법적으로 규정될 뿐만 아니라 국가 이데올로기, 즉 애국심·국민문화·역사·신화 등에 의해 형성된 이데올로기적 존재이며 국민국가를 형성하는 필수 요소 중의 하나라는 사실을 강조하고 있다. 넷째로는, 이러한 정치적·경제적·문화적 공간과 국민을 지배하는 국가 장치 및 제도의 존재, 그리고 마지막으로 타 국민국가와의 관련 속에서 그 존재가 확정되는 세계 체제의 구조 속에 위치하고 있다[3]고 설명하였다.

한편 위와 같은 특징을 가지는 국민국가는 그 필수 요소 중의 하나인 국민 창출을 위해 다양한 기제들을 동원하여 민중들을 '국민'이라는 존재로 변환시켜 간다. 여기서 말하는 '국민'이란 니시카와 나가오도 언급했듯이, '전근대적 국민'과는 질적으로 다른 이데올로기적 존재로서 자발적이며 자유로운 '근대적 국민'을 의미하는 것이다. 국민(nation)은 그 어원 '태어남'(natio)에서 알 수 있는 것처럼, 원래 공통의 출생지를 가지는 사람을 의미하는 말로 중세부터 사용된 말이다. 이러한 국민(nation)의 사전적 의미를 살펴보면 '한 나라의 통치권 아래에 결합하여 국가를 구성하고 있는 사람'(『동아 새 국어사전』, 두산동아), '국가의 통치권 하에 있는 인민, 국가를 구성하는 인간, 국적을 보유한 자, 국권에 따르는 지위에서는 국민이며 국정에 참여하는 지위에서는 시민이라 부르는 사람'(『広辞苑』第五版, 岩波書店)이라고 정의되고 있다.

이와 관련하여 영국의 사회학자인 기든스(Anthony Giddens)는 '국민이란 명확히 경계 지워진 영토 내에 존재하는 단일 행정의 대상이 되는 집합체'[4]라고 하였으며, 후나비키 다케오(船曳建夫)는 '국민이란 국가에 대한 것으로, 국민은 기능·작용으로서의 의미이며, 상승 지향적이라는 점에서 적극성을 포함하면서 국가에 최선을 다하는 인간의 이미지를 갖고 있다'[5]고 설명한 바 있다. 그런가 하면 영국의 사회학자 스미스(Anthony D. Smith)는 국민을 '역사상의 영역, 공통의 신화와 역사적 기억, 대중적이고 공적인 문화, 전 구성원에게 공통의 경제, 공동의 법적 권리와 의무라는 다섯 가지의 특성을 공유하는 특정의 이름을 가지는 공동체인 동시에 정치적·경제적 공동체'[6]라고 구체적으로 언급하였다. 이와 같은 내용들을 종합하여 간략히 정의해보면

'국민이란 국가의 일원으로서 자발적이고도 자유로이 국가에 대한 다양한 의무와 국정의 참여 권리를 함께 소유하면서 그 나라를 구성하고 있는 자'라고 설명할 수 있을 것이다.

그렇다면 메이지 정부는 국가와 국민을 어떻게 구상하고 있었는가. 메이지 유신에 의해서 성립된 신정부는 근대 국민국가를 지향하며 그에 걸 맞는 국가 창출을 위해 과격한 개혁에 착수하던 권력 집단이었다. 이러한 메이지 정부가 추구했던 국가 구상의 틀 만들기는 19세기 중엽 이후 대외적인 긴장 관계 속에서 자신들을 독립국가로 유지시켜 가기 위해 무조건적으로 근대 국가를 만들어낼 수밖에 없는 상황 속에서 출발하였다. 그리고 그 실천을 위해 징병제·학제·세제 개혁 등과 같은 정책들을 하나하나 만들어갔다. 이러한 것들은 봉건 체제를 해체시키면서 민중들을 '국가' 안으로 편입시키기 위한 국가 장치들이었다. 다시 말해 국민국가 만들기라는 명제를 위해서 권력기구로서의 법과 제도 정비를 통한 국가 형성, 그리고 근대 국민으로서의 정체성이 내면화되어있는 국민 형성을 위해 필요했던 정책들이었다. 특히 1880년대부터 1890년대에 걸쳐서 이루어졌던 '제국헌법' 제정과 '교육에 관한 칙어'(이하 교육칙어)의 발포는 천황제 국가라는 통치 구조의 골격을 갖춘 국가상을 드러내는 사건이었다고 할 수 있다. 막번 체제의 지배층을 새 시대의 새로운 지배층으로 변환케 한 메이지 유신을 거치면서 새로운 지배층으로 부상한 메이지의 중심 권력층은 관료제 지배 기구를 구축하며 본격적인 중앙 집권화를 추진해 나간다. 이 과정 속에서 권력과 권위의 극점에 존재하게 되는 천황을 주인공으로 하는 제국헌법을 성립시킴으로써 모든 대권을 장악하는 거대한 '천황의 나라'를 탄생시키게 되었던 것이다.

한편 네이션(nation)의 번역어로 사용된 근대적 개념으로서의 '국민'은 2차 대전 후의 '신헌법'에 처음 등장하는 말이다.[7] 그러나 1871년 메이지 정부에 의해 시행되었던 '임신호적법(壬申戸籍法)'에서 국민이라는 용어가 사용되었다는 사실을 고려할 경우 국민이라는 용어는 메이지 초기부터 일반적으로 사용되었던 용어라고 할 수 있을 것이다.[8] 국민국가가 형성되기 위해 반드시 충족되어야 하는 여러 항목들 중에서 국민을 국가에 재편입시키기 위한 절차인 호적의 정리는 세금·징병·선거·국적 등과 관련하여 중요한 임무를 수행하는 영역이라 할 수 있다. 일본의 경우 1871년에 일본 최초로 전국적으로 행해졌던 '임신호적법'이 바로 그것으로, 이는 그 이전까지 전근대적 시간이었던 에도 시대에 절(寺)이라는 공간에서 관리해왔던 민중을 국가에 의한 관리 체제로 변환시키는 제도 중의 하나였다는 점에서 국가통합을 위해 필요한 핵심적인 장치였다고 할 수 있겠다.

그런가 하면 국가 안으로 재편성된 국민은 위에서 언급한 '천황제' 통치 구조 속에서 천황의 백성으로서 천황에 대한 절대 복종을 도덕의 근본으로 삼아 살아가야 하는 '신민'이라는 국민으로 재생산 되어갔다. 이른바 제2의 헌법으로 회자되는 '교육칙어'가 바로 이를 관철하기 위한 것으로, 이는 청일전쟁(1894)과 러일전쟁(1904)의 승리와 함께 천황제 국가에서 천황제 제국국가를 향해 나아가는 메이지의 국민화를 위한 절대적 틀이 되었다. 그리고 그 정도는 더욱 심화되어 강력한 국가권력의 통제 하에 대외적으로는 팽창을, 안으로는 국가의 교육 통제에 의한 신민 만들기를 향해 나아가는 첨병의 역할을 담당하였던 것이다.

요컨대 메이지 정부는 근대 국민국가의 원형으로써 국가와 국민 만들기를 위해 독특한 일본식의 틀을 제시하였다. 그리고 그 틀은 바로 메이지 정부가 구상하는 국가상의 정점을 구축해 나가기 위한 중요한 지침이 되었던 것이다.

'천황제'와 근대 국민국가

여기에서는 천황제를 메이지의 근대 국민국가 구상을 위한 체제 통합의 시도라는 측면에서 고찰해 보고자 한다. 이를 위해 군인칙유·대일본제국헌법·교육칙어라는 세 가지 키워드로 접근하여 국가상과 국민상을 분석하며, 이를 통해 메이지의 근대 국가 체제 구상의 양상을 검토할 것이다.

군인칙유

에도 시대 말기로부터 메이지 시대로의 이행은 봉건 체제에서 근대적 체제인 근대 국가로 그 근본적 변용을 이루는 과정이라고 할 수 있다. 즉 이는 막부를 주축으로 강력한 쇄국정책을 고수하며 260여 년간 봉건 체제를 지속시켜온 근세 일본이 1868년 1월 3일 왕정복고(王政復古)의 대호령(大号令)과 함께 메이지라는 근대 일본으로 변모해가는 것을 의미하는 것이다.

내우외환이라는 민족적 위기 속에 처해 있던 당시 메이지 정부의 위정자들은 안으로는 국민을 통합하고 밖으로는 국가의 독립을 이루어 처해있던 난국을 극복하고자 하였다. 서구 열강으로부터의 개국 압력이 심화되는 상황 속에서 막부 내부에서는 개국과 관련된 논쟁이 치열하게 전개되었으며 그 해결책으로써 존왕양이 사상이 대두되기에 이르렀다. 황실을 숭상하고 존경한다고 하는 군신관계에 있어서 최고의 표현인 존왕론(尊王論)과, 외국을 배척하자고 하는 양이론(攘夷論)이 결합하여 생성된 이 정치사상은 '천황'을 새로운 충성의 대상으로 삼는 일본의 신 정치체제, 즉 천황제 이데올로기를 탄생시키게 된 원동력이 되었다. 이러한 천황제라는 새로운 이데올로기 창출은 국내의 분열된 권력 체계를 통합하고 흩어져 있던 국민의 통합을 구축해 가기 위한 강력한 장치의 탄생을 의미하는 것으로 이는 한마디로 '국체'의 창출이었다. '대일본제국헌법'은 바로 이 국체(=천황)사상의 지배 이데올로기를 제도권 속에서 명확하게 정당화시키기 위해 제정된 것이며, '교육칙어'는 이를 교육이라는 형태로 전 국민에게 깊숙이 침투시키는 역할을 수행하기 위한 것이었다. 그리고 이 모든 과정을 위해 철저한 중앙 통제적 국가 체제의 지반 역할을 한 것이 '군인칙유'였다고 할 수 있다.

이와 관련하여 김필동은 군인에 대한 교육헌장이라는 또 다른 이름을 갖고 있는 군인칙유는 일본의 군대가 천황의 군대임을 공식적으로 선언한 것으로, 천황은 직접적인 군의 통수이기 때문에 군인의 대원수인 천황을 우두머리로 떠받들고 충절을 다하는 것이 군인의 가장 중요한 부분이었음을 지적하였다. 그리고 그러한 이유로 상관의 명령은 바로 천황의 명령이기에 오로지 절대 복종으로서의 충절만이 본분으로 요구되었다고 언급하였다.[9]

군인칙유의 출발점은 메이지 3대 개혁 중의 하나인 징병령(1873)이라 할 수 있다. 국민의 신체를 일정 기간 강제하는 이 징병령은 내우외환 속에서 훈련된 군사력의 창출과 함께 메이지 정부 체제를 지키기 위한 새로운 선택이었다. 이 징병령의 기초 안은 야마가타 아리토모(山県有朋)[10]와 사이고 쓰구미치(西郷従道)[11]가 1869년에서 1870년의 1년간 유럽으로 건너가 프랑스와 독일에서 시행되고 있던 병제를 연구하고 귀국하면서 시작되어 1873년 1월 천황의 칙유라는 형식으로 성립되었다. 이로 인해 모든 남자들은 20세에 징집되어 3년간 복무해야 했으며 제대 후 4년간의 예비역이 의무화되었다. 그리고 메이지 일본은 이 징병령의 발포와 더불어 국민개병의 시대로 들어서게 된다.

당시 군대의 역할이란 경찰 업무를 도와 우선적으로 메이지의 사회 질서를 유지하고 관리하는 일에 집중되어있었다. 이는 실제로 어느 정도의 사회적 혼란에 대한 진압으로 그 성과를 거두는 듯했다. 그러나 무사들의 국가 정책 방향에 대한 항의로서 일어났던 반란, 특히 1877년 사이고 다카모리(西郷隆盛)에 의해 일어났던 서남전쟁을 겪는 과정에서 메이지 정부 군대의 내부적 취약점이 노출되면서 그와 관련된 대책들이 세워지기도 하였다.[12]

메이지 일본의 근대적 군대의 출발점이 되었던 징병령은 병력의 보충과 정비, 그리고 유지라는 차원에서 뿐만 아니라, 국가 권력에 의한 국민의 신체적 구속을 통한 국민화(=근대화)를 체현시키는 심화된 수단이기도 하였다. 니시카와 나가오는 '군대는 가장 강력한 억압 장치이며 동시에 가장 강력한 국민 교육기관'[13]이라고 언급한 바 있다. 즉 군대는 다양한 신분과 지역에 분산되어 있던 '민중(民)'을 군대생활이라는 틀 속에서 하나의 정점을 향하고 있는 균질화된 국민, 즉 군인으로 통합시키는 철저한 중앙 통제적 국가기구의 역할을 하였다고 풀이할 수 있다.

이렇듯 군인칙유는 메이지 정부가 근대 국가 구상과 체제 통합을 위해 필요했던 강력한 정책이었다. 그리고 이와 같은 제도적 틀을 절대군주 천황의 칙유 형식으로 하달함으로써 그 구속력을 절대화 시켰던 것이다.

국가의 형체 - 대일본제국헌법

메이지 정부가 개혁의 모델로서 서구 근대 국가를 지향하며 서구적 근대화의 길로 방향 설정을 하게 된 것은 중국이 서양에 문을 여는 계기가 되었던 아편전쟁을 통해서라고 할 수 있다. 이러한 방향의 전환은 막부가 서양의 압도적인 군사적 위력을 목격함으로, 서양 측의 요구를 수용할 수밖에 없는 자신들의 대내외적 위기상황을 인정한 인식에서 출발한다고 볼 수 있다. 메이지 유신으로 성립된 일본의 신정부는 '부국강병'과 '문명개화'라는 슬로건을 내세우며, 서양의 모든 것을 그대로 이식하는 방식으로 근대화 정책에 주력하였다. 특히 국가의 틀을 구상함에 있어서 당시 서구의 대표적인 정치 체제 중의 하나였던 입헌 군주제[14]가 모델로 제기되었다.[15]

당시 메이지의 정치적 상황은 정부의 강압적인 지배 방식에 대한 그치지 않는 비판과 불만 세력들로 인해 혼돈의 모습이었다. 또한 1880년대에 들어서며 자유민권운동이 고조되고, 그에 따른 정부에 대한 비판과 의회 개설 요구 등으로 신정부는 진통의 시간을 보내야만 했다. 이러한 상황 속에서 정부가 단행해 나가야 할 최상의 선택지가 바로 입헌제였으며, 이는 자유민권운동의 요구를 잠재울 수 있는 방편이기도 하였다. 1889년에 제정, 반포된 '대일본제국헌법'은 이러한 국민적 요구를 수용하여 일본의 국가 틀을 입헌 군주국가로 확정한 실질적이고도 구체적인 조치였던 것이다.

메이지 정부가 지향한 입헌제의 모델은 국회의 권한을 제한하는 독일식으로 방향이 설정되었다. 그것은 프로이센 식 독일헌법이 천황 중심의 국가 체제를 구축하려는 메이지 신정부의 인식과 부합되었기 때문이다. 당시 권력의 최고 중심에 있었던 이토 히로부미(伊藤博文)는 1882년에 유럽 헌법 조사단을 이끌고 18개월 동안 유럽을 시찰하였다. 특히 프로이센, 프랑스, 영국 등을 방문하는 과정에서 독일 헌법학자인 루돌프 그나이스트(Rudolf Gneist)와 그의 제자인 알베르트 모세(Albert Mosse)에게 헌법 관련 면담 및 강의를 들었으며, 이를 통해 프로이센 식의 헌법이 일본의 국정에 적합하다고 판단하였던 것이다.[16]

메이지 국가는 1880년대 말에 이르러 입헌 체제의 골격이 거의 갖추어지게 된다. 이토 히로부미를 중심으로 하는 유럽 헌법 조사단은 귀국 후, 1886년경부터 본격적으로 헌법 초안의 기초 작업에 착수하였는데, 초안 작성에는 이노우에 고와시(井上毅)[17], 이토 미요지(伊藤巳代治), 가네코 겐타로(金子堅太郎)와 정부의 법률 고문인 칼 뢰슬러(Karl F.H.Roesler), 그리고 헌법 관련 법률 고문으로 초빙된 루돌프 그나이스트의 제자인 모세가 함께 참여하였다.[18] 특히 헌법 심의를 위해 영국을 모델로 하여 창설된 천황의 최고 고문기관인 추밀원에서 헌법 초안의 심의가 비밀리에 진행되었으며, 1889년 2월 11일 전문 76개조의 '대일본제국헌법'이 탄생하였다.

일명 메이지 헌법으로 불리는 이 헌법은 헌법 구상의 주도권이 정부의 핵심 인물들에게 장악됨으로써 그들이 주장하는 국권론을 축으로 하는 천황제 국가의 형태 구축에 쐐기를 박는 결정적인 요인이 되었다. 이에 따라 메이지의 국가적 틀이라고 할 수 있는 국가상은 천황제 국가의 통치 구조를 전제로 하면서 천황 주권론에 입각하여 천황의 신성성을 강조하고, 천황에게 모든 대권을 집중시키며, 모든 내용은 정부 주도와 권한으로 행한다는 입장을 분명히 밝힌 천황 중심의 입헌 군주제로 확정되었다. 특히 헌법을 천황이 단독으로 제정하여 국민에게 부여하는 방식인 흠정(欽定)의 성격을 갖고 있었으며, 이것이야말로 메이지 헌법의 강력함을 판가름 할 수 있는 바로미터라고 할 수 있을 것이다.

이와 같이 메이지 유신 직후부터 시작된 일본의 근대화 정책은 1889년 헌법 제정을 기점으로 하여 제도적 근대화의 완결을 보게 되었으며, 근대화 정책의 표상의 하나로써 막번제적 구체제의 해체를 통한 천황 중심의 국민국가 건설이라는 국가상을 제시하였던 것이다.

신민 형성과 '교육칙어'

메이지 정부의 국가 구상을 위한 체제 통합의 정책 안에서 국가의 상으로서 제시된 천황제 국가는 그에 합당한 국민의 모습을 제2의 성전으로 일컬어지는 '교육칙어' 안에서 제시하고 있다.

19세기 말 막말(幕末)의 근세 봉건적 시스템에서 근대의 시작인 메이지로의 과정은 이미 식민지 분할 경쟁 구도 속에 있던 서구 유럽으로부터의 외압 속에서, 밖으로는 국가의 독립을 지키고 내부적으로는 국가 통합의 과제를 안고 가는 상황이었다. 이러한 상황을 타파하기 위한 최선책으로 나온 부국강병과 문명개화 정책의 착수는 민심의 구심점으로서의 천황을 전면에 부각시키며 새로운 이데올로기의 창출과 그에 합당한, 즉 근대 일본의 특수성에 부합되는 '국민 만들기'에 집중하는 모습으로 시도되었다.

한편 메이지 초기의 서구화정책과 자유민권사상의 확산은 메이지의 사상을 자유롭게 이끌어 갔지만, 1880년대 후반이 되자 기독교의 확산과 일본주의적 주장 등으로 덕육을 둘러싼 논쟁이 일어나기 시작하였다. 이러한 사상적인 혼돈 상황은 메이지 정부의 입장에서는 위기적으로 인식될 수밖에 없었는데, 국민 도덕의 중심축이 흔들리고 있던 이러한 때에 부현(府県) 내의 학교에서는 덕육의 기본 방침에 대한 부재가 지방장관들 사이에서 문제로 제기되었다. 그리고 그 방책을 위해 덕육의 근본 방침 수립에 관한 요청이 문부대신에게 건의되었다. 이러한 혼란의 수습을 위해 문부성이 강력한 방책을 세우도록 하는 상황이 요구되었으며, 그 노골화를 위한 모습이 바로 '교육칙어'의 탄생으로 진행되어 갔던 것이다.

'교육칙어'는 당시 법제국장관이며 당대 제일의 문재로 칭송받았던 이노우에 고와시가 그 원안을 기초하고, 메이지 천황의 시강으로서 <교학성지>의 기초자였던 모토다 나가자네(元田永孚)의 거듭된 수정 작업을 통해 그 틀이 가다듬어졌다. 충군애국을 골자로 하는 '교육칙어'의 전문은 다음과 같다.

> 짐이 생각하기에 우리의 황조황손이 나라를 시작한 것은 대단히 역사도 깊으며 참으로 덕이 두터운 것이었다. 또한 나의 신민이 충의와 효를 다하며 만민이 마음을 한결같이 함으로써 대대로 아름다운 나라를 만들어 온 것은 우리나라 국체의 정수이며 교육의 연원도 실로 여기에 있는 것이다.
>
> 너희 신민은 부모에게 효도하고 형제간 우애하며, 부부는 서로 화목하고 친구와는 서로 신의를 지키며, 공손하게 삼가 자신을 관리하고 박애정신을 널리 주위에 펼치며, 학문에 힘쓰고 일을 배워 터득하며, 지능을 계발하고 덕과 재능을 습득하여 적극적으로 공공의 이익을 위해 직무를 다

한다. 항상 국헌을 존중하고 법을 따르며, 유사시 국가에 위기가 닥쳤을 때에는 의용의 정신을 군주인 천황에게 바쳐 천지와 동일하게 불멸인 황실의 번영을 보필하여야 한다. 이것은 짐의 충실하고 선량한 신민인 너희를 위하는 길임과 동시에 너희들의 선조가 남긴 훌륭한 정신을 현창하기 위함이기도 하다.

이와 같은 도리는 실로 우리 황조황손의 유훈으로써 그 자손인 신민이 모두 준수해야 하는 바이며, 이것은 고금을 통하여 변함없이 우리나라는 물론 외국에서도 올바른 길이다. 짐은 너희 신민과 함께 이 가르침을 삼가 가슴에 새겨 준수하고 이 덕을 으뜸으로 할 것을 간절히 바란다.

1890년 10월 30일　어명 어새(천황의 서명 날인)[19]

'교육칙어'는 대체적으로 크게 3 부분으로 나누어 분석할 수 있다.

첫 번째로, "짐이 생각하기에 ..(중략).. 교육의 연원도 실로 여기에 있는 것이다"까지의 부분은 '황조황손', 즉 일본 황실의 조상신인 아마테라스 오미카미(天照大御神)와 기기(記紀) 전승 상의 초대 천황인 진무(神武)천황을 시작으로 하는 만세일계의 천황이 나라를 다스리심은 그 역사와 덕이 깊고 두터운 것을 시작으로, 신민이 마음을 하나로 모아 충의와 효를 다하여 대대로 훌륭한 나라를 만들어 온 것은 일본의 대단한 특징이며 교육의 근원이 바로 거기에 있음을 분명히 밝히고 있다.

두 번째로, "너희 신민은 부모에 효도하고 ..(중략).. 너희들의 선조가 남긴 훌륭한 정신을 현창하기 위함이기도 하다"의 부분까지는 삼강인 군신·부자·부부 사이에 지켜야 할 유교 도덕의 기본이 되는 3가지 도리와, 오륜인 부자 사이의 친애·군신 사이의 의리·부부 사이의 분별·장유 사이의 차례·붕우 사이의 신의를 이르는 5 가지 유교적 인륜이 적절히 혼합되어 있다. 뿐만 아니라 사회에서 요구하는 바람직한 윤리로서의 도리와, 특히 국가가 위기에 처했을 때는 천지와 같이 무궁한 황운(=천황)을 보필해야하는 '의용봉공(義勇奉公)'이라는 덕목의 나열로 교육칙어의 절정을 이루며 이것을 실천하는 것은 궁극적으로는 천황의 충량한 신민이 되는 길임을 강조하고 있다.

마지막 세 번째는 "이와 같은 도리는 ..(중략).. 삼가 가슴에 새겨 준수하고 이 덕을 으뜸으로 할 것을 간절히 바란다"의 마지막까지이다. 덕목은 고금동서를 통해 올바른 도로써, 존엄한 아마테라스 오미카미와 진무천황을 시작으로 하는 만세일계의 천황의 가르침임을 지적하면서 이것은 그 자손인 신민이 모두 준수해야 하는 신민의 역사적 의무임을 강조하며 이 도덕을 가슴에 새겨 모두 함께 실천해 나가자는 역설(力說)로 끝을 맺고 있다.

흠정 도덕으로서의 '교육칙어'는 그 전년도에 나온 대일본제국헌법에 의해 법적으로 확립되어 있던 천황의 권력을 이데올로기라는 측면과 종교적인 측면에서 강력하게 받쳐주는 장치였다. 그리고 이는 국가 통합장치인 학교라는 공간 안에서 교육을 통해 메이지의 국민을 '신민'으로 만들어내는 절대 기준이 되었다.

결국 메이지 정부가 제시하는 국민상은 교육의 지상명령서인 '교육칙어'에 제시되어 있는 인간, 즉 '천황의 신민'이었던 것이다.

담론 속에서의 메이지의 형상

일본의 근대로의 이동은 막말의 내부적 문제들과 개항요구, 서구에 의한 일본의 식민지화에 대한 불안 등, 외부로부터의 위협 속에서 서서히 움트기 시작하였다. 당시 밖으로는 영국의 산업혁명과 서구 열강의 시장 확보를 위한 식민지 개척[20]으로 거의 전 지구가 제국주의 시대라는 과도기 속에서 격렬히 부딪히고 있었으며 일본도 예외는 아니어서 19세기 중반까지의 전근대로서의 일본은 근대화, 즉 서양의 문화권 속으로 들어가기 위해 분투하고 있었다.

이때에 메이지 정부가 설정한 국가적 지향점은 주지하는 바와 같이 부국강병, 문명개화, 더 나아가서는 공업화의 확장, 민주주의, 국제사회에서의 확실한 위치부여 등이었다. 구체적으로는 중요하고도 과격한 개혁들을 단행하였으며, 식산흥업과 부국강병을 위해서 빠뜨릴 수 없는 중요한 문화적 장치인 박람회도 개최하였다.[21] 또한 두 번에 걸친 대외 전쟁을 통해서 강력한 국가적 결속력을 발휘하였으며, 더 나아가 국민국가로서의 틀을 제도적으로 확립시킨 제국헌법을 제정하였다. 뿐만 아니라 국민국가의 필요조건인 국민을 만들어내기 위한 근대적 교육도 실시하면서 메이지 정부 주도의 국민상과 국가상을 강력히 제시해 나갔다.

이와 같이 메이지기는 국민국가를 만들어내기 위해 고군분투하는 시대였으며 그것은 결국 타자를 인식함에 따른 자국 '상'의 표출로 드러나기도 하였다. 당시 메이지의 국가적 이미지는 일본을 방문한 외국인의 시선을 통해 문장화되었고 일본인들 또한 자신들의 시선을 통해 자국의 이미지를 그려내고 있었다. 니시카와 나가오는 '일본 근현대사의 역사는 구화주의시대와 내셔널리즘시대의 교대에 의해서 그 특징이 만들어진다'고 언급한 바 있다. 그리고 3번의 서구화·회귀(국수화) 사이클에 대해 논하면서 그 첫 번째에 속하는 시기로 메이지 시대를 지목하였으며, 특히 1883년부터 1884년까지를 '제1구화시대'로, 이후 1912년(메이지 말)까지를 '제1회귀시대'로 구분하였다.[22] 이와 같은 니시카와 나가오의 언급을 기조로 하여 '자국 이미지 구축'이라는 문제의식을 대비했을 경우, 메이지의 국가로서의 이미지 구축은 '회귀'라는 이데올로기의 틀 안에서 의도적인 동시에 전략적으로 이루어지고 있었음을 알 수 있다.

이러한 구도를 토대로 하여 제1회귀시대의 사이클 안에 속해 있는 담론 속의 시선을 분석하는 일은 당시 메이지에 대한 타자와 자국인의 인식을 조명해 내는 단서가 될 수 있을 것이다. 이와 같은 고찰을 위해 '근대 국민국가 만들기'에 있어서 필수 요소라 할 수 있는 국민·국가(지리적 신체)·국민적 일체성 의식 관련 내용들을 그 중심에 두고 분석 대상을 선별하면 <표 2>와 같다.

표 2. 담론 분석 대상

번호	서 명	년도	저자명	직업	국적	성별
1	『대군의수도』 (『大君の都』)	1863	레더포드 올코크 (Retherford Alcock: 1809~1897)	외교관	영국	男
2	『일본 잡사시』 (『日本雑事詩』)	1879	황준헌 (黄遵憲: 1848~1905)	시인 문필가	중국	男
3	『일본 오지 기행』 (『日本奥地紀行』)	1880	이사벨라 버드 비숍 (Isabella Lucy Bird: 1831~1904)	여행가	잉글랜드	女
4	『극동의 정신』 (『極東の魂』)	1888	퍼시벌 로엘 (Percival Lowell: 1855~1916)	외교관	영국	男
5	『일본 풍경론』 (『日本風景論』)	1894	시가 시게타카 (志賀重昂: 1863~1927)	지리학자	일본	男
6	『대표적 일본인』 (『代表的日本人』)	1908	우치무라 간조 (内村鑑三: 1861~1930)	종교가	일본	男
7	『일본에서의 외교관 아내』 (『日本における外交官の妻』)	1899	프레이저 메리 (Crawford Fraser Mary: 1851~1922)	무직	미국	女

번호	서 명	년도	저자명	직업	국적	성별
8	『무사도』 (『武士道』)	1900	니토베 이나조 (新渡戸稲造: 1862~1933)	교육가 외교관	일본	男
9	『떠오르는 태양』 (『昇る太陽』)	1904	무스타파 카밀 (Mustafa Kamil: 1874~1908)	정치가	이집트	男
10	『일기』 (『日記』)	1876 ~ 1905	E.벨츠 (Erwin von Balz: 1849~1913)	의사 교사	독일	男
11	『차의 책』 (『茶の本』)	1906	오카쿠라 텐신 (岡倉天心: 1862~1913)	미술계 지도자 예술가	일본	男

타자의 시선

19세기는 서구 여러 나라의 산업 자본주의 발달로 인해 세계 시장 형성이 구체화 되고 그로 인해 제국의 시대가 형성되던 시기이다. 이와 같은 시대적 상황은 사람들로 하여금 미지의 세계에 대한 동경과 환상을 갖게 하는 계기가 되었다. 그리고 그러한 관심은 여행기의 세기라고 불릴 만큼 여행에 대한 높은 동경으로 나타났으며 보편적이지는 않았지만 실제로 여행하는 것이 유행하던 시기이기도 했다. 특히 자포니즘(japonisme)으로서의 일본이라는 나라는 매력적인 여행지로 인식되고 있었다. 여행자들은 각자의 다양한 목적을 가지고 일본을 방문하여 자신만의 시선으로, 그리고 타자로서의 시선으로 일본의 이미지를 표출하였다. 그들은 주로 외교관·교사·의사·정치가·순수 여행가의 자격으로 일본에 들어온 사람들이었으며, 기록의 형태도 다양하여 주로 체제 중의 견문이나 여행기록, 일기 등의 형식을 갖추고 있었다. 다루고 있는 범위 또한 일본의 거의 모든 방면이었으며, 이렇게 서술해낸 내용들은 당시의 일본을 현장감 있게 묘사해낼 수 있는 중요한 자료가 되기도 하였다. 내용을 간략히 살펴보면 다음과 같다.

먼저 일본의 대외 관계뿐만 아니라 메이지 유신을 앞두고 국내외적으로 떠들썩했던 1859년 6월, 영국의 초대 주일공사로 일본에 들어온 레더포드 올코크(Retherford Alcock)는 그의 일본에서의 3년간의 체제 기록을 『대군의 수도(大君の都)』(1863)라는 책으로 출판하였다. 그는 이 책을 통해 당시 유럽에서 신비적이고도 유토피아적인 섬나라로 묘사되고 있던 일본 관련 저작물[23] 속의 일부 지식들에 대하여 비판을 가하면서, 일본의 정치·외교·언어·사회·풍습 등, 폭넓은 분야를 외교관으로서의 예리한 시선으로 그려내었다. 특히 일본인들 정서의 섬세함이나 풍속·예술 등에 대해서는 따뜻한 시선으로 묘사하고 있으면서도, 그것과는 또 다르게 일본 정치의 지배 구조적 이중성이나 국가정부와 관리들의 의식의 후진성 등을 구체적으로 지적하고 있다.

> 현재의 천황은 클로비스의 마지막 자손의 모습으로 「서글프고 고독하며 쇠약하여 실권을 갖지 못한 왕위」를 유지하고, 겉치레로 가득 찬 귀찮은 무용의 일생을 한숨으로 지내는 운명에 있으며, 감옥 그 자체인 궁전 문을 나가는 것이 허용되지 않는다. (중략) 과거 몇 대라고 정한 것은 아니나, 그저 군림하고 있는 것에 지나지 않는 칭호만의 군주, 통치는 하지만 군림하지 않는 제국의 대리자라고 하는 이중적 기구는 분명히 매우 기묘한 것이다. 이것이 오랫동안 계속되어온 결과 세계 어디에도 지금까지 없는 이중 조직을 만들어내어 이것이 생활의 거의 모든 부분에까지 널리 미쳐 행해지고 있으며 모든 지위가 이중으로 이루어져있다. 각자가 서로 감시자 역이면서 서로에게 감시당하고 있다. 모든 행정기구가 복수제일 뿐만 아니라, 마키아벨리즘 원칙에 의거하여 사람을 견제하고 또한 반대로 견제 당하는 제도의 가장 공들인 체제가 이곳에서는 구체적인 부분까지 정밀하고도 완전하게 발달해 있다.[24]

19세기 최대의 여성 여행가로 잘 알려져 있는 이사벨라 버드 비숍(Isabella Lucy Bird Bishop)은 1878년 47세의 나이에 일본인 통역자 이토(伊藤: 당시 18세)와 함께 1400마일이 넘는 일본의 육로여행을 감행하였다. 도쿄(東京)에서부터 홋카이도(北海道)까지 인력거와 말, 그리고 배를 이용한 대장정의 노정이었으며, 그로부터 2년 후 그 결정체로서『일본 오지 기행(日本奧地紀行)』(1880)을 출간하였다. 그녀는 서문에서 다음과 같이 서술하고 있다.

> 나의 여행 코스는 닛코에서부터 북쪽으로는 완전한 시골로, 그 전체 거리를 답파한 유럽인은 지금까지 한 사람도 없었다. 나는 서구의 영향을 조금도 받지 않은 지방에서 일본인과 함께 생활하고 일본인의 생활양식을 보고 왔다. 여성 혼자 하는 여행으로, 내가 여행한 지방에는 처음으로 서구의 여성이 방문했다고 하는 곳도 있었으며, 내가 얻은 경험은 지금까지의 여행자들의 것과는 매우 크게 다른 것이었다.[25]

위의 내용을 통해 그녀의 여행에 대한 남다른 의식을 엿볼 수 있는데, 여성이라는 취약점 속에서도 대담함과 함께 여행에 대한 그녀의 탐험적인 열정을 느낄 수 있는 대목이다. 책의 내용은 제1단원 '처음 보는 일본'으로 시작하여 후지산의 모습, 연중행사, 다실, 농부의 복장, 아름다운 지방, 마부의 친절함, 전원풍경, 경찰관의 예의 바름, 가난한 사람의 많음과 여성의 의상과 흉함, 그녀를 구경하러 모여든 사람 등, 여행 중에 본 것, 들은 것, 조사한 것 모두를 총 44단원으로 묶어 기록하고 있다. 특히 여행가로서의 프로다움을 느낄 수 있을 만큼 객관적 시각으로 일본의 풍경에 접근하고 있음도 다음의 서술을 통해 엿볼 수 있다.

나는 본 것을 있는 그대로 쓴 것이며 그것은 내가 만들어 낸 것은 아니고 일부러 찾아내기 위해 여행을 나선 것도 아니다. 나는 사실을 전하기 위해 서술한 것뿐이다. (중략) 정확성이야말로 나의 제일의 목표이다.[26]

일본 의학의 아버지로 불리는 독일인 E.벨츠(Erwin von Bälz)는 메이지 시대의 모습을 그의 저서 『일기(日記)』를 통해 상세히 기록하고 있다. 그는 글 속에서 관찰자이면서 동시에 비판자의 시선으로 일본을 그려내기도 하지만, "경탄할 만한 일본", "예의범절이 골수까지 스며들어있는 국민"[27] 등, 대체적으로 일본인들을 소박하고 정직하며 성실한 태도를 지닌 자들로 기록하고 있다. 뿐만 아니라 정치·사회·교육·외교 등, 메이지 초의 중요 사건들을 기록하고 있어 당시 일본의 생생한 모습을 전해주고 있는 귀중한 자료가 되고 있다.

그런가 하면 이집트의 정치 지도자인 무스타파 카밀(Mustafa Kamil Pasha)은 『떠오르는 태양(昇る太陽)』(1904)에서 일본이라는 나라를 이집트가 보고 배워야 할 영웅적 국가로 높이 평가한다. 즉 "천황 이하 정부의 관료에서 서민에 이르기까지 전 국민에게 넘치는 애국심과, 그것으로 지탱되어지는 교육·정치·경제·군사 등의 근대적 여러 제도"[28]를 갖춘 일본을 본받아 배워야 한다는 내용으로 그의 서술의 대부분을 차지하고 있다.

한편 영국 공사인 남편을 따라 일본을 찾은 프레이저 메리(Crawford Fraser Mary 『일본에서의 외교관 아내(日本における外交官の妻)』(1899)) 도 그녀의 따뜻한 시선으로 일본을 그려내고 있음을 자료를 통해 짐작할 수 있다. 영국공사 부인이라는 신분은 그녀로 하여금 천황과 황후를 비롯한 당시 일본의 고관들과의 접촉을 가능하게 하는 위치였다. 그녀는 오지 여행을 통해 얻은 비숍의 기록과는 다르게, 혜택 받

은 환경이라는 틀 속에서의 시선이었던 만큼 긍정적인 측면의 일본을 묘사하였다.

동양인의 시선으로 일본을 바라본 황준헌(黃遵憲)의 경우, 그의 저서 『일본 잡사시(日本雜事詩)』(1879)에서 메이지 정부의 군사·경제·의회·법률 등에 대한 긍정적 평가와 함께 일반 민중의 삶을 구석구석 살펴보았다. 내용은 천지개벽으로 시작하여 결말에 이르기까지 총 200항목에 걸쳐 있으며 일본의 문화 전반에 대한 묘사를 시와 함께 기술하였다. 그는 서문에서 다음과 같이 언급하고 있다.

> 일본의 진보는 그 빠르기가 고금 만국 미증유이다. 미국의 대관이나 학자를 만났을 때 일본에 대한 이야기가 나오면 그들은 전적으로 두말없이 일본에 탄복한다. (중략) 아아! 우리나라의 지식인은 견문도 적으며 외국에 대해서는 지금까지 전혀 주의를 기울이지 않았다. 또 보거나 듣고 있기는 하지만, 역시 아직 낡은 관습을 좋은 것이라 생각하며 자기만족을 하고 있다.[29]

위의 내용을 통해 그는 자국의 지식인들의 의식에 대해서는 수치심을 갖고 있는 반면, 일본에 대해서는 상당히 긍정적으로 평가하고 있음을 알 수 있다.

그러나 메이지에 대한 시선이 위에서처럼 객관적이거나 긍정적이지만은 않았다. 오히려 이제까지와는 대조적으로 냉소적이거나 부정적 시선으로 일본을 읽어내려고 한 기록자들도 있었다. 예를 들면 28세의 젊은 나이에 외교관으로서 일본에서의 생활을 시작한 퍼시벌 로엘(Percival Lowell)이 그 중 한사람이다. 그는 10여 년간의 일본과의 관계를 『극동의 정신(極東の魂)』(1888)이라는 한권의 책으로 엮어 내

었으며, 이 책을 통해 극동의 정신을 비개인성으로 인식하면서, '서양의 자아와 개성'에 대한 '동양의 자아와 개성의 부재'[30]를 지적하였다.

회귀적 시선

시바 료타로(司馬遼太郎)와 도널드 킨(Donald Lawrence Keene)에 의하면 "고대 헤이조(平城: 710)는 만국 박람회와 같은 것으로 선진국 사람들에게 보여주기 위한 의미가 컸을 것이다. 시텐노지(四天王寺)(541)는 외국인, 즉 중국인을 접대하기 위한 것이었으며, 『니혼쇼기(日本書紀)』(720), 『만요슈(万葉集)』, 『가이후소(懐風藻)』도 같은 의미에서 만들어졌다. 그리고 그 연장선상에 있는 것이 로쿠메이칸(鹿鳴館)일 것"[31]이라고 언급하고 있다. 즉 고대부터 일본인은 이와 같은 대외 의식을 가지고 밖의 세상과 소통하고 있었는데, 메이지 시대에도 마찬가지로 대외적 소통을 위해 자신들의 이미지를 나름대로 구축하고 있었다. 그리고 그러한 의식은 자신들의 정체성을 찾아 그 시대를 고뇌하고 있던 당시 일본의 지식인들에 의해서 하나 둘씩 문장 속에서 표출되었다.

시가 시게타카(志賀重昻)는 『일본 풍경론(日本風景論)』(1894)에서 자국의 국토를 통해 국가의 상을 제시하고자 하였다. 기류·해류의 다변 다양함으로 시작하여 수증기·화산 등, 일본의 풍경이 아시아에서는 물론이고 세계에 자랑할 만한 것이라는 것을 주된 내용으로 하면서 산뜻하고 깨끗하며 아름답고도 웅장한 모습으로 묘사하고 있다. 그 중에서도 특히 화산으로 대표되는 '웅대함'이라는 요소를 강조하고 있는데, 이는 당시 청일전쟁 등으로 고조되고 있던 국가적 기운 속에서 강인하고 적극적이며 힘센 일본을 나타내고자 한 풍경이었다. 즉 화산이라는 풍경이 갖고 있는 남성적이고 다이내믹한 일본적 자연의 이미지는 동양의 소극적인 작은 나라라는 이미지를 말끔히 제거해주는 풍경이었으며, 서구 열강의 대열 속에 들어감에 부족함이 없는 잠재력을 보유한 강한 일본으로의 재탄생을 암시하는 메시지였던 것이다. 이와 관련하여 이효덕은 자신의 글 속에서 다음과 같이 말하고 있다.

> 대외전쟁의 승리에 열광하던 당시의 민중들에게 국가라는 단일체를, 그리고 국민개병상황이므로 자신들이 동등하게 쟁취해 낸 승리라고 믿을 수 있게 된 민중들에게 '국민'이라는 공동체를 의식시키고 내면화시키는 단서를 열어주기도 했다. 결국 시가의 『日本風景論』 출판은 국민(nation)이라는 '상상의 공동체'의 풍경이 탄생했다는 포고, 바로 그것이었다.[32]

또한 요네지 후미오(米地文夫) 등은 '풍경'이라는 단어보다 조금 더 객관적 표현인 '경관'이라는 단어를 사용하여 다음과 같이 언급하였다.

> 경관은 개개인의 노스탤지어의 대상이 됨과 동시에 집단적 아이덴티티 형식에도 대단히 큰 역할을 한다. (중략) 집단의 아이덴티티를 확립하려고 할 때 경관은 그 도구로서 매우 효과적이다.[33]

요컨대 이러한 언설은 국민국가 건설을 추진하고 있던 당시 일본의 정치성이 암시되어 있는 풍경으로서 그 시사하는 바가 크다고 할 수 있을 것이다.

그런가 하면 니토베 이나조(新渡戸稲造)는 『무사도(武士道)』(1900)를 통해 일본인의 도덕성의 원동력이자 야마토 다마시(大和魂: 일본민족 고유의 정신)로서 공유되어온 정신세계를 서구의 그것과 동등한 수준의 것으로 인식하려 하였다. 그리고 그는 그러한 인식의 발로로써 일본인의 높은 정신력과 도덕성을 서구 세계를 향해 발신하고자 하였다. 즉 헤이안 시대 말부터 가마쿠라 시대에 걸쳐 '싸우는 자들의 규칙'으로 탄생한 '무사도'는 근대라는 급격한 시대적 과도기 속에서 니토베 이나조에 의해 일본의 민족정신으로 거듭나게 되었던 것이다. 이 책은 '무사도란 무엇인가'로 시작하여 인·의·예·용·성실·명예·충의·희생·상무·검약 등, 무사도의 덕목 소개 및 설명과 함께 총 17장으로 이루어져 있다. 기독교 정신 위에 이루어진 서양의 기사도와의 대비 속에서 이에 결코 뒤지지 않는 불교·유교·신도라는 높은 영적 기반 위에 선 무사도를 강조하고 있는 것이다. 이렇듯 무사도는 서양이 만들어낸 '고귀한 야만인'[34]이라는 사무라이에 대한 이미지를 강한 민족정신의 '고귀한 구현자'의 이미지로 바꾸는데 일등공신으로서의 역할을 해냈다고 할 수 있을 것이다.

위의 내용과는 대조적으로 오카쿠라 텐신(岡倉天心)의 경우는 니토베 이나조와는 상반되는 이미지를 주장하였다. 텐신은 『차의 책(茶の本)』(1906)에서 차(茶) 문화를 통해 '고귀한 야만인'의 이미지가 아닌, 풍류의 형이상학이라 할 만한 세계관을 갖고 있는 일본을 서구 세계에 알리고자 하였다.

> 서양인은 일본이 평화로운 문예에 빠져있을 동안에는 야만국으로 보고 있다. 그러나 만주의 전장에서 대대적 살육을 행하기 시작하고 나서 문명국이라 부른다. 요즘 무사도 —우리 병사들에게 기뻐하며 목숨을 버리게 하는 죽음의 계략— 에 대하여 맹렬히 평가되어왔다. 그러나 다도에는 거의 관심이 끌리지 않고 있다. (중략) 만약 우리가 문명국이 되기 위해 피비린내 나는 전쟁의 명예에 의하지 않으면 안 된다고 한다면 차라리 언제까지나 야만국으로 만족해하자.[35]

위의 인용문을 통해 알 수 있듯이, 오카쿠라 덴신은 자신의 감정을 노골적으로 나타내면서 '야만적인 문명국'이 되기보다는 차라리 '순수한 야만국'으로 만족해 하자라고까지 확언하고 있다. 즉 평화적이고 고차원의 문화인 '차'야말로 일본을 대표하는 진정한 '참 이미지'임을 서구의 메타포적 표현의 하나인 강한 '힘'을 향해 일본적 부드러운 '미'로써 대응하고 있는 것이다.

한편 국민국가를 지향하여 달리고 있던 시기에 어울리는 근대인으로서의 일본인상은 우치무라 간조(内村鑑三)의 『대표적 일본인(代表的日本人)』(1908)을 통해서도 나타난다. 이 책은 청일전쟁이 한창이었던 1894년 『일본 및 일본인(日本及び日本人)』이라는 제목으로 간행되었던 책 내용 중에서 주요 부분을 재 출판한 것으로, 자신이 존경하는 사이고 다카모리(西郷隆盛)·우에스기 요잔(上杉鷹山)·니노미야 손토쿠(二宮尊徳)·나카에 도쥬(中江藤樹)·니치렌(日蓮)의 5명의 대표적인 일본인을 근대인상의 모델로 제시하고 있다. 이들은 각각 신일본의 건설자, 봉건 영주, 농민의 성인, 지방의 교사, 그리고 불교 큰 스님의 자격을 갖춘 자들로 모두 자신의 신념에 따라 행동함으로 때로는 세상으로부터 소외를 당하기도 하지만, 자신의 양심에 따라 살면서 신념을 굽히지 않았던 '예외적인 일본인'[36]이었다. 우치무라 간조는 이 책을 통해 이러한 예외적인 일본인이 근대화와 서구화의 소용돌이 속에서 진정으로 요구되는 대표적인 일본인의 모습임을 자국민과 서구를 향해 발신하였던 것이다.

시선 속의 근대 국가 메이지

권력이 포함되어있는 언어 체계인 '담론'은 한 시대의 이미지를 읽어낼 수 있는 장치 중의 하나로 일컬어진다. 위에서는 이와 같은 담론이라는 언어장치를 통해서 일본의 국내외 시선 속의 국민국가로서의 메이지의 모습을 살펴보았다. 국민국가를 지향했던 일본은 서양의 정치 사회제도의 도입을 위해 많은 외국인을 고용하였으며, 그들의 시선은 당시의 일본을 표상하는 실마리가 되어 문장화되었다. 이들이 다루고 있는 영역은 일본의 정치·문화·사회 등의 섬세한 부분에까지 미치고 있으며, 묘사 또한 상당히 구체적이면서 사실적 접근을 시도하고 있다는 공통점을 갖고 있다. 이와 같은 맥락 속에서 이들 기록에 대한 개별적 메시지를 살펴보기로 한다.

먼저 영국 초대 주일 공사인 레더포드 올코크는 자포니즘적 시선에서 벗어난 그 나름의 예리한 관찰력을 동원해 일본을 살피고 있다. 이와 관련하여 『대군의 수도』의 역자인 야마구치 고사쿠(山口光朔)는 "본서는 근대 서양 문명을 배경으로 한 외교관이 아직 개국 직전에 여전히 봉건제도 하에 있어서 극히 뒤떨어진 사회 상태를 드러내고 있던 일본을 대상으로 종횡무진 휘갈겨 쓴 문명 비평이라고 할 수 있을 것"[37]이라고 언급하였다. 즉 올코크의 시선이란 항상 서구(영국)의 문명화 된 것과의 비교 속에서 일본을 바라보고 있으며 그 속에는 부정적인 오리엔탈리즘적 시선의 복선이 내재되어 있음도 짐작할 수 있는 내용이다. 외교관의 입장에서뿐만 아니라 이문화의 관찰자로서, 일본의 언어·사회·풍습 등, 일본의 참모습을 파악하기를 원한 그였지만, 그 근저에는 비문명화로서의 일본의 존재와, 문명화된 자신의 의식 속에서의 시선이 상충하고 있음을 엿볼 수 있다.

이에 비해 버드 비숍은 올코크보다 훨씬 더 미개의 일본이라 할 수 있는 오지를 탐험한 사람이지만, 여행가로서의 베테랑다운 시각으로 일본을 바라보았다고 할 수 있다. 그녀는 일본의 참모습, 즉 서양의 영향을 받지 않은 투박함 그대로의 일본을 오리엔탈리즘적 시각과는 거리를 두면서 인식하고자 하였다. 또한 사물에 대한 미화나 혐오감을 제외시킨 시선을 투사함으로 객관적인 일본을 받아들이고자 하였다. 특히 근대성에 대한 척도의 한 단면이라 할 수 있는 예의범절·청결함·근면함 등에서 일본이 '비문명'에서 '반문명'으로의 전환 과정에 놓여있음을 버드 비숍의 시선은 놓치지 않고 그려내고 있다.

그런가 하면 퍼시벌 로엘의 경우처럼 냉소적 이미지를 갖고 있던 기록자들도 있었다. '가장 동쪽에 있는 나라'라는 의미로서의 일본을 그려냈던 로엘은 서양과의 비교를 통해 동양정신에 대한 자아의 부재와 비개인성을 지적하는 시선을 그의 메시지로서 전달한다.

그 외의 기록자들인 E.벨츠, 무스타파 카밀, 프레이저 메리, 황준헌은 위의 관점과는 다른 시선으로 일본을 읽어내고 있는 것을 볼 수 있다. 이들의 공통점은 일본에 대하여 상당히 긍정적인 시각을 갖고 있다는 점이다. 예를 들면 경탄할 만한 일본으로, 예의범절이 골수까지 스며있는 국민으로, 이집트가 보고 배워야 할 국가적 모델로, 메이지 정부의 발전상의 모습과 그 진보의 빠르기에 대한 탄복 등, 긍정적이면서도 희망적인 일본을 적극적으로 묘사하였다.

반면 지금까지의 내용에서처럼 수신자로서의 타자의 시선이 있었다면, 발신자로서의 일본인 기록자들도 존재하였다. 대체적으로 서구화를 외치며 서구를 추종하면서도 그들과 대등한 존재가 되기 위해 필요했던 '근대 국민국가 만들기'를 위해 독자적 문화의 필요성을 강렬히 느끼고 있었던 일본인 발신자들은 서구 열강의 대열 속에 있는 당당한 일본의 모습에 초점을 맞추려 노력하였다. 강한 일본의 이미지를 국토를 통해서 표현하려 한 시가 시게타카는 『일본풍경론』에서 자국인의 우월한 독자성을 강조하기 위해 일본의 풍경, 특히 웅대함, 잠재되어있는 강인함, 아름다움 등의 표상으로서의 화산을 언급하고 있다. 뿐만 아니라 청일전쟁이 한창일 때에 나온 책인 만큼 전근대 일본의 지향적 모델이었던 중국의 풍경을 일본의 그것과 대비시킴으로써 일본 풍경의 우수함에 대한 칭송과 함께 중국에 대한 자국의 우월감을 노골적으로 드러내기도 한다. 한편 공간 개념의 국가를 시각적 개념으로 대치한 풍경을 통해, 온 국민이 하나의 시선으로 바라보게 하는 균질화된 '국민적 풍경'을 만들어내어 일본인에게 인식시키고자 하였다는 점에서, 이효덕의 말처럼 국민이라는 공동체 의식을 내면화시키는 '힘'의 메시지였다고 할 수 있을 것이다.

당시 높은 지명도의 메이지인이었던 니토베 이나조는 영문으로 쓴 그의 책 『무사도』를 통해 일본 고유의 정신적 뿌리를 서구를 향해 발신하고자 하였다. 무사도는 호전적이고 강인한 이미지, 그리고 애국심·충성심과 더불어 일본을 이끌어가는 진정한 원동력 그 자체로서 이미지화 되었으며 서구 세계와 어깨를 나란히 할 수 있는 자격을 스스로에게 부여하는 역할까지 담당하였다. 이와 같은 무사도의 정신은 시대의 흐름을 같이 하며 제2차 세계대전 때에는 전쟁 이데올로기로서, 전후(戰後)의 고도 경제 성장기에는 산업의 원동력으로, 그리고 오늘날에는 국가대표 야구팀의 명칭으로(사무라이 야구단: 2009년 국가대표팀) 재구성 되면서 현재까지도 여전히 강한 이미지로 메시지를 전달하고 있는 것이다.

반면 평화의 이미지를 발신하고 있는 『차의 책』은 『무사도』와 같이 강한 일본, 힘의 일본을 노골적으로 등장시키는 것이 아니다. 당시 서구에서의 일본은 야만적이고 호전적인 유색인종으로서의 이미지로 전해지고 있었다. 오카쿠라 텐신은 그와 같은 이미지 속에서 정신 예술로서의 차의 문화가 일본의 진정한 문화라고 하는 메시지를 근대 일본 메이지의 이미지로 부각시키고 있는 것이다. 이렇게 『무사도』와 『차의 책』은 야누스적 관계 속에서 비슷한 시기에 근대 제국주의적 언어 매개체인 영어를 통해 미국이라는 제국에서 출판, 소비되었다.

또한 『대표적 일본인』 속에 나타난 일본인은 '근대 국민'의 대표적 상(像)으로서 우치무라 간조의 시선 속에서 그려지고 있다. 그는 5명의 모델의 생애와 사적(史蹟)에 대한 글을 통해 서구로부터 받고 있던 낮은 시선에 대한 자국의 옹호와 칭찬의 메시지를 서구를 향해 발신하고자 하였다. 이들은 세상적으로는 예외적인 삶을 살았지만, 근대 일본이 진정으로 추구해야하는 대표적인 일본인이었으며, 그 후 메이지 정부가 국민의 육성을 위한 교육정책의 일환으로 힘을 쏟았던 수신교육의 교과서에서 중요한 인물로 다루어진 '대표적 일본인'이었다.[38]

국가주의적 체제 만들기

이상으로 메이지 정부가 구상하고 있던 국민상과 국가상에 대한 고찰과 함께 당시의 메이지에 대한 이미지를 제3국민의 시선과 자국인의 시선으로 그려내고 있던 담론을 조명해 봄으로써 국민국가 메이지의 국가적 구상을 살펴보았다.

메이지 정부는 국민국가를 지향하여 그에 합당한 국가 창출을 위해 개혁을 추진하였으며, 그것은 '군인칙유' 그리고 '대일본제국헌법'

과 '교육칙어'라는 제도권 안에서 '절대 천황제 국가'로 표출되었다. 그리고 국민국가의 '근대적 국민'은 천황제 통치 구조 속에서 천황에 절대 복종하는 '신민'으로서 재탄생되었다.

이와 같이 메이지 시대의 국가상과 국민상이 메이지 정부가 주체가 되어 의도적이고도 전략적으로 구축되어가는 동안 당시 메이지의 사회를 형성하고 있던 많은 외국인들과 자국민들 사이에서도 자신들의 시선을 통해 메이지 국가의 모습을 그려내고 있었다.

먼저 타자의 시선으로서 일본을 방문한 외국인 기록자들은 당시의 일본을 주로 '잠재력' '높은 예술성', '경탄스러움', '국가적 모델' 등으로 일본 예찬의 목소리를 높였다. 반면 '후진성', '전근대성', '야만성' 등을 표상의 대상으로 접근하면서 근대 일본 메이지의 이미지를 그려내기도 하였는데, 이는 오리엔탈리즘적 시선의 내면화 속에서 투영되는 '고귀한 야만인' 그 자체였다.

그런가 하면 일본인 기록자들은 자국의 이미지를 발신하는 입장에서 일본을 바라보았다. 이들은 시기적으로 '회귀'의 사이클에 속하는 자들이었던 만큼, 주로 '힘', '형이상학적 미의식', '근대적 정신세계', '일본 고유 정신의 뿌리인 민족혼', '근대 일본의 이상적 인간상' 등을 메이지를 표상하는 대상으로 삼았다. 즉 니시카와 나가오가 표현한 "어쩌면 잃어버릴지도 모르는 고향으로의 회귀"(내셔널리즘)를 부르짖으며 메이지 정부의 국가적 구상에 가담하였던 것이다. 근대 일본의 특수한 상황 속에서 일본이 취해야만 했고 추구해야만 했던 방향 설정은 결국 당시의 발신자로서의 엘리트들의 의식을 통해 근대 국민국가로서 갖추어야 할 메시지로서 서구를 향해 그리고 자국민을 향해 발신되었던 것이다.

결국 '담론'이라는 공간 안에서 표상되었던 메이지의 모습은 전근대성과 근대성을 동시에 바라보았던 외국인(타자)의 시선과, 회귀적 사이클 속에서의 강한 일본을 추구하였던 일본인 시선과의 스펙트럼을 통해 표출되었다. 그리고 그 표출된 이미지는 국민국가 메이지를 표상하는 형상으로 제시되었으며, 그 중에서도 회귀적 사이클 속에서의 '강한 일본'이라는 메시지는 메이지 정부가 개혁을 추진하며 제시하고자 했던 국가상·국민상의 맥과 그 방향을 같이하고 있었다고 할 수 있겠다. 특히 교육의 제도적 정비를 구축해 나감으로써 강한 일본의 필요성을 표출하고자 하였으며 그 과정 속에서도 특히 음악 교육이라는 영역을 통해 추진하고자 했던 바, 이는 다음 장부터 다루고 있는 창가의 이데올로기적 역할의 고찰을 통해 명확해질 것이다.

3

'문부성 창가집'을 통해 본 국민의 '신민화' 양상

■

창가과의 제도적 노정(路程)

일반적으로 근대 국민국가로서의 필수 요건 중의 하나로 대표되는 것은 '국민(민중)'의 근대적 '국민화'라고 할 수 있다. 일본의 국민국가의 색채는 보편적 원리에서 벗어나는 것으로 해석되는데, 이는 일본식의 모습으로 국민국가를 만들어 갔음을 의미하는 것으로 그 특징적 일례가 국민의 '신민화'일 것이다. 이를 위해서는 국가적 차원의 정책이 철저히 이루어지게 되며 그 출발은 바로 '국민 교육제도 발족'으로 시작되는 교육 정책이라 할 수 있을 것이다.

근대 일본 최초의 체계적인 교육 법령인 <학제>는 네덜란드와 프랑스의 학교 법을 모델로 하여 1872년에 탄생하였으며, '당분간 이것을 시행하지 않는다(当分之レヲ欠ク)'는 단서가 제시되어있지만, 그 안에서 음악으로서 창가를 지정하고 있다.[1]

<학제>의 주요 내용은 입신출세·생계 영위 등을 위한 학문의 필요성과, 학문의 장으로서의 학교 설립에 대한 설명, 그리고 "반드시 마을에 배우지 않는 집이 한 집도 없으며 집에는 배우지 않는 자가 한사람도 없도록…"과 같은 국민개학의 의지 등이다.[2] 이러한 일본의 근대 교육제도의 시작은 음악교육사에 있어서도 그 제도적 일보를 내

딛게 되는데, 이때에 기존의 음악은 '창가'로 불러지며 학교라는 근대 장치 속에서 하나의 교과로서 등장하기에 이른다. <학제>는 메이지 국민에게 근대 교육을 보급하기 위해 전국 획일적으로, 그리고 강제적으로 실시되었다. 즉 부국강병과 문명개화를 전면에 내세운 근대 메이지의 새로운 국민(民)의 싹인 '아동'들에게[3] 국민=신민화를 내면화시켜가기 위한 프로젝트의 실행 첫 단계로서 국민개학 지향의 길로 들어섰던 것이다. 그러나 이러한 과정 속에서 탄생한 전국 획일적인 성격을 가지는 <학제>는 성격상 자유교육령이라는 별칭을 갖고 있었던 <교육령>으로 새롭게 제정된다. 그리고 다음 해인 1880년 12월에 <개정교육령>이 공포되고, 1881년의 <소학교 교칙강령> 제정과 <소학교 교원수칙>(小学校教員心得)으로 이어지면서 지육보다 덕육을 더 중시할 것이 요구되는 내용으로 강화되어간다. 이는 충군애국과 유교적 덕목이 내용으로써 중시되는 강력한 국가 통제 하에서의 교육 다듬기 과정이었다.[4] 이렇게 메이지 국민으로서의 '신민'을 만들어내기 위한 탐색 과정은 <제국대학령>을 시작으로 하는 4개의 학교령[5]의 제정으로 한 단계 뛰어오르며 근대 학교 체제의 기본적인 틀의 구축과 충군애국 정신의 함양, 그리고 신체 단련의 중시 및 군대식 교육의 채용, 교과서 검정제도 실시 등, 국가 통제의 강화를 도모하는 방향으로 나아갔다. 그리고 이러한 교육 개혁은 1890년 교육의 헌법이라고 일컬어지는 '교육칙어'의 탄생으로 이어졌으며, 이는 전 국민의 신민화를 위한 제국에 필요한 선량한 신민 만들기의 국가적 장치 그 자체였다. 물론 '교육칙어'의 내용은 2차 소학교령에 고스란히 녹아들었으며, 천황제를 지탱하는 '신민'의 교육에 있어서 절대적 가치로서 그 존재감을 표출하였다.

이와 같은 1880년대 후반의 교육계의 커다란 지반 변동은 물론 창가 교육 안으로도 그 영향력이 흘러들어갔다. 국가주의적 색채의 강한 표출 속에서 창가 교육의 목적 또한 서양 교육 이념인 미적 정조(情操)의 도야라는 측면으로부터 벗어난, 애국심 발양에 유효한, 그렇기 때문에 충군애국 관련의 수업 내용이 제기되는 덕육을 위한 창가로 그 방향은 굴절되어갔다. 소학교 축일대제일 의식창가의 제도화(1891년 6월)는 이와 같은 창가의 방향성을 단적으로 보여주는 사건으로 인식되며, 이후 축일대제일 의식창가는 일본 음악계의 헌법으로 불리어졌을 만큼 강력하고도 절대적인 힘을 싣고 전국적으로 시행되었다.

요컨대 창가는 1872년의 <학제> 공포를 시작으로 하는 교육계의 커다란 지반 변동과 함께 덕육 교육을 위한 국민 교화용 도구로서 근대 국민국가 메이지의 신민화 프로젝트 안에서 중요한 역할을 할당받았던 것이다.

근대 국민국가 일본의 행로—창가 속 '신민' 만들기

이 장에서는 메이지 정부가 근대 국민으로서의 '신민'을 만들어 가는 과정을 고찰하고자 한다. 이를 위해 연구 대상인 『소학창가집』 전 3편[6]과 『유치원창가집』, 그리고 『심상소학창가』 전 6권의 가사와 선율을 분석하며, 그 내재적인 메시지를 명확히 제시함으로써 메이지 정부의 의도하는 바를 규명하고자 한다.

『소학창가집』

■ 근대 음으로서의 창가 탄생

창가는 1872년 문부성의 <학제> 발포를 통해 학과목으로서 탄생되었다. 그러나 문부성은 '당분간 이것을 시행하지 않는다'는 단서를 창가 과목에 달았다. 호리우치 게이조는 "1872년 8월 2일 문부성이 발표한 <학제>에는 초등학교의 규정에 '창가 당분간 이것을 시행하지 않는다', 중학교 규정에 '주악 당분간 이것을 시행하지 않는다'고 되어있으며, 프랑스 제도를 주로 채택했기 때문에 음악도 교과에 들어있기는 했으나, 실제로는 교사도 없고 교재도 없으며 학교 어디에서도 음악은 가르치지 않았다"[7]고 언급하고 있다. 이는 당시의 음악 교과목으로서의 창가의 위치를 대변해 주는 언설로서 교재와 교수법의 전무, 음악교사의 무 존재[8], 그리고 당시의 음악에 대한 사회의 무관심 등의 많은 문제점을 그 이유로서 시사해주는 대목이다. 당시의 근대화의 물결은 모든 측면에서 수입문화의 형태적 도입이라는 상황을 피할 수는 없었으며, 이와 같은 환경은 음악 교육에 있어서도 마찬가지여서 준비되어있지 않은 무조건적 이식이 이루어졌음을 짐작하게 해준다.

음악 교육은 교육령이 발포되기 전까지의 '당분간 이것을 시행하지 않는다'는 공백기를 통해 많은 모색이 이루어졌다. 이자와 슈지와 고용 외국인 교사였던 메이슨(Luther Whiting Mason)의 노력에 의해 음악취조괘가 설치되었으며, 1881년 일본 최초 창가 교재로서의 『소학창가집』[9]이 편찬되기에 이른다. 『소학창가집』에는 총 91곡의 노래가 초편(1881: 1~33), 2편(1883: 34~49), 3편(1884: 50~91)으로 나누어 수록되어 있다. 일본 최초의 관제 음악 교과서라는 별칭을 갖고 있는 이 『소학창가집』 초편의 서언에는 "교육은 덕육·지육·체육이 중요하며 특히 덕육으로서의 덕성을 기르기 위해서는 음악이 매우 중요하다", 또한 "음악에는 사람의 마음을 바르게 하고 풍화를 돕는 작용이 있기 때문으로 이것은 이미 역사적·세계적으로 보아도 분명하다", "동서이양(東西二洋)의 음악을 절충하여 신곡을 만드는 것"에 대한 내용 등을 제시하면서 창가의 음악적 기능과 교육적 효과 및 작성면의 기본방침 등에 대한 설명을 제시하고 있다.[10]

실제로 『소학창가집』은 아주 간단한 곡에서부터 점차 '음'의 수를 늘려가거나 2박자에서 점차 박자의 수를 늘려가면서, 간단 단순함에서 조금씩 복잡함으로의 이행을 시도하는 방식으로 구성되어 있다. 또한 외국 곡(주로 유럽, 스코틀랜드, 아일랜드의 민요 그리고 미국의 창가, 찬미가)을 이용한 것이 반수가 훨씬 넘으며 나머지는 이자와 슈지와 메이슨, 그 외의 관계자들에 의해 만들어진 곡들이다. 작사는 원가사의 내용과는 다른 독자적 가사를 만들었는데, 그 작업은 주로 이나가키 지카이(稲垣千穎), 가베 이즈오(加部厳夫), 사토미 다다시(里見義) 등의 국문학자들이 중심적 역할을 담당하였다.[11]

이렇게 『소학창가집』은 메이지 정부가 국민국가 건설을 위해 천황을 신격화하고 그 지배 체제를 강화해 가는, 그럼으로써 카오스적 상태를 어쩔 수 없이 받아들여야만 했던 정치적·사회적 풍경 속에서 '당분간 이것을 시행하지 않는다'는 당시 창가의 음악사적 위치와 함께 근대 음으로서 탄생하였던 것이다.

■ 가사 속의 장치성 읽기

『소학창가집』의 총 91곡의 가사 내용을 살펴보면 <표 3>과 같다.

표 3. 『소학창가집』 전 3편 가사 내용 분석표

단원	곡명	내용 및 주제어	유형	비고
1	꽃내음 풍겨라 (かおれ)	반딧불, 벚꽃, 물새떼, 평화로움	Ⅰ	초편
2	봄산 (春山)	봄안개, 봄산, 가을산, 벚꽃, 단풍 등 봄 가을의 자연을 노래함	Ⅰ	
3	날아라 (あがれ)	종달새와 어린 은어의 힘찬 모습	Ⅰ	
4	축하하라 (いわえ)	천황치세를 칭송	Ⅱ	
5	천세 영원히 (千代に)	천황치세의 영원함	Ⅱ	
6	와카노우라 포구 (和歌の浦)	와카노우라의 정경	Ⅰ	
7	봄엔 벚꽃 구경 (春は花見)	벚꽃놀이와 달구경의 명소를 노래함	Ⅰ	
8	휘파람새 (鶯)	휘파람새, 매화피는 정월, 기러기	Ⅰ	
9	들판에서 (野辺に)	천황 치세의 무궁함	Ⅱ	
10	봄바람 (春風)	봄과 가을 정경	Ⅰ	
11	벚꽃과 단풍 (桜紅葉)	벚꽃 명소 요시노, 단풍 명소 다쓰타산	Ⅰ	
12	꽃 피는 봄 (花さく春)	봄과 가을의 정경	Ⅰ	
13	저 멀리보니 (見わたせば)	봄과 가을의 정경을 아름답게 표현	Ⅰ	
14	소나무 그늘 (松の木陰)	천세, 영원의 푸르름, 매화꽃 천황 치세	Ⅱ	
15	봄의 3월 (春のやよい)	봄, 여름, 가을, 겨울의 정취	Ⅰ	
16	우리나라일본 (わが日の本)	일본의 사계가 온천지에 하나 됨	Ⅱ	메타포적 화조풍월
17	나비야 나비야 (蝶々)	벚꽃 번창하는 천황치세	Ⅱ	메타포적 화조풍월
18	아름다운 (うつくしき)	신의 아들, 활, 큰칼, 창, 천황을 위한 용기 있는 아들을 표현	Ⅱ	
19	침실 문 (閨の板戸)	새, 나비의 비유를 통한 게으름의 충고	Ⅲ	
20	반딧불이 (蛍)	일본의 수호신이 되어 나라를 위해 온힘을 다함	Ⅱ	
21	연보랏빛 (若紫)	겨울눈 녹는 틈 사이로 나오는 봄나물	Ⅰ	

단원	곡명	내용 및 주제어	유형	비고
22	자거라 아가야 (ねむれよ子)	부모님의 사랑과 은혜에 대한 그리움	Ⅱ	
23	기미가요 (君が代)	천황 치세의 영원함과 은혜를 노래함	Ⅱ	
24	생각해보니 (思いいづれば)	고향의 그리움과 자식을 그리워하는 부모의 마음	Ⅲ	
25	향기로 알려진 (薫にしらるる)	천황치세를 칭송	Ⅱ	
26	스미다가와 (隅田川)	스미다가와의 정경	Ⅰ	
27	후지산 (富士山)	후지산의 아름다움과 자랑스러움	Ⅱ	메타포적 화조풍월
28	아련함(おぼろ)	천황치세의 평화로움을 봄가을의 정경으로 노래함	Ⅱ	메타포적 화조풍월
29	비와 이슬 (雨露)	천황의 한없는 은혜로 백성의 윤택함을 노래함	Ⅱ	
30	아름다운 황거 (玉の宮居)	백성을 생각하는 천황의 마음	Ⅱ	
31	일본 패랭이꽃 (야마토나데시코) (大和撫子)	충효의 정신	Ⅱ	메타포적 교훈
32	오상의 노래 (五常の歌)	유교의 가르침	Ⅲ	
33	오륜의 노래 (五倫の歌)	맹자의 가르침	Ⅱ	
34	새들의 지저귐 (鳥の声)	화조풍월	Ⅰ	2편
35	봄안개일까 구름일까 (霞か雲か)	화조풍월	Ⅲ	메타포적 화조풍월
36	새해 아침 (年たつけさ)	새해맞이 풍경과 천황치세를 그린 노래	Ⅱ	메타포적 화조풍월
37	안개 자욱한 하늘 (かすめる空)	화조풍월	Ⅰ	
38	제비 (燕)	둥지 떠난 제비가 다시 오기를 기대	Ⅲ	메타포적 화조풍월
39	거울처럼 (鏡なす)	화조풍월	Ⅰ	
40	바위에서 새는 물 (岩もる水)	화조풍월	Ⅰ	

단원	곡명	내용 및 주제어	유형	비고
41	물가의 벚꽃 (岸の桜)	서정적 아름다움을 표현	Ⅰ	
42	사냥놀이 (遊猟)	대장부의 용감함을 사냥놀이에 비유	Ⅲ	
43	골짜기 속 (みたにの奥)	천황치세를 찬양	Ⅱ	
44	천황의 나라 (皇御国)	천황나라의 무사와 남자의 도, 충효를 표현	Ⅱ	
45	번영하는 세상 (栄行く御代)	천황나라에 태어남, 신에 대한 은혜	Ⅱ	
46	닷새바람 (五日の風)	천황치세의 영원함을 축하	Ⅱ	
47	황위 계승 (天津日嗣)	천황자손은 신들의 나라 때부터 정해져 있음을 노래함	Ⅱ	
48	태평곡 (太平の曲)	천황치세의 무궁함을 노래함	Ⅱ	
49	절의 종소리 (みてらの鐘の音)	절의 종소리의 그윽함을 표현	Ⅰ	
50	신민이여 (やよ御民)	천황치세의 신민 됨을 칭송	Ⅱ	3편
51	봄날 밤 (春の夜)	천황치세의 평화로움을 표현	Ⅱ	
52	풍파 (なみ風)	풍파와 험한 산속에서 도움이 되는 것	Ⅰ	
53	우러러보면 존귀하네 (あおげば尊し)	스승은혜의 존귀함과 입신출세를 위해 학문에 힘씀	Ⅲ	
54	구름 (雲)	하늘에 떠있는 구름의 정경	Ⅰ	
55	그 옛날의 수도 '나라' (寧楽の都)	옛 황국 나라가 천황을 그리워함	Ⅱ	
56	재녀 (才女)	역사적 인물을 통해 일본전통문학의 훌륭함을 칭송	Ⅲ	
57	어머니 마음 (母のおもい)	어머니의 한없는 마음을 그리워 함	Ⅱ	
58	돌아가는 바퀴 (めぐれる車)	물방울도 모이면 바다 되니 쉬지 말고 정진하라는 권학의 노래	Ⅲ	
59	무덤 (墳墓)	부모님 무덤의 쓸쓸함과 그리움을 표현	Ⅱ	
60	해질녘 가을 (秋の夕暮)	가을 황혼의 쓸쓸함을 표현	Ⅰ	
61	옛 전쟁터 (古戦場)	목숨 버린 대장부 이름의 영원함	Ⅱ	
62	가을 풀들 (秋草)	화조풍월	Ⅰ	

단원	곡명	내용 및 주제어	유형	비고
63	후지산과 쓰쿠바산 (富士筑波)	천황치세	Ⅱ	
64	정원의 매화 (園生の梅)	정원의 매화, 들판의 제비꽃을 노래	Ⅰ	
65	홍귤나무 꽃 (たち花)	고향의 꽃을 보며 고향과 부모님을 그리워함	Ⅲ	
66	사계의 달 (四季の月)	4계절의 각각의 달을 묘사	Ⅰ	
67	흰 연꽃 흰 국화 (白蓮白菊)	연꽃과 국화의 순수함과 절개를 노래함	Ⅰ	
68	배움 (学び)	학문의 중요성을 노래함	Ⅲ	
69	나뭇가지 (小枝)	하찮은 짐승도 은혜를 앎을 비유하며 충효를 그린 노래	Ⅱ	
70	뱃사공 (船子)	바다의 정경을 노래로 표현	Ⅰ	
71	매사냥 (鷹狩)	매사냥의 정경을 떠올리게 하는 노래	Ⅱ	
72	작은 배 (小船)	화조풍월	Ⅰ	
73	성실은 사람의 도리 (まことは人の道)	참됨은 인간의 도리, 신이 내리신 선물임을 그린 노래	Ⅱ	메타포적 교훈
74	천리 길 (千里のみち)	천리길도 한걸음부터라는 교훈적 노래	Ⅲ	
75	봄의 들 (春の野)	봄의 들판의 싱그러움의 노래	Ⅰ	
76	아름다운 일본 (미즈호瑞穂)	일본은 신의 혈통으로 이루어진 나라 민족임을 노래함		
77	즐거워라 우리 (たのしわれ)	끊임없이 힘써 배우면 무엇이든 할 수 있다는 권학의 노래	Ⅲ	
78	국화 (菊)	흰국화의 아름다움 (인간의 절개, 지조, 충효로 해석)	Ⅱ	메타포적 화조풍월
79	충신 (忠臣)	충신의 노래	Ⅱ	
80	온갖 풀꽃 (千草の花)	온갖 세상의 권세와 아름다움은 덧없는 것 학문의 영원함을 노래함	Ⅲ	메타포적 화조풍월
81	어제 오늘 (きのうきょう)	돌아오지 않는 임을 그리워함	Ⅰ	
82	머리의 눈 (頭の雪)	세월의 흐름을 정겹게 표현	Ⅲ	

단원	곡명	내용 및 주제어	유형	비고
83	피어라 꽃이여 (さけ花よ)	화조풍월(천황치세의 암묵적 표현)	Ⅱ	메타포적 화조풍월
84	높은 산봉우리 (高根)	잠시도 쉬지 말고 힘쓰라는 교훈	Ⅲ	
85	사계절 (四つの時)	천황, 국가의 은혜를 잊어서는 안 됨을 가르치는 노래	Ⅱ	
86	꽃과 달 (花月)	좋은 것은 받아들이고 나쁜 것은 피하라는 교훈적 노래	Ⅲ	
87	평온한 치세 (治まる御代)	천황치세에 대한 칭송의 노래	Ⅱ	
88	축하하라 우리 님을 (祝え吾君を)	천황을 칭송, 찬양, 축복함	Ⅱ	
89	화조 (花鳥)	배움의 즐거움을 노래함	Ⅲ	
90	마음은 옥구슬 (心は玉)	학문에 힘쓰는 자는 세상의 빛이 됨	Ⅲ	
91	초혼제 (招魂祭)	초혼사의 사자는 천황 나라를 지켜 대대로 빛이 됨을 그린 노래	Ⅱ	

(Ⅰ: 순수 화조풍월형, Ⅱ: 천황치세 및 충군애국형, Ⅲ: 도덕적 교훈 및 권학형)

음악 인류학사인 메리엄(A.P Merriam)은 음악 활동이 갖는 기능의 하나로서 음악의 사회통합기능을 지적하면서 "음악은 정치적·사회적으로 개인 및 사회 전체의 의견의 강화 또는 형성에 큰 힘을 발휘한다"[12], "음악을 통한 인간 행동 분석에 가장 명확한 자료를 제공하는 것은 바로 가사다"[13] 라고 말하고 있다. 즉 가사는 인간의 생활 및 가치관을 투영시키고 있으며, 그와 같은 이유로 당시의 이데올로기를 읽어내는 도구로서의 위치에 가사를 올려놓고 있는 것이다. 이러한 통합기능 장치로서의 음악은 역사적으로 보면 국가용 설득 도구로서 사용되어왔다고 할 수 있는데, 국민국가의 주역인 국민에게 일체감을 느끼게 하는 정보를 가사를 통해 제공함으로써 그 내면화에 큰 역할을 해 왔다고 하겠다. 따라서 그러한 의미선상에서 창가의 가사에 대한 인식의 크기는 시사하는 바가 크다고 할 수 있을 것이다.

여기에서는 메이지 국가에 어울리는 바람직한 국민상=신민을 만들기 위한 교육 정책이 창가 교육에 어떻게 투영되어갔는지를 가사 분석이라는 방법으로 접근하고자 하였다. 구체적으로서는 가사 내용의 덕목을 크게 순수 화조풍월형(Ⅰ), 천황치세 및 충군애국형(Ⅱ), 도덕적 교훈 및 권학형(Ⅲ)의 세 가지의 유형으로 분류하여 신민화 프로젝트 작업을 위해 활용된 형태를 살펴보았다.[14]

표 4. 『소학창가집』 가사 내용 덕목 분포표

유형	분포 단원	권별 합계	총수	백분율
순수화조 풍월형 (Ⅰ)	초편-(1)(2)(3)(6)(7)(8)(10)(11)(12)(13)(14)(15)(21)(26) 2편-(34)(37)(39)(40)(41)(49) 3편-(54)(60)(62)(64)(66)(70)(72)(75)	14/33 6/16 8/42	28	30,8%
천황치세 및 충군애국형 (Ⅱ)	초편-(4)(5)(9)(16)(17)(18)(20)(23)(25)(27)(28)(29)(30)(31) 2편-(36)(42)(43)(44)(45)(46)(47)(48) 3편-(50)(51)(55)(61)(63)(69)(71)(73)(76)(78)(79)(83)(85)(87)(88)(91)	14/33 8/16 16/42	38	41.8%
도덕적 교훈 및 권학형 (Ⅲ)	초편-(19)(22)(24)(32)(33) 2편-(35)(38) 3편-(52)(53)(56)(57)(58)(59)(65)(67)(68)(74)(77)(80)(81)(82)(84)(86)(89)(90)	5/33 2/16 18/42	25	27.4%

◆ 순수 화조풍월형(Ⅰ)

이 유형은 『소학창가집』에 두루 분포되어있는 형태로 자연의 아름다운 경치와 계절을 노래한 화조풍월의 내용들이다. 음악 교육을 도덕 교육의 수단으로 활용하기 위해서는 당연히 가사에 교훈성을 싣게 되는데, 그러한 의미로 접근했을 때 우선 가사의 어휘들이 매우 우아함을 띠고 있다는 것을 알 수 있다. 표면적 해석만으로도 일본의 전통적 풍치를 자아내는 단어들과 함께 자연의 풍경을 아름답게 묘사한 격조 높은 내용들의 어휘를 가사 속에서 찾아내는 것은 그다지 어려운 일이 아니다. 뿐만 아니라 가사의 내용들이 초등학교 아동들의 이해 수준에서 어느 정도 벗어나 있음도 그 대상에 대한 표현 어휘를 통해 알 수가 있다.

꽃내음 풍겨라 かおれ 〈초편-(1)〉

1꽃내음 풍겨라 정원에 핀 벚꽃
2앉아라 거하라 들풀 속 반딧불
3손짓해 나부껴 들녘의 참억새
4울어라 날아라 강가의 물떼새
1かおれ　におえ　そのうのさくら
2とまれ　やどれ　ちぐさのほたる
3まねけ　なびけ　野はらのすすき
4なけよ　たてよ　かわせのちどり[15]

사계의 달 四季の月 〈3편-(66)〉

1향기로운 산 벚꽃 꽃무리
어슴푸레 비추는 봄날 밤의 달
2비 개인 정원 풀잎 이슬 위로
잠시 동안 머무는 여름밤의 달
3세상 사람들 거울인가 둥그렇게

보고 보고 또 보는 가을밤의 달

[4]물새 소리 온몸에 스며드는 연못
꽁꽁 얼어붙은 겨울밤의 달

[1]さきにおう 山の桜の 花のうえに
かすみていでし 春の夜の月

[2]世をわたる 人の鏡か 隅もおちず
雨すぎし 庭の草葉の 露のうえに

[3]しばしはやどる 夏の夜の月
みれどもあかぬ 秋の夜の月

[4]水鳥の 声も身にしむ 池のおもに
さながらこおる 冬の夜の月

저 멀리보니 見わたせば 〈초편-(13)〉

[1]저 멀리 보니 푸른 버들 벚꽃잎 한데 섞이어
수도 교토 시내 가득 봄의 비단을
봄의 여신 짜내려 봄비로 물들이네

[2]저 멀리 보니 산에는 봉우리도 산기슭도
짙고 옅은 단풍잎의 가을 비단을
가을 여신 짜 덮고서 서리로 탈색 하네

[1]見わたせば あおやなぎ 花桜 こきまぜて
みやこには みちもせに 春の錦をぞ
さほひめの おりなして ふるあめに そめにける

[2]みわたせば やまべには おのえにも ふもとにも
うすきこき もみじ葉の あきの錦をぞ
たつたびめ おりかけて つゆ霜に さらしける

위의 가사를 살펴보면 「꽃내음 풍겨라かおれ＜초편-(1)＞」로 시작하여, 봄 여름 가을 겨울의 달의 정경을 노래한 「사계의 달四季の月<3편-(66)>」, 특히 「저 멀리보니見わたせば<초편-(13)>」에서 봄을 다스리는 여신과 가을을 다스리는 여신을 등장시켜 봄과 가을의 아름다운 경치를 노래한 '봄비단 사오 히메(春の錦をぞさほひめ)', '가을비단 다쓰타 히메(あきの錦をぞたつたひめ)'와 같은 표현은 일본인의 애니미즘적 정서까지도 엿볼 수 있는 내용들이라 할 수 있다. 이와 같은 순수 화조풍월 계열의 노래는 91곡 중 28곡으로 전체의 30.8%를 차지하며, 권 별로 살펴보면 초편에 14곡, 2편에 6곡, 3편에 8곡으로 초편과 2편에 두루 분포되어 있다.

그런가 하면 기본적으로는 화조풍월형이지만, 의외로 천황치세와 교훈적 메시지를 암시적으로 표상하고 있는 곡들도 찾아볼 수 있는데 그 예는 다음과 같다.

나비야 나비야 蝶々 〈초편-(17)〉

1 나비야 나비야 유채꽃에 앉아라
유채꽃이 싫어지면 벚꽃에 앉아라
화려하게 벚꽃이 피어나는 세상에
앉아라 놀아라 놀아라 앉아라

2 일어나라 일어나 둥지 속 새야
아침의 햇살이 비추기 전에
둥지를 나와서 가지 끝에 앉아
놀아라 참새야 노래하라 참새야

1 ちょうちょうちょうちょう 菜の葉にとまれ
なのはにあいたら 桜にとまれ
さくらの花の さかゆる御代に
とまれよあそべ あそべよとまれ

2おきよおきよ ねぐらのすずめ
朝日のひかりの さしこぬさきに
ねぐらをいでて こずえにとまり
あそべよすずめ うたえよすずめ

후지산 富士山 〈초편-(27)〉

1산기슭에 구름 걸쳐있고
산봉우리 눈 쌓여있네
피부는 눈 옷은 구름
눈과 구름 몸에 두른
우뚝 선 후지산 그 전망에
따를 것 닮은 것 하나 없구나

2외국 사람도 우러러보고
우리들도 자랑스러워하네
비추는 햇살 하늘 떠가는 달
세월과 더불어 함께 빛나고
우뚝 선 후지산 그 전망에
따를 것 닮은 것 하나 없구나

1ふもとに雲ぞ かかりける
高嶺にゆきぞ つもりたる
はだえは雪 ころもはくも
そのゆきくもを よそいたる
ふじちょうやまの 見わたしに
しくものもなし にるもなし

2外国人も あおぐなり
わがくに人も ほこるなり
照る日のかげ そらゆくつき
つきひとともに かがやきて

富士ちょう山の みわたしに
しくものもなし にるもなし

피어라 꽃이여 さけ花よ 〈3편-(83)〉

[1]피어라 꽃이여 벚꽃이여
한가로운 봄 한창일 때에
피어라 꽃이여 벚꽃이여

[2]불어라 바람아 봄바람 불어라
피어있는 벚꽃잎 지지 않을 만큼
바람아 불어라 봄바람 불어라

[3]울어라 개구리 개구리야 울어라
맑디맑은 물 청정한 치세에
울어라 개구리 개구리야 울어라

[4]울어라 새야 휘파람새 울어라
벚꽃 피어서 한창인 봄날
울어라 새야 휘파람새 울어라

[5]저기 저 사람아 노래 불러라
휘파람새 개구리도 노래 부르네
저기 저 사람아 노래 불러라

[1]さけはなよ 桜の花よ
のどけき春の 盛りのときに
さけ花よ 桜のはなよ

[2]ふけ風よ 春かぜふけよ
咲たる花を ちらさぬほどに
ふけ風よ 春風ふけよ

[3]なけかわず やよなけかわず
澄み行く水の にごらぬ御代に
なけかわず やよなけかわず

4なけ鳥よ 鶯なけよ
さきたるはなの 盛りのはるに
なけとりよ 鶯なけよ

5やよ人よ ひとびとうたえ
うぐいすかわず 歌をばうたう
やよ人よ 人々うたえ

즉 「나비야 나비야蝶々<초편-(17)>」에서처럼 귀여운 나비가 아름다운 꽃들과 노니는 모습을 번창하는 천황의 치세와 오버랩 시키는가 하면, 「피어라 꽃이여さけ花よ<3편-(83)>」에서는 천황의 치세를 칭송하라는 메시지, 그리고 풍물을 노래하면서 국토를 자랑하는 「후지산富士山<초편-(27)>」에서는 자국민뿐만 아니라 외국인까지도 우러러본다는 국토에 대한 긍지의 내용 등, 직접적으로 천황과 황실을 칭송하는 표현은 피하고 있지만, 애국심의 함양과 천황치세의 칭송을 유도해 내고 있다는 것을 알 수 있다.[16]

이러한 현상은 당시 음악 교육의 지향점인 '덕성함양'을 위한 모색의 표출로 해석할 수 있다. 즉 초등학교 아동들의 수준에서 음악적 감성을 기르기 위한 내용이기보다는, <개정교육령> 시기에 국가적 설득 도구로서 메이지 정부가 음악 교육에 요구하는 기대치에 부합하는 내용으로 볼 수 있다. 따라서 이것은 화조풍월형에 속하면서도 천황치세와 애국정신을 함양시키는 덕육적이며 교훈적인 메타포로서 이해할 수 있겠다.

◆ 천황치세 및 충군애국형(Ⅱ)

『소학창가집』이 편찬되던 1881년의 상황은 메이지 초기 이래 계속되어오던 교육 방침의 혼돈 상태가 <개정교육령>에 의해 통일을 향해 그 움직임을 시작하고 있던 시기이다. 유교주의에 기초한 교육을 국가적으로 관리하고 통제한다는 커다란 틀 속에서 강력한 힘의 소유자로 자리를 잡은 메이지 정부는 봉건주의적이며 유교주의적 강압 속에서 충효윤리를 재편성하였다. 따라서 강력한 보수적 색채로써 교육을 통제하였는데, 그와 같은 색채는 물론 창가의 가사를 통해서도 쉽게 읽어낼 수 있다. 전체 91곡 중에서 38곡의 내용이 이 유형에 속하는 것으로 초편 14곡, 2편 8곡, 3편 16곡의 41.8%라는 점유율을 보여준다. 특히 2편에서의 50%라는 점유율은 충효윤리를 재편성한 강력한 보수적 색채를 느끼기에 충분한 숫자임에 틀림없다. 가사의 내용을 몇 가지 예를 들어 살펴보기로 한다.

기미가요 君が代 〈초편-(23)〉

1임의 세상은 천세 만세 영원히
작은 돌이 바위 되어 이끼 낄 때까지
영원히 변함없고 끝도 없으리

2임의 세상은 천길 깊은 바다 속
작은 돌이 물새 사는 바위 될 때까지
끝없는 태평성대를 축원 드리네

1君が代は ちよにやちよに
さざれいしの 巌となりて こけのむすまで
うごきなく 常磐かきわに かぎりもあらじ

2きみがよは 千尋の底の
さざれいしの 鵜のいる磯と あらわるるまで
かぎりなき みよの栄を ほぎたてまつる

천황의 나라 皇御国 〈2편-(44)〉

[1]일본 무사는 무엇에 힘써야 하나
몸에 지닌 참마음 다해 천황과 부모 위함으로

[2]천황 나라 낭자들은 휘지 않는 굳건함으로
세상일 앞장서 나라와 백성위해 부국강병 해야 하네

[1]すめらみくにの もののふは いかなる事をか つとむべき
ただ身にもてる まごころを 君と親とに つくすまで

[2]皇御国の おのこらは たわまずおれぬ こころもて
つとめなし くにと民とを とますべし

황위 계승 天津日嗣 〈2편-(47)〉

[1]변함없이 번창하는 천황 치세는
천지 우주 모두 끝이 없도다
우리 일본의 찬란한 빛은
해와 달 함께 빛나는 것이리

[2]예로부터 이어온 아름다운 나라
그 아름다운 일본에는 태양의 아들이
천황으로 받들어 계실 곳으로
신들의 시대부터 정해져 있었네

[1]あまつ日つぎのみさかえは
あめつちの共 きわみなし
わがひのもとの みひかりは
月日とともに かがやかん

[2]葦原のちいほあき
瑞穂のくには 日の御子の
きみとますべき ところぞと
神のみよより さだまれり

반딧불이 蛍 〈초편-(20)〉

[1]반딧불이 불빛 창가의 흰 눈
책 읽는 날들 쌓여가는 동안
어느덧 세월 흘러 삼나무 교문
활짝 열고 오늘 아침 떠나가네

[2]머무는 것 가는 것 마지막이라고
추억으로 간직하는 많고 많은
마음 속 생각들 한마디로 하니
행복이라 하며 노래 부르네

[3]규슈의 끝 도호쿠의 산골마을
바다 저 멀리 헤어져 있어도
그 참마음은 오직 하나
온 힘을 다하라 나라를 위해

[4]저 홋카이도도 오키나와도
일본열도 속의 수비라네
구석구석 나라에서 용감하게
힘써라 친구여 언제나 무사히

[1]ほたるのひかり まどのゆき
書よむつき日 かさねつつ
いつしか年も すぎのとを
あけてぞけさは わかれゆく

[2]とまるもゆくも かぎりとて
かたみにおもう ちよろずの
こころのはしを ひとことに
さきくとばかり うたうなり

[3]つくしのきわみ みちのおく
うみやまとおく へだつとも
そのまごころは へだてなく
ひとつにつくせ くにのため

4千島のおくも おきなわも
やしまのうちの まもりなり
いたらんくにに いさをしく
つとめよわがせ つつがなく

위의 노래들은 상당히 구체적이고도 직접적인 레토릭으로 묘사되어있다. 존왕애국의 참마음과 의협심 등을 고취시키기 위한 내용의 노래인 「기미가요君が代<초편-(23)>」, 천황이 다스리는 나라(皇御国), 참마음(まごころ), 천황(君), 어버이(親) 등과 같은 어휘를 사용함으로써 당시의 창가 교육의 핵심 중의 하나인 충군충효 정신을 주입시키고자 한 「천황의 나라皇御国<2편-(44)>」, 열렬이 애국과 황실을 찬미한 「황위 계승天津日嗣<2편-(47)>」, 그런가 하면 「반딧불이蛍<초편-(20)>」의 가사처럼 표면적으로는 친구에 대한 사랑과 교제상에 있어서의 신의의 중요성 등을 노래하면서도 궁극적으로는 나라를 사랑하는 애국의 정신을 교육시키는 내용 등이 대부분이다. 즉 전반적으로 천황치세를 찬양하고 황실의 무궁함과 천황의 은혜에 보답하기 위한 신민의 도로서의 충효를 찬양하는 내용들로 구성되어 있음을 알 수 있다.

그런가 하면 다음과 같은 내용도 제시되어 있다.

충신 忠臣 〈3편-(79)〉

1아아 향기로운 녹나무 두 그루
아아 변함없는 미나토가와[17]
파도소리 온 몸에 사무쳐 오는
그 깊은 정이여 그 공적이여
충신 아아 충성스런 충신 형제여

충신 아아 충신 비길 데 없어라

[2]아아 향기로운 녹나무 두 그루
아아 아름다워라 요시노야마
꽃은 졌어도 세상에 남겨진
그 노래와 올곧은 그 참마음
충신 아아 충성스런 충신 형제여
충신 아아 충신 비길 데 없어라

[1]嗚呼香ぐわし 楠の二本
ああ絶せじ みなと川
浪の音も 身にぞしむなる
其あわれ その功績
忠臣嗚呼忠臣 兄弟の人
忠臣嗚呼忠臣 たぐいなや

[2]嗚呼かぐわし 花の二もと
ああうるわし 芳野やま
ちりはてて 世のこそ残れ
そのうたと 其まこと
忠臣嗚呼忠臣 兄弟の人
忠臣嗚呼忠臣 たぐいなや

비와 이슬 雨露 〈초편-(29)〉

[1]비와 이슬에 궁전은 황폐해지고
은혜로움으로 백성은 윤택해졌네
그렇기에 이 세상도 부뚜막 연기
온 하늘에 넘칠 만큼 피어오르니

[2]굶주린 백성 혹여 있을까
그 입장에서 깊이 생각하신 끝에
싸라기눈 날리는 겨울밤 옷 벗어주시는
고귀한 임 따뜻한 마음 보여주시네

[1]雨露に おおみやは あれはてにけり
みめぐみに 民草は うるおいにけり
かくてこそ 今の世も かまどのけぶり
み空にも あまるまで たちみちぬらめ

[2]飢えこごえ なきまどう 民もやあると
身にかえて かしこくもおもおすあまり
あられうつ 冬の夜に ぬぎたまわせる
大御衣の あつきその 御こころあわれ

가사의 내용 안에는 구체적 인물명은 거론되고 있지 않지만, 남북조 시대에 남조의 장군이었던 구스노키 마사시게(楠木正成)부자를 노래한 「충신忠臣<3편-(79)>」은 천황에게 충의를 다한 충군애국의 대표적 모델로서 역사적 실제 인물을 제시한 노래이다. 거기에 닌토쿠(仁德)천황과 다이고(醍醐)천황의 치세와 은혜를 노래한 「비와 이슬 雨露<초편-(29)>」에 이르기까지 복종·인내·용기·충·효·애국·보은 등의 다양한 덕목들이 메이지 시대의 이데올로기에 대한 의식의 내면화 교육으로 초등학교의 창가 교육 현장에서 충실히 진행되어지고 있었다는 것을 알 수 있다. 특히 초편 후반에서 충군애국·충효·천황치세 등, 메이지의 번영과 보은의 내용들이 집중되어 있으며, 그 강도가 2편과 3편으로 갈수록 심화되고 있음도 <표 4>의 수치를 통해 알 수 있다.

국민국가를 지향했던 메이지의 필수 불가결의 요소, 즉 '국민'의 존재는 메이지의 정치 구도 속에서 철저한 교육 통제를 통해 신민으로 양육될 수밖에 없었다. 그리고 이러한 국민과 신민의 동일성이야말로 절대 천황제의 표상의 하나이며, 그것을 위해 역할을 충실히 감당해 낸 것이 바로 창가 교육이었던 것이다. 이렇게 국민 통합을 위한 절대적 가치관 즉 메이지적 이데올로기를 주입시키는 도구로써의 창가는 메이지 시대의 국가적 이미지를 창출해 가려는 메이지 주역들의 의도대로 움직였다고 할 수 있겠다.

◆ 도덕적 교훈 및 권학형(Ⅲ)

도덕적 교훈 및 권학형의 내용에는 개인적 덕목이라고 할 수 있는 부모에 대한 효·학문 연마·스승의 은혜와 같은 유교적 가르침과 입신출세를 위한 정진 등, 교훈적 메시지를 주로 다루고 있다.

생각해보니 思いいづれば 〈**초편**-(24)〉

1생각해보니 3년 전 옛날
헤어지던 그날 우리 부모님
머리 만지시며 무사하라
하시던 그 얼굴 그리워지네

2아침이면 대문 열어두시고
날짜 세어가며 아버지 기다리시리
어여쁜 내 아이 아무 탈 없이
이제 금방이라도 안 돌아오나 하고

3저녁이 되면 자리에서 일어나
손꼽아 가며 어머니 기다리시리
어여쁜 내 아이 무사히 마치고
어서 빨리 돌아오렴 그리운 고향으로

4아침이면 대문 열어두시고
저녁이면 자리에서 일어나셔서
어머니 아버지 기다리시리
어서 빨리 돌아오렴 그리운 고향으로

1おもいいづれば 三年のむかし

わかれしその日　わがちちははの
かしらなでつつ　まさきくあれと
いいしおもわの　したわしきかな

2あしたになれば　かどおしひらき
日数よみつつ　ちちまちまさん
わがおもいごは　ことなしはてて
はやいつしかも　かえりこなんと

3ゆうべになれば　床うちはらい
およびおりつつ　母まちまさん
わがおもいごは　事なしはてて
はやいつしかも　かえりこなんと

4あしたになれば　かどおしひらき
ゆうべになれば　とこうちはらい
父まちまさん　母まちまさん
はやく帰らん　もとの国べに

어머니 마음 母のおもい 〈2편-(57)〉

1어머니 마음 하늘 가득하고
흘러간 곳 모르게 끝이 없네
달나라 계수나무 가지 꺾어
집에 바람 불게 하니
공경하라 공경하라 어머니 은혜

2어머니 사랑 패랭이꽃이여
한시도 잊지 마라 그 은혜를
이사 하는 것도 아기 키우려
베 짜는 것조차도 교육 위해
그립고 그리워하라 어머니 사랑

1ははのおもいは　そらにみち

ゆくえもしらず はてもなし
月の桂を たおりてぞ
家の風をば ふかせつる
あおげあおげ ははのみいさお

2母のなさけの 撫子よ
つゆなわすれそ めぐみをば
家をうつすも そだて艸
はたをきるさえ 教えぐさ
したえしたえ ははのなさけを

일본 패랭이꽃(야마토나데시코) 大和撫子 〈초편-(31)〉

1일본 패랭이꽃 각양각색으로
각자 자기대로 피었을 지라도
심고 가꾸신 어미아비의
가정의 가르침 어긋나지 말아라

2들녘의 풀들 여러 가지로
각자 자기대로 피었을 지라도
낳고 기르시는 천지신명
이슬의 은혜 잊지 말아라

1やまとなでしこ さまざまに
おのがむきむき さきぬとも
おおしたててし ちちははの
庭のおしえに たがうなよ

2野辺の千草の いろいろに
おのがさまざま さきぬとも
生したててし あめつちの
つゆのめぐみを わするなよ

오상의 노래 五常の歌 〈초편-(32)〉

1 들녘 초목들 비와 이슬 속 자라는 모습 보면
인(仁)이란 세상사람 마음 속 생명이로다

2 히다 목수 치는 먹에 반듯해지는 모습 보면
의(義)란 세상사람 마음 속 도리로다

3 위용 베어 나와 근신하는 모습 보면
예(禮)란 세상사람 마음 속 법도로다

4 신의 이치 스스로 깨닫는 모습 보면
지(智)란 세상사람 마음 속 보배로다

5 세월과 더불어 천지우주 순조로운 순환 모습 보면
신(信)이란 세상사람 마음 속 지킴이로다

1 野辺のくさ木も 雨露の めぐみにそだつ さまみれば
仁ちょうものは よのなかの ひとのこころの 命なり

2 飛騨の工が うつ墨に 曲もなおる さまみれば
義というものは 世の中の 人のこころの 条理なり

3 威儀ほかに あらわれて 謹慎みてる さまみれば
礼ちょうものは 世の中の ひとのこころの 掟なり

4 神の蔵せる 秘事も さとり得らるる さまみれば
智というものは 世の中の 人のこころの 宝なり

5 月日と共に あめつちの 循環たがわぬ さまみれば
信ちょうものは 世の中の 人のこころの 守りなり

오륜의 노래 五倫の歌 〈초편-(33)〉

부자유친하고 군신유의하며
부부유별하고 장유유서하며 붕우유신이라

父子親あり 君臣義あり 夫婦別あり 長幼序あり 朋友信あり

위에 제시한 노래「생각해 보니思いいづれば<초편-(24)>」와「어머니 마음母のおもい<2편-(57)>」은 부모님을 사모하며 그 은혜를 잊어서는 안 된다는 유교적인 '효'를 강조하는 내용이다. 이와 관련하여 천황치세 및 충군애국형의 제Ⅱ유형에 해당하는「일본 패랭이꽃(야마토나데시코)大和撫子<초편-(31)>」의 경우는 표면적으로는 부모에 대한 효를 노래하고 있다. 그러나 이는 결국 천황에 대한 충효 정신으로의 확대를 기대하는 내용의 노래로써, 이와 같은 효 관련 노래는 '충효'로의 확대 재생산을 목적으로 설정되었다고 할 수 있다.「오상의 노래五常の歌<초편-(32)>」의 경우는 유교적 덕목에 가락을 붙여 노래로 부르게 함으로써 음악 교육이라기보다는 수신 교육을 위한 가사라는 인상이 강한 노래이다. 그 다음 곡인「오륜의 노래五倫の歌<초편-(33)>」도 맹자의 가르침인 유교 도덕의 다섯 가지 인륜을 노랫말로 인용하여 유교적 도덕관념을 가르치려는 의도를 노골적으로 표현한 창가라고 할 수 있다.

배움 学び 〈3편-(68)〉

1 배움은 내 몸의 빛이 되어
부귀도 영화도 내 원하는 대로

2 교만은 내 몸의 적이 되니
결코 허락 치 마라 맘 속 망아지

3 배움은 내 몸의 빛이 되고
교만은 내 몸의 적이 되리라

1 まなびは吾身の 光りとなり
富貴も栄花も こころのまま

2 驕りはわがみの 仇とぞなる

努々ゆるすな こころの駒

[3]学びは吾身の 光りとなり
驕りはわが身の 仇とぞなる

마음은 옥구슬 心は玉 〈3편-(90)〉

[1]마음은 옥구슬이라 흐림도 없나니
밤낮으로 언제나 힘써 갈고 닦아라

[2]반딧불이 모아서 공부한 사람도
그 빛은 그대로 몸에 남아있네

[3]달빛 아래에서 공부한 사람은
그 빛 이어받아 세상을 진정 비추리

[1]こころは玉なり 曇りもあらじ
よる昼勉めて 磨きにみがけ

[2]蛍をあつめて 学びし人も
光りはそのまま 身にこそわれ

[3]月影したいて まなびし人は
光りをうけえて 世をこそてらせ

그런가 하면 위의 「배움学び<3편-(68)>」과 「마음은 옥구슬心は玉<3편-(90)>」은 학문의 중요성과 권학을 가르치기 위해 제시된 노래이다. 즉 배움이란 내 몸을 밝히는 빛이 되나 교만은 내 몸을 파괴하는 적이 되며, 더 나아가 내 몸은 보석이므로 밤낮으로 열심히 갈고 닦아 세상의 빛이 되어야 함을 직·간접적 수사를 통해 아동들의 의식을 통제하고자 하였다. 이와 같은 덕목들은 개인적인 도덕성을 기르기 위한 것 일 뿐만 아니라 궁극적으로는 당시 메이지 정부가 강력한 교육을 통해서 만들어내고자 했던 '메이지 국민=신민'을 위해 아동

들에게 제시된 이상적인 '상'으로 이해할 수 있을 것이다. 이 덕목의 분포도를 보면 3편에 집중적으로 배치되어 있으며 전체적 비율로는 27.4%이지만 궁극적 도달점인 유교적 덕성함양이라는 포괄적인 영역 안에서 제Ⅱ의 유형과 함께 다루어 해석했을 경우, 69.2%라는 높은 분포도를 보여준다. 즉 이는 <개정교육령> 발포 후 메이지 정부의 교육 통제 심화의 발로로 해석할 수 있으며, 나아가 국민국가 메이지의 신민화 프로젝트의 강도를 대변해 주는 척도라고 할 수 있겠다.

■ 선율로 읽어내는 메시지

일본에서 전 국민을 교육이라는 틀 안으로 소속시키는 이른바 근대적 교육이 이루어진 것은 주지하는 바, 1872년 <학제>를 공포하면서부터의 일이다. 음악의 영역도 물론 이 때를 같이 한다. 그러나 음악, 즉 노래는 일본 최초 음악 교과서로서의 『소학창가집』이 나오기 이전부터 교육이라는 틀 속에서가 아닌 민중들의 삶 속에서 와라베우타(童歌: 동요)나 민요 등의 모습으로 이미 존재해 있었다. 뿐만 아니라 일본 음악 교육의 모태라는 위치를 차지하고 있는 '보육창가'의 존재는 이미 알려진 바이나, 이와 같은 노래들이 소지하고 있던 선율과 리듬이란 이른바 근대 국가 메이지가 기대하는 음악적 감정가치의 틀과는 거리감이 있는 것들이었다. 특히 속곡(俗曲)같은 경우는 풍기를 어지럽힌다는 이유 등을 들어 국가적으로 배제시키기도 하였는데, 그러한 과정 속에서 국가가 만들어낸 『소학창가집』이니만큼 창가의 음악적인 감정가치의 모든 측면이 메이지 국가가 추구하는 교육의 틀에 맞춰 편성·배치되었음은 당연하다 할 것이다.

니시지마 히로시는 음악 인류학자인 메리엄의 말을 인용하여 "음악의 상징 표상 기능은 가사 내용만이 아니라 사용되는 음의 문화적 의미에 의해서도 이루어진다"[18]고 지적한 바 있다. 예를 들어 선율은 인간의 감정, 즉 희노애락 등을 표출한다는 중요한 역할에 관여하고 있으며, 그런 면에서 볼 때 음악은 충분히 상징적 기호성을 갖는다고 할 수 있는 것이다. 『소학창가집』 속의 선율 또한 그와 같은 역할을 담당하고 있었다. 그리고 그러한 기호적 메시지를 담고 있던 선율은 당시로서는 거의 모든 분야에서 절대성을 휘둘렀던 천황제라는 정치 환경 속에서 음악 교과서인 『소학창가집』 안에 제시되어있었다.

다음은 『소학창가집』 서문의 내용이다.

> 대개 교육의 요점은 덕육·지육·체육의 세 가지에 있다. 그리고 소학교에 있어서는 제일로 마땅히 덕성을 함양하는 것을 요점으로 해야 한다. 지금 그것은 음악이라는 것의 성정에 근본을 두어 인심을 바르게 하고 풍격을 도우는 효과가 있다. 때문에 예로부터 명군현상, 특히 이것을 진흥시키고 이것을 가정과 국가에 펼치고자 바라는 자 세계만방의 역사의 기록에 명확히 증명되어 있다. … (중략) … 우리 문부성은 이것에 대하여 보고 느끼는 것이 있다. 작년 특히 음악취조괘를 설치하여 설립 담당함에 본국의 학사 음악가 등과 동시에 멀리 미국의 유명한 음악 교사를 초빙하여 여러 면에서 많은 논의를 거쳐 본국 고유의 음률에 기초하여 그들의 장조를 취하고 우리의 단조를 보충함으로써 우리 학교에 적용할 만한 것을 선정한 후 … (중략) … 이에 이것을 출판함에 있어 이름 하여 소학창가집이라 한다. … (하략) …
>
> 1881년 11월　음악취조괘장　이자와 슈지 근식[19]

즉 "대개 교육의 요점은 덕육·지육·체육의 세 가지에 있다. 그리하여 소학교에 있어서는 제일로 마땅히 덕성을 함양하는 것을 요점으로 해야 한다"는 내용을 통해 알 수 있는 것처럼, 덕성함양이라는 목적하에 동서이양(東西二洋)의 음악을 절충하여 신곡을 만든다는 당시의 음악 교육의 방침은 『소학창가집』 작성에서 곡의 선정이나 박자, 음계 등으로 그 윤곽을 나타내었다.

표 5. 『소학창가집』 전 3편 선율 분석 일람표

단원	곡명	외국곡	음계	박자	소절	비고
1	꽃내음 풍겨라 (かおれ)	○	장	2/4	8	초편
2	봄산 (春山)	○	장	2/4	6	
3	날아라 (あがれ)	○	장	2/4	8	
4	축하하라 (いわえ)	○	장	2/4	8	
5	천세 영원히 (千代に)	○	장	2/4	8	
6	와카노우라 포구 (和歌の浦)	○	장	2/4	8	
7	봄엔 벚꽃 구경 (春は花見)	○	장	2/4	8	
8	휘파람새 (鶯)	○	장	2/4	8	
9	들판에서 (野辺に)	○	장	3/4	8	
10	봄바람 (春風)	○	장	2/4	16	
11	벚꽃과 단풍 (桜紅葉)	○	장	4/4	8	
12	꽃 피는 봄 (花さく春)	○	장	4/4	8	
13	저 멀리보니 (見わたせば)	○	장	4/4	24	
14	소나무 그늘 (松の木陰)	○	장	4/4	16	
15	봄의 3월 (春のやよい)	×	요나	4/4	16	
16	우리나라 일본 (わが日の本)	×	요나	4/4	16	
17	나비야 나비야 (蝶々)	○	장	2/4	16	독일
18	아름다운 (うつくしき)	○	장	4/4	16	스·민
19	침실 문 (閨の板戸)	○	장	4/4	16	
20	반딧불이 (蛍)	○	요나	4/4	16	스·민
21	연보랏빛 (若紫)	○	장	4/4	12	
22	자거라 아가야 (ねむれよ子)	○	장	4/4	10	독
23	기미가요 (君が代)	○	장	4/4	24	
24	생각해보니 (思いいづれば)	○	장	3/4	32	스·민

단원	곡명	외국곡	음계	박자	소절	비고
25	향기로 알려진 (薫にしらるる)	○	장	4/4	16	
26	스미다가와 (隅田川)	○	장	4/4	16	
27	후지산 (富士山)	○	장	4/4	24	
28	아련함 (おぼろ)	○	장	4/4	20	
29	비와 이슬 (雨露)	○	장	4/4	32	
30	아름다운 황거 (玉の宮居)	○	장	4/4	16	스·민
31	패랭이꽃 (야마토나데시코大和撫子)	×	장	4/4	16	
32	오상의 노래 (五常の歌)	×	요나	4/4	16	
33	오륜의 노래 (五倫の歌)	×	장	4/4	15	
34	**새들의 지저귐 (鳥の声)**	○	**장**	**3/4**	**12**	**2편/독**
35	봄안개일까 구름일까 (霞か雲か)	○	장	4/4	12	독
36	새해 아침 (年たつけさ)	○	장	6/8	24	
37	안개 자욱한 하늘 (かすめる空)	○	장	4/4	16	
38	제비 (燕)	○	장	6/8	23	
39	거울처럼 (鏡なす)	×	율	4/4	32	
40	바위에서 새는 물 (岩もる水)	○	장	3/4	16	
41	물가의 벚꽃 (岸の桜)	○	장	3/4	24	
42	사냥놀이 (遊猟)	○	장	6/8	16	잉·민
43	골짜기 속 (みたにの奥)	○	장	2/2	16	스·민
44	천황의 나라 (皇御国)	×	율	4/4	16	
45	번영하는 세상 (栄行く御代)	○	장	4/4	32	
46	닷새 바람 (五日の風)	○	요나	4/4	16	스·민
47	황위 계승 (天津日嗣)	×	율	4/4	20	
48	태평곡 (太平の曲)	○	장	4/4	32	
49	절의 종소리 (みてらの鐘の音)	○	장	4/4	12	
50	**신민이여 (やよ御民)**	○	**장**	**6/8**	**12**	**3편**
51	봄날 밤 (春の夜)	○	장	2/4	72	
52	풍파 (なみ風)	○	장	3/4	36	
53	우러러보면 존귀하네 (あおげば尊し)	○	장	4/4	16	
54	구름 (雲)	○	장	4/4	22	
55	그 옛날의 수도 '나라' (寧楽の都)	○	장	6/8	34	

단원	곡명	외국곡	음계	박자	소절	비고
56	재녀 (才女)	○	장	4/4	16	
57	어머니 마음 (母のおもい)	○	장	4/4	20	
58	돌아가는 바퀴 (めぐれる車)	○	단	4/4	8	
59	무덤 (墳墓)	○	단	6/8	10	
60	해질녘 가을 (秋の夕暮)	○	단	4/4	11	
61	옛 전쟁터 (古戦場)	○	단	3/4	16	
62	가을 풀들 (秋草)	○	단	3/4	10	
63	후지산과 쓰쿠바산 (富士筑波)	×	여	4/4	16	
64	정원의 매화 (園生の梅)	×	여	4/4	32	
65	홍귤나무꽃 (たち花)	×	율	4/4	16	
66	사계의 달 (四季の月)	×	율	4/4	12	
67	흰 연꽃 흰 국화 (白蓮白菊)	×	율	4/4	34	
68	배움 (学び)	○	장	4/4	8	
69	나뭇가지 (小枝)	○	장	4/4	16	
70	뱃사공 (船子)	○	장	6/8	8	
71	매사냥 (鷹狩)	○	장	6/8	12	
72	작은 배 (小船)	○	장	6/8	12	
73	성실은 사람의 도리 (まことは人の道)	○	장	4/4	8	
74	천리 길 (千里のみち)	○	장	4/4	12	
75	봄의 들 (春の野)	○	장	4/4	8	
76	아름다운 일본 (미즈호瑞穂)	○	장	3/4	16	
77	즐거워라 우리 (たのしわれ)	○	장	4/4	16	
78	국화 (菊)	○	장	3/4	16	
79	충신 (忠臣)	○	장	3/4	24	
80	온갖 풀꽃 (千草の花)	○	단	4/45	16	
81	어제 오늘 (きのうきょう)	○	단	3/4	32	스·민
82	머리의 눈 (頭の雪)	○	단	4/4	16	스·민
83	피어라 꽃이여 (さけ花よ)	○	장	2/4	12	
84	높은 산봉우리 (高根)	○	장	4/4	20	
85	사계절 (四つの時)	○	장	2/2	32	
86	꽃과 달 (花月)	○	장	3/2	8	

단원	곡명	외국곡	음계	박자	소절	비고
87	평온한 치세 (治まる御代)	○	장	3/4	16	
88	축하하라 우리 님을 (祝え吾君を)	○	장	4/4	18	
89	화조 (花鳥)	○	장	6/8	14	
90	마음은 옥구슬 (心は玉)	○	장	3/4	16	
91	초혼제 (招魂祭)	○	장	2/4	22	

(장–장음계, 단-단음계, 요나–요나누키 음계, 여/율–민요음계, 독–독일, 스·민–스코틀랜드 민요, 잉·민–잉글랜드 민요)

위의 <표 5> 선율 분석 일람표를 통해 먼저 작곡 관련 내용을 살펴보면, 총 91곡 중 외국 곡이 무려 78곡에 이르며 초편에 28(33)곡, 2편에 13(16)곡, 3편에 36(42)곡이 수록되어있는 것을 알 수 있다. 이러한 양상과 관련하여 '동서이양 음악의 절충'이라는 점을 고려할 경우 서양의 음계에 치우친 경향을 볼 수가 있다. 그러나 이는 외국곡의 선율에 원곡을 번역한 가사와는 무관한 덕성함양을 위해 작사된 가사를 붙이는 방식으로 접근함으로써 동서이양 절충의 접점을 꾀 맞추려는 의도성으로 해석할 수 있을 것이다. 또한 서양 음계 중에서도 특히 스코틀랜드와 아일랜드의 민요가 많이 들어있는데, 아리미치 마코토(有道惇)·쓰가미 다카시(津上崇)는 그 이유로 "당시 미국에는 스코틀랜드와 아일랜드로부터의 이민이 많았기 때문에 당시의 음악교육에서도 스코틀랜드와 아일랜드의 민요가 교재로서 많이 사용되고 있었으며, 그것이 그대로 일본으로 수입되었다"[20]는 점을 지적하였다. 그런가 하면 야마시타 교코(山下恭子)는 "스코틀랜드와 아일랜드의 민요는 5음계로 되어 있어서…"[21]라고 지적하면서 5음 음계, 즉 팬터코드(악보 1 참조)로 이루어진 이들의 민요는 일본의 속악과 아악이 양음계와의 연결로 인해 만들어진 요나누키 음계(악보 2)와의 유사성 때문에 비교적 위화감 없이 아동들에게 교육되었다고 언급하였다.

악보 1. 5음 음계

악보 2. 요나누키 음계

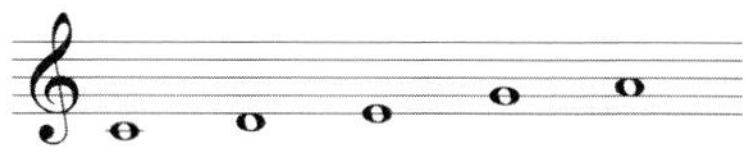

또한 『소학창가집』 초편 첫머리에는 음악 교육에 있어서의 문법, 즉 음악 이론에 해당하는 음계와 오선 읽는 법에 대한 도표가 장치되어 있으며(자료 1) 2박에서 점차 박자 수를 늘려가거나 음의 수를 늘려가는 방식이 실제로 1단원에서 12단원에 걸쳐 배치되어 있다.(악보 3~5)

자료 1. 음계와 오선 읽는 법[22]

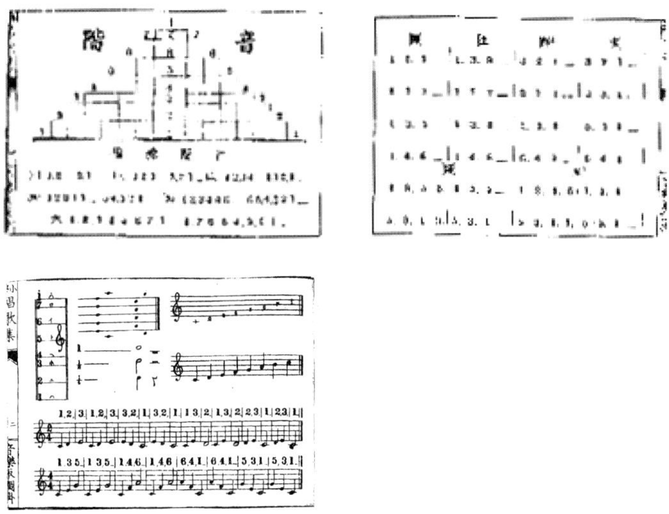

악보 3. 2음역[23]

악보 4. 4음역

악보 5. 6음역

이른바 선율의 음정과 음역을 서서히 확장시켜 아동들에게 계명창법을 훈련시키고자 한 편성이라 할 수 있다. 예를 들면 1단원은 '도'와 '레'의 두 개의 음으로 이루어진 노래이며, 이는 점차 그 음역이 늘어나 10단원에서는 '도'에서 '라'의 6도까지의 음역을 사용할 수 있도록 하였다. 이러한 현상은 2편과 3편으로 갈수록 좀 더 복잡해지면서 2

중창, 3중창 그리고 돌림노래까지 제법 풍부한 선율로 발전해 가고 있음을 보여준다.(악보 6~8)

악보 6. 2중창 곡/부점 리듬 곡

악보 7. 3중창 곡

タ ー ダ ヨ ウ ク ー モ モ ー
メ ー グ ミ ノ カ ー ゼ ニ ー
ハ レ ニ ー ケ ー ー リ
ハ ル ル ー ナ ー ー リ

악보 8. 돌림 곡

第四十九
1.
ミ テ ラ ノ カ ネ ー ノ ネ ツ キ コ リ オ ツ ー ル
2.
フ ミ ヨ ム ト モ シ ビ カ ス カ ニ ナ リ ー テ
3.
一 二 三 四 五 六 七 八

그런가 하면 이자와 슈지는 창가교육과 관련하여 '장단2음계의 관계'에 대하여 다음과 같이 언급하였다.

> 장음계의 선율법에 속하는 악곡은 용맹 장엄 활발하여 이는 더없이 쾌활하다. 이에 반해 단음계의 선율법에 속하는 것은 유약하고 우울하여 슬픈 마음이 강하다. 때문에 장음계를 연주하는 자는 심성의 깊은 곳에서 기쁨을 느끼며 쾌활한 정서를 발하여 그것이 용모로 나타나며 이것을 보고 듣는 사람도 저절로 즐거움을 누린다. 그러나 단음계를 연주하는 자는 슬픈 마음은 헤아릴 수 없으며 비탄의 감정을 일으켜 이것이 겉으로 드러나 숨기려 해도 할 수 없게 된다. 이로써 유년기에 장음계에 의해 교육을 받은 자는 용장 활발한 정신을 발육시켜 유덕 건전한 심신을 기를 수 있다. 그러나 유년기에 단음계에 의해 교련을 받은 자는 유약 우울한 자질을 형성하며 무력 다병한 기골을 만든다.[24]

즉 침울한 단조가 아닌 쾌활한 장조를 교육시킴으로써 씩씩하고 활발한 정신을 기르고 유덕하며 건전한 심신을 양육시켜야함을 설명하면서 장음계의 노래를 강조하고 있다.

실제로 『소학창가집』의 음계를 살펴보면 초편의 29(33)곡, 2편의 12(16)곡, 3편의 29(42)곡이 장조로 이루어진 곡(악보 9)이며 3편의 8(42)곡이 단조로 이루어진 곡(악보 10)이다. 그리고 초편 4(33)곡, 2편 4(16)곡, 3편 5(42)곡이 양악의 음계를 일본 전통 선법과 절충하여 만든 요나누키 음계(악보 11), 그리고 민요 음계(악보 12)이다. 즉 총 91곡 중 70곡의 장조 곡과 8곡의 단조 곡, 그리고 일본 전통 음조가 13곡이라는 편성을 보여주고 있다. 음악의 보편적 문법에서도 이자와 슈지의 지적에서처럼 장조 모드는 행복·우아·쾌활 등, 밝고 활발한 느낌이나 유쾌하고 정취가 넘치는 긍정적 메시지의 선율이라고 한다면, 단조 모드의 경우는 우울하고 슬픈 감정이나 유약·근심·수심의 메시지를 주는 선율이라고 해석할 수 있을 것이다.

악보 9. 장조 음계 곡

악보 10. 단조 음계 곡

악보 11. 요나누키 음계 곡

악보 12. 민요 음계 곡

요컨대 이와 같은 음악적 감정가치의 보편적인 원칙 하에서 『소학창가집』의 선율을 통해 읽어낼 수 있는 메시지는 크게 세 가지로 집약할 수 있다. 먼저 창가를 처음 접하게 되는 아동들의 심리를 파악하여 음정과 음역을 서서히 확장시키는 계명창법의 훈련이라는 교육적 배려와, 두 번째로는 근대 음으로서의 창가의 음악 구조적 근대화, 마지막 세 번째는 편찬 당시 창가에 기대되었던 덕성함양을 위해 필요했던 선율, 즉 예술로서의 음악이라는 방향보다는 "씩씩하고 활발하며 유덕하고 건전한 심신의 양육"을 위해 동적인 이미지로서의 신체통제를 위한 선율 제시였던 것이다. 이는 이미 가사 분석을 통해 지적된 바 있듯이, 인의충효의 봉건윤리를 중핵으로 하는 '덕성함양'을 위해서 창가의 가사가 내포하고 있던 의미의 전달적 역할을 극대화시키기 위해 의도적으로 편성된 선율이었다고 해석할 수 있을 것이다.

■ 리듬으로 읽어내는 메시지

메이지 초기의 창가 교육에서는 크게 두 가지의 역할이 요구되었는데 '덕성함양'과 '신체육성'이 그것이다. 그 중 신체육성이란 이자와 슈지의 말처럼 건강상의 관계 속에서 언급되고 있는 "음성을 단련하고 체격을 바로 잡으며 호흡을 적절히 사용하여 횡경 막을 활짝 엶으로써 폐를 건강하게 하는데 도움이 되는 것"[25]을 의미한다. 뿐만 아니라 신체적 통제라는 측면으로도 해석할 수 있는데, 음악의 언어라고도 할 수 있는 리듬은 이와 같은 신체에 대한 통제성에 관여하는 역할을 한다고 할 수 있다. 메이지 정부는 메이지라는 근대의 시간 속에서 그에 합당한 새로운 신체적 규율 패턴을 국민들에게 요구하였다. 그리고 그러한 신체적 규율화를 위해 아동들에게 근대라는 획기적인 환경에 순응시키기 위한 리듬을 제시하였으며, 그 리듬은 학교라는 국민 통합장치 속에서 창가 교육을 통해 아동들의 신체 속으로 내면화 되어갔다.

『소학창가집』 내의 리듬과 박자를 <표 6>의 리듬 분석 일람표에서 살펴보면 다음과 같다. 우선 창가의 메시지 전달에 부가적 기능을 담당하고 있는 박자와 리듬 중에서 박자는 전체적으로 4분의 4박자의 곡이 압도적으로 많은데, 초편 21(33)곡, 2편 9(16)곡, 3편 21(42)곡의 총 51곡으로 전체 56%를 차지하고 있다. 4분의 4박자는 모든 박자의 기본으로서 여기에서부터 다양한 박자로의 변화가 시작된다고 할 수 있다. 말하자면 4분의 4박자에 대한 정확한 이해와 훈련 없이는 다른 박자로의 변용이나 확장이 불안정하다는 것을 말해주는 것이라고도 할 수 있는 것이다. 따라서 이와 같은 음악적 해석은 메이지라는 시간 속에 있는 아동들에게 4분의 4박자가 사람의 기본적 심성으로서의 '마음의 근본'을 잘 닦고 연마시키는 기본적 박자임을 암묵적으로 제시한다고 할 수 있을 것이다. 이와 같은 박자 개념은 일본의 전통적 박자가 2박자임을 감안할 때[26] 메이지 아동들의 근대적 생활 속도감을 형성시키는 기제적 역할과 함께, 균질화 되어가는 사회에 맞춰진 근대적 국민을 만들어내는 박자로써 학교 안에서 아동들에게 교육되어갔다고 하겠다.

그런가 하면 음악치료의 아버지로 불리는 개스턴(Gaston)은 리듬에 대하여 "리듬은 조직체이며 에너지의 원천"[27]이라고 정의 하였는데, 그런 면에서 리듬은 음악 안에서 에너지를 생산하는 주된 요소라고 할 수 있겠다. 즉 긴장과 이완을 적절히 배합하여 사기를 고양시키거나 기상을 자극시키는가 하면, 명확하고 반복적인 리듬을 통해서

규칙적인 움직임이나 역동성을 획득할 수 있다. 또한 이러한 리듬은 일정한 템포의 유지와 함께 신체적 움직임의 통제라는 측면에서도 파악될 수 있다. 실제로 메이지 시대에는 음악을 이용한 행진이나 운동, 동작 등이 많이 이루어졌으며, 군악대의 드럼 연주는 그 한 예라 볼 수 있다. 또한 무진(戊辰)전쟁[28]에서 관군이 깃발을 내세우고 행군했을 때, 군대의 열과 보조를 맞추기 위해 고적대의 연주가 이용되었다는 점도 신체적 움직임의 통제와 같은 맥락으로 해석 가능하다. 이와 관련하여 호리우치 게이조는 막말에 규모가 큰 번에서는 군대를 서양식으로 바꾸었으며, 군대 훈련의 일부로서 고적대 음악이 필요했다고 지적한 바 있다. 이러한 사실들은 일본에 수입된 최초의 서양음악이 군대의 행진이나 열 맞추기와 같은 신체적 통제를 위한 장치로서의 역할을 하였음을 가늠하게 해준다. 결국 리듬은 음악 안에서 나름대로의 의미를 구축하는 구조적 요소들 중의 하나로 중요한 부분을 차지한다고 할 수 있는 것이다.

『소학창가집』 내에 수록되어있는 리듬(<표 6> 리듬 분석 일람표)을 살펴보면 초편에서는 고정적 리듬의 나열이 주를 이루고 있다. 즉 주제리듬인 A는 거의 변화가 없으며 변형리듬인 A´의 경우도 거의 동일함을 보여준다. 2편에서는 주요리듬의 변화에 대한 약간의 시도는 눈에 띄지만 기본적으로 그 형태는 유지되고 있다. 그리고 그러한 리듬은 점차 진화하여 3편에서 어느 정도는 유동적인 리듬이 형성되어있음을 보여준다. 고정적인 리듬감은 안정감과 함께 씩씩하고 생기있는, 그러면서 고무적인 정서를 유발한다고 할 수 있다. 초편에서 2편으로 이어지면서 형성되고 있는 이러한 고정적 리듬은 메이지 정부가 요구하는 바람직한 국민(=신민)의 신체를 만드는 조건으로서의 리듬으로, 속곡이나 민요·와라베우타와 같은 전근대적 리듬감에서 벗어난 근대적 리듬인 것이다. 그리고 이는 아동들의 정서, 즉 창가 목적과도 일치하는 메이지적 덕성함양을 신체적으로 내재화시키기 위한 신체훈련 방법의 제시로서 이해할 수 있겠다. 뿐만 아니라 3편에서의 역동적인 리듬으로의 변화는[29] 아동들에게 약동적이고도 생동감 있는 진취적 감정의 배양을 의도한 것이었다고 해석할 수 있으며, 리듬표에서의 제77번, 78번곡과 같은 부점 리듬, 즉 깡총 리듬(스킵 리듬)[30](악보 6, 13)의 배치가 그 적절한 예라고 하겠다.

『소학창가집』 이전의 음악으로서 존재하고 있던 민요나 와라베우타 등이 근대 국가 메이지가 필요로 하는 음악적 감정 가치의 틀에서 벗어나 있었음은 앞에서도 언급한 바 있다. 따라서 기존에 존재하고 있던 리듬, 즉 근대 이전의 리듬으로는 근대 국가로서의 메이지의 '국민 만들기' 계획을 이루는데 역부족이었던 것이다.

악보 13. 부점 리듬 곡

요컨대『소학창가집』내의 리듬은 메이지가 구축하려는 새로운 국가의 질서에 순응하는 국민으로서 그 기초적 연성을 위해, 그리고 그 기초 작업의 하나인 '근대적 신체 만들기'를 위한 기제로써 제시된 리듬이었다고 하겠다. 뿐만 아니라『소학창가집』의 편찬 의도에 걸 맞는 제일의 목적[31], 즉 메이지적 이데올로기의 키워드 중의 하나인 '덕성함양'의 내재화를 위한 리듬으로써, 메이지 정부에 의해 요구되었던 것이다.

표 6.『소학창가집』전 3편 리듬 분석 일람표

번호	곡 명	박자	주요 리듬	
			주제리듬(A)	변형리듬(A′, B)
1	かおれ	2/4	♩ ♩ | ♩ 𝄽 |	♩ ♩ | ♩ ♩ |
2	春山	2/4	♩ ♩ | ♩ ♩ | ♩ 𝄽 |	
3	あがれ	2/4	♩ ♩ | ♩ 𝄽 |	♩ ♩ | ♩ ♩ |
4	いわえ	2/4	♩ ♩ | ♩ 𝄽 |	♩ ♩ | ♩ ♩ |
5	千代に	2/4	♩ ♩ | ♩ 𝄽 |	♩ ♩ | ♩ ♩ |
6	和歌の浦	2/4	♩ ♩ | ♩ ♩ |	
7	春は花見	2/4	♩ ♩ | 𝅗𝅥 | ♩ ♩ | ♩ ♩ |	
8	鶯	2/4	♩ ♩ | ♩ ♩ | ♩ ♩ | 𝅗𝅥 |	
9	野辺に	3/4	♩ ♩ ♩ | ♩ ♩ ♩ | ♩ ♩ ♩ | 𝅗𝅥 𝄽 |	
10	春風	2/4	♩ ♩ | ♩ ♩ | ♩ ♩ | ♩ ♩ | ♩ ♩ | ♩ ♩ | ♩ 𝄽 |	
11	桜紅葉	4/4	♩ ♩ ♩ ♩ | ♩ ♩ ♩ ♩ | ♩ ♩ ♩ ♩ | ♩ ♩ ♩ 𝄽 |	
12	花さく春	4/4	♩ ♩ | ♩ ♩ ♩ 𝄽 |	♩ ♩ ♩ 𝄽 | ♩ ♩ ♩ 𝄽 |
13	見わたせば	4/4	𝅗𝅥 ♩ ♩ | 𝅗𝅥 𝅗𝅥 |	♩ ♩ ♩ ♩ | 𝅗𝅥 𝄼 |
14	松の木陰	4/4	𝅗𝅥 ♩ ♩ | ♩ ♩ ♩ ♩ | ♩ ♩ ♩ ♩ | 𝅗𝅥 𝄼 |	
15	春のやよい	4/4	𝅗𝅥 ♩ ♩ | ♩ ♩ ♩ ♩ | ♩ ♩ ♩ ♩ | 𝅗𝅥 𝄼 |	

번호	곡 명	박자	주요 리듬	
			주제리듬(A)	변형리듬(A′, B)
16	わが日の本	4/4	♩♩♩♩ | ♩♩♩♩ | ♩♩♩♩ | 𝅗𝅥 𝄼 |	
17	蝶々	4/8	♪♪♩ | ♪♪♩ | ♪♪♪♪ | ♪♪♩ |	
18	うつくしき	4/4	♩ | 𝅗𝅥 ♩♩ | 𝅗𝅥 ♩♪♪ | ♩♩♩♩ | 𝅗𝅥 𝄽 |	
19	聞の板戸	4/4	♩♩♩♩ | ♩♪♪♩♩ |	♩♪♪♪♪♪♪ | ♩♩𝅗𝅥 |
20	蛍	4/4	♩ | ♩. ♪♩♩ | ♩. ♪♩♩ | ♩♩♩♩ | 𝅗𝅥 𝄽 |	
21	若紫	4/4	♩♩♩♩ | ♩♩𝅗𝅥 |	♩♩♪♪♪♪ | 𝅗𝅥 𝄼 |
22	ねむれよ子	4/4	♩♩♩♩ | 𝅗𝅥 ♩♩ | ♩♩♩♩ | ♩ 𝄽 ♩ |	
23	君が代	4/4	𝅗𝅥 ♩♩ | 𝅗𝅥 𝅗𝅥 |	𝅗𝅥 𝅗𝅥 | ♩. ♪♩♩ |
24	思いいづれば	3/4	♩ | 𝅗𝅥 ♩ | 𝅗𝅥 ♩ | ♩♩♩ | ♩♩ |	
25	薫にしらるる	4/4	♩♩♩♩ | ♩♩♩♩ | ♩♩♩♩ | ♩♩𝅗𝅥 |	
26	隅田川	4/4	𝅗𝅥 ♩♩ | ♩♩♩♩ | 𝅗𝅥 𝄼 |	
27	富士山	4/4	♩♩♩♩ | 𝅗𝅥 ♩♩ | ♩♩♩♩ | 𝅗𝅥. 𝄽 |	
28	おぼろ	4/4	♩♩♩♩ | 𝅗𝅥 ♩♩ | ♩♩♩♩ | 𝅗𝅥. 𝄽 |	
29	雨露	4/4	𝅗𝅥 𝅗𝅥 | ♩. ♪♩♩ |	♩. ♪♩♩ | ♩. ♪𝅗𝅥 |
30	玉の宮居	4/4	𝅗𝅥 ♩♩ | ♩♩♩♩ |	♩♩♩♩ | ♩♩♩♩ |
31	大和撫子	4/4	𝅗𝅥 ♩♩ | ♩♩♩♩ | ♩♩♩♩ | 𝅗𝅥. 𝄽 |	
32	五常の歌	4/4	𝅗𝅥 ♩♩ | ♩♩♩♩ | ♩♩♩♩ | 𝅗𝅥. 𝄽 |	
33	五倫の歌	4/4	𝅗𝅥 𝅗𝅥 | ♩♩♩♩ | 𝅗𝅥. 𝄽 |	
34	鳥の声	3/4	♩♩♩ | ♩♩𝄽 |	♩♩♩ | ♩♪♪♩ |
35	霞か雲か	4/4	♩. ♪♩♩ | ♩♪♪𝅗𝅥 |	♩♩♩♩ | ♩♪♪𝅗𝅥 |
36	年たつけさ	6/8	♩. ♪♪♪ | ♩♪♩. |	♪♪♪♪♪♪ | ♩♪♩. |
37	かすめる空	4/4	♩♩♩♩ | 𝅗𝅥 ♩♩ |	♩♩♩♩ | 𝅝 |
38	燕	6/8	♩♪♪♪♪ | ♩. ♩♪ |	♩♪♩ 𝄾 | ♪♩♪♩ |
39	鏡なす	4/4	♩♩♩♪♪ | ♩. 𝄽 | 𝅗𝅥 ♩♩ | ♩♩♩♩ |	

번호	곡 명	박자	주요 리듬	
			주제리듬(A)	변형리듬(A′, B)
40	岩もる水	3/4	♩ ♩ ♩ | ♩ ♩ |	♩ ♩ ♩ | ♩. ♪♪♪ |
41	岸の桜	3/4	♪♪♪♪♪♪ | ♩ 𝄽 𝄾♪ |	♪.♬. ♪ | ♪.♪ ♩ ♩ |
42	遊猟	6/8	♩ ♪♪♪♪ | ♩ ♪♩ ♪ | ♩ ♪♩ ♪ | ♩. ♩ ♪ |	
43	みたにの奥	2/2	♩. ♪♪♪♪♪ | ♩. ♪♩ ♩ |	♩. ♪♩. ♪ | ♩ ♩ ♪♪ |
44	皇御国	4/4	𝅗𝅥 ♩ ♩ | ♩ ♩ ♩ ♩ | ♩ ♩ ♩ ♩ | 𝅗𝅥. 𝄽 |	
45	栄行く御代	4/4	𝅗𝅥 ♩ ♩ | 𝅗𝅥 ♩ ♩ | ♩ ♩ ♩ ♩ | 𝅗𝅥 ♩ ♩ |	
46	五日の風	4/4	♩ ♩ 𝅗𝅥 | ♩ ♩ 𝅗𝅥 | ♩ ♩ ♩. ♪ | ♩ ♩. ♪𝄾 |	
47	天津日嗣	4/4	𝅗𝅥 ♩ ♩ | 𝅗𝅥 𝅗𝅥 | 𝅗𝅥. ♩ | 𝅗𝅥. 𝄽 |	
48	太平の曲	4/4	𝅗𝅥 ♩ ♩ | ♩ ♩ 𝅗𝅥 |	𝅗𝅥 𝅗𝅥 | ♩ ♩ ♩ ♩ |
49	みてらの鐘の音	4/4	♩. ♪♩ ♩ | ♩ ♪♪♩ ♩ | 𝄽 ♪♪♩ ♩ | ♩ ♪♪𝅗𝅥 |	
50	やよ御民	6/8	♩ ♪♪.♪♪ | ♩. ♩ 𝄾 |	♪.♪♪♪.♪♪ | ♩. ♩ 𝄾 |
51	春の夜	2/4	♩. ♪ | ♩ ♩ | ♩. ♪ | ♩ ♩ | ♩ ♩ | ♩ ♩ | ♩. ♪ | 𝅗𝅥 |	
52	なみ風	3/4	𝅗𝅥 ♩ | ♩ ♩ ♩ | 𝅗𝅥 ♩ | 𝅗𝅥 ♩ |	
53	あおげば尊し	4/4	♩ ♪♩ ♪ | ♩ ♪♩ ♪ | ♩ ♪♩ ♪ | ♩. ♩ ♪ |	
54	雲	4/4	♩ ♩ ♩ ♩ | ♩. ♪♩ ♩ |	♪♪♪♪♩ ♩ | ♩. 𝄽 |
55	寧楽の都	6/8	♩ ♪♪♪♪ | ♩ ♪♩. |	♪♪♪♩ ♪ | ♩. ♩ ♪ |
56	才女	4/4	♩. ♪♩. ♪ | ♩ ♩ 𝄽 ♩ | ♩. ♪♩ ♪♪ | 𝅗𝅥. ♪.♪ |	
57	母のおもい	4/4	♩ | ♩ ♩ ♩. ♪ | 𝅗𝅥 ♩ 𝄾♪ | ♩ ♩ ♩. ♪ | 𝅗𝅥 𝄽 ♪.♪	
58	めぐれる車	4/4	♩ | ♩. ♪♩ ♩ | ♩. ♪♩ ♩ | ♩. ♪♪♪♪♪ | 𝅗𝅥 𝄽 |	
59	墳墓	6/8	♪ | ♩ ♪♩ ♪ | ♩. ♩ ♪ | ♩ ♪♪♪♪ | ♩. ♪𝄾♪ |	
60	秋の夕暮	4/4	♩ | ♩ ♩ ♩ ♩ | 𝅗𝅥 𝅗𝅥 | 𝅗𝅥. ♩ |	
61	古戦場	3/4	♩ | ♩. ♪♪♪ | ♪♪♩ ♩ |	♪♪♪♪♪♪ | ♩ 𝄽 |
62	秋草	3/4	♩ | ♩. ♪♪♪ | ♩ ♩ 𝄾♪ |	♩. ♪♪♪♪ | ♩ 𝄽 |

번호	곡 명	박자	주요 리듬	
			주제리듬(A)	변형리듬(A′, B)
63	富士筑波	4/4		
64	園生の梅	4/4		
65	たち花	4/4		
66	四季の月	4/4		
67	白蓮白菊	4/4		
68	学び	4/4		
69	小枝	4/4		
70	船子	6/8		
71	鷹狩	6/8		
72	小船	6/8		
73	まことは人の道	4/4		
74	千里のみち	4/4		
75	春の野	4/4		
76	瑞穂	3/4		
77	たのしわれ	4/4		
78	菊	3/4		
79	忠臣	3/4		
80	千草の花	4/4		
81	きのうきょう	3/4		
82	頭の雪	4/4		
83	さけ花よ	2/4		
84	高根	4/4		
85	四つの時	2/2		

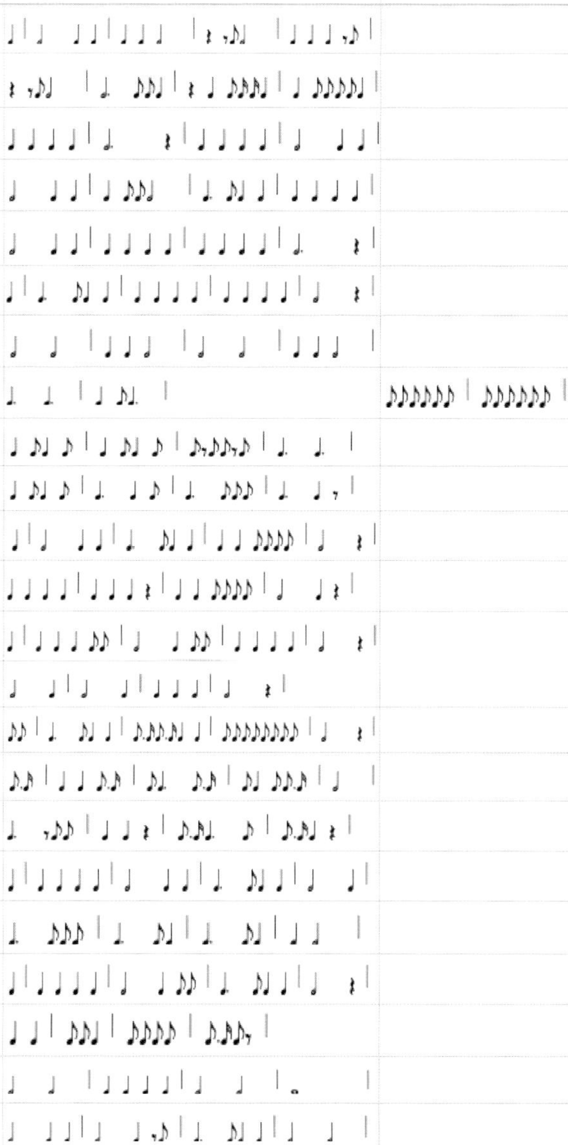

<table>
<tr><th rowspan="2">번호</th><th rowspan="2">곡 명</th><th rowspan="2">박자</th><th colspan="2">주요 리듬</th></tr>
<tr><th>주제리듬(A)</th><th>변형리듬(A′, B)</th></tr>
<tr><td>86</td><td>花月</td><td>3/2</td><td>♩ ♩ ♩ | 𝅗𝅥 𝅗𝅥 ♩ ♩ | 𝅗𝅥. |</td><td></td></tr>
<tr><td>87</td><td>治まる御代</td><td>3/4</td><td>𝅗𝅥 ♩ | 𝅗𝅥 ♩ | ♩ ♩ ♩ | 𝅗𝅥 ♩ |</td><td></td></tr>
<tr><td>88</td><td>祝え吾君を</td><td>4/4</td><td>𝅗𝅥 𝅗𝅥 | 𝅗𝅥. 𝄽 | ♩ ♩ ♩ ♩ | 𝅗𝅥 𝄼 |</td><td>♩ ♩ ♩ ♩ | ♩. ♪♩ ♩ |</td></tr>
<tr><td>89</td><td>花鳥</td><td>6/8</td><td>♩ ♪♪.♬♪ | ♩ ♪♩ ♪ | ♩ ♪♪♪♪ | ♩ ♪♩ 𝄾 |</td><td></td></tr>
<tr><td>90</td><td>心は玉</td><td>3/4</td><td>𝅗𝅥 ♩ | 𝅗𝅥 ♩ | ♩ ♩ ♩ | 𝅗𝅥 ♩ |</td><td></td></tr>
<tr><td>91</td><td>招魂祭</td><td>2/4</td><td>♩ ♪♪ | ♩ ♩ | 𝅗𝅥 | ♩ ♪♪ | ♩. ♪ | 𝅗𝅥 |</td><td></td></tr>
</table>

『유치원창가집』

■ 메이지기의 유치원 교육과『유치원창가집』

『유치원창가집』(1887년 12월)의 탄생을 전후로 하는 메이지 국가는 근대의 문이 열리면서 빚어진 카오스적 상태에서 조금씩 벗어나려는 시도와 함께, 메이지헌법 제정(1889), 국회개회(1890), 교육칙어(1890) 등, 국가의 골격을 구축해 나가는 과정을 보여준다. 그리고 그 과정의 한가운데에서 탄생한『유치원창가집』은『소학창가집』초편(1881)으로 시작되는 일본 음악교육사의 구체적 흐름 속에서 중요한 위치를 부여받게 된다.

일본의 유치원 교육의 시작은 도쿄여자사범학교 부속 유치원에서부터이다. 1876년 도쿄여자사범학교에 개설된 유치원 개설 취지는 "학령 미만의 유아를 대상으로 타고난 자질을 함양하고 고유의 심성을 계발하며 신체의 건전을 육성하고 올바른 교우 관계를 인지시키며 선한 언행을 습득시키는 것"[32]으로 되어 있다. 즉 일본 유치원의 효시로서의 도쿄여자사범학교 부속 유치원은 이러한 취지 속에서 일본에서는 최초로 유아 교육을 시작하였던 것이다.

일본의 근대 교육제도로서 처음 제도화된 메이지 5년의 <학제>에는 제22장에서 "유치 소학은 남녀 자제 6세 정도까지로 소학에 들어가기 전의 것(단서)을 가르친다"[33]고 되어있으며, 여기에 유아 교육기관으로서의 '유치소학'[34]이라는 명칭의 기관이 규정되어있다. 그리고 유치원 입학 연령은 3세이며 3년간의 보육을 받아서 초등학교에 입학할 것과, 보모 한사람이 담당하는 유아 수는 50명으로 할 것 등, 서구 유치원의 구조를 모방한 내용들도 기록되어있다. 그러나 메이지 초기라고 하는 시기의 교육 환경은 근대적 학교 제도의 발족이라는 제도적 성립에도 불구하고 그 진행 정도는 미비하여 유치원의 설립이나 운영 면에서 많은 어려움이 있었다. 예를 들어 거액의 비용이 요구되었음은 당연했을 것이며, 입학하는 유아들은 당시의 부호로 분류되는 가정의 유아들이 대부분이었기 때문에 마차와 시중드는 하녀와 함께 통원하는 상황이 연출되는 일도 있었다. 그리고 이와 같은 상황은 유치원에 대한 당시의 이미지를 사치스러운 것으로 인식하게 하는 요인이 되기고 하였다.[35] 그러나 이 같은 순탄치 못한 과정을 거치면서도 일본의 유치원 수는 『유치원창가집』이 간행되었던 1887년 당시 국공립 53개원, 사립 14개원, 그리고 보모의 수는 137명, 유치원생 수는 4147명이었다.[36] 그리고 그 수는 점점 늘어나 1898년에는 국립 1개원, 공립 173개원, 사립 55개원, 총 229개원이 되었으며 재원 유아 수도 20만 명을 넘었다고 기록되어 있다.[37]

한편 당시의 유치원에서 가르치고 있던 교육 내용은 프뢰벨의 장난감(恩物)[38] 놀이가 중심이었지만, 유아 교육에 있어서 빼놓을 수 없는 중요한 것은 아무래도 '노래'의 존재였다. 물론 일본의 유아 창가

교육이 도쿄여자사범학교 부속 유치원의 설립과 함께 시작되었음은 널리 알려진 바이나, 그 외의 창가 교육의 행보로서 1874년 아이치(愛知)사범학교장 이자와 슈지의 '유희창가'와, 1877년 도쿄여자사범학교 부속 유치원의 '보육창가', 그리고 1878년과 1880년에는 교토(京都)여학교에서의 『창가』(전 2편)가 출판되기도 하였다.[39] 이와 같은 창가 교육의 실천 과정 속에서 특히 아악과의 영인(伶人)[40]들에 의해 만들어진 100여곡의 보육창가 중 20여곡은 실제 유치원 교육에 사용되어진 것으로 알려져 있다. 보육창가는 가사의 내용이 5·7조의 문어체로 이루어져 있었기 때문에 일상생활에서 사용되고 있는 말과는 큰 차이가 있었으며 내용도 어려웠다. 곡조 또한 유아의 실생활 속의 음악으로부터 멀리 떨어진 아악조로, 거의 유아의 활발한 활동이나 움직임과는 맞지 않는 느린 템포의 것이 대부분이었다. 그러나 그럼에도 불구하고 보육창가는 언문일치 창가가 출현하기 전까지 사실상 1890년대의 창가 교육의 중심적 콘텍스트였다고 할 수 있다. 그리고 『유치원창가집』은 이와 같은 유아 음악 교육의 모태라 할 수 있는 '보육창가'의 행보를 거치면서 일본에서는 최초이자 유일한 일본 관제 유치원용 교과서로서 탄생하였던 것이다.[41]

『유치원창가집』의 서언의 내용을 살펴보면 다음과 같다.

> 하나, 이 책은 아동이 처음 유치원에 들어와서 타인과의 교유를 배움에 있어서 즐겁게 서로 노래 부를 때에 스스로의 덕을 기르고 지를 개발시키기 위해서 이용해야 할 가곡을 모은 것이다.
>
> 하나, 창가는 유아의 성정을 기르고 발성법을 배우는 중요한 것으로 특히 유치원에서 빠질 수 없다. 모든 종류의 유희도 이와 같아서 음악에 의해 효과가 오른다.
>
> 하나, 유치원의 창가는 특히 박자와 가락에 주의하여야 한다. 박자가 지

나치게 느리면 활발 상쾌한 정신을 잃어버리며 가락의 고저를 잃어버리면 음성의 발달을 해칠 뿐만 아니라 유아의 성정에 혐오를 자아내며 그 활달함을 방해할 우려가 있다. 따라서 본편의 가곡은 그 선정에 있어서 특히 이러한 요지에 주의한다.

하나, 유치원에는 쟁, 해금, 피아노, 풍금과 같은 악기를 갖추어 유아의 창가에 협주하는 것을 요한다. 이는 악기에는 창가의 능력을 키우고 유아의 마음을 깊이 감동시키는 힘이 있기 때문이다.

1883년 7월[42]

즉 지능 개발과 덕육, 건전한 정신의 육성 등, 유아용으로 작성된 일본 최초 유일의 관제 창가 텍스트로서의 취지가 네 개 항목으로 나누어져 잘 설명되어있다. 총 29곡이 수록되어있는 이 교재는 문어체인 가사가 주를 이루며, 선율 면에서도 당시의 일본인에게는 감각적으로 익숙해지기 어려운 서구적 선율, 즉 외국곡으로 대부분 이루어져있다. 가사의 내용도 당시의 창가 교육의 방향을 제시하는 '덕육함양'의 목적에 충실한 내용들이다. 따라서 『유치원창가집』의 서언에서 밝히고 있는 취지에 모순되는 부분들[43]을 보더라도 알 수 있듯이, 이는 유아의 정서에 어울리지 않으며, 유아를 위한 편성이라고 판단하기에는 부족함이 보이는 내용들로 구성되어있음을 알 수 있다.

요컨대 메이지의 창가 교육에 일관되어 흐르고 있는 덕육주의는 유아를 위해 탄생한 『유치원창가집』 안에서도 어김없이 강세로 흐르고 있었다. 또한 『유치원창가집』은 『소학창가집』과 함께 메이지 정부가 추구하는 국가의 모습과 국민상을 위한 국민국가의 하나의 장치였으며, 일본 음악 교육사의 암중모색 시대의 소산물로서 그 가치를 소유하고 있다고 할 수 있겠다.

■ 가사와 선율 속의 내재적 의미

◆ 가사 속의 내재적 의미

학습지도요령에 의하면 초등학교 음악 교과의 목표를 "음악 경험을 풍부하게 하고 음악적 감각의 발달을 도모함과 동시에 미적 정서를 기르는 것"[44]이라고 명기하고 있다. 풀어 말하면 아동에게 있어서 음악의 역할은 국가적 지향점을 위해 아동들에게 요구되었던 이데올로기의 주입을 위한 수단으로서가 아니라, 미적 정서를 함양시키는 것이며, 그럼으로써 개인적·사회적 인격 발달이 자연스럽게 형성되어 가는 것, 그것이야말로 음악의 진정한 역할이라는 것이다. 그러나 위에서도 언급한 바와 같이, 군인칙유, 대일본제국헌법, 국회개설, 교육칙어 등, 1890년대를 전후로 펼쳐지는 일본의 정치 사회적 풍경 속에서, 국가 의식이 가사로 표출되고 그것이 교육을 통해 아동에게 주입되어가는 메커니즘 속에서라면, 『유치원창가집』의 가사 내용이 덕육적인 것으로 이루어졌을 것이라는 것을 추측하는 일은 그다지 어려운 일이 아닐 것이다. 또한 메이지 국민(=신민)의 기초적 연성이 이루어지는 근대적 공간인 유치원의 탄생과 더불어 음악 교육의 흐름에 있어서도 그 방향성이 명확하게 나타나고 있다. 즉 메이지 초기의 정치 사회적 혼돈 속에서 이어져 온 교육 방침은 <개정교육령>[45]에 의해 강력한 지배 체제[46]의 성격을 띠게 되었다. 그리고 그러한 상황 속에서 탄생한 『유치원창가집』의 노랫말은 궁극적으로는 메이지기 이데올로기를 그 핵심 내용으로 하면서 유아·아동들의 생활 속으로 자연스럽게 녹아들어갔다고 할 수 있겠다.

당시는 아동을 아동으로서가 아닌 '작은 어른'으로 인식하는 성인 중심주의적 아동관의 시기였다고 할 수 있다.[47] 교육적인 측면의 한 예를 보더라도 유아·아동의 수준에 적절한 교육이라기보다는 어른들의 의식을 전달하기 위한 교육 내용이라는 것은 텍스트를 통해 짐작 가능하다. 또한 그 흔적은 창가집의 곳곳에서 쉽게 발견되는데, 특히 문어체의 가사와 그 내용의 난해함이 유아들의 수준에서 벗어나 있음을 확인할 수 있다.

이러한 아동관의 의식 속에서 아동에게 요구되었던 교육의 목표로서의 지향점은 『소학창가집』의 서언의 "대저 교육의 중점은 덕육·지육·체육의 세 가지 속에 있으며, 따라서 소학교에 있어서는 무엇보다도 덕성을 함양함을 중점으로 해야 한다"에서 알 수 있듯이, 음악을 통해 덕육을 기르는 것을 제일로 하고 있다. 그 자매 창가집으로도 일컬어지는 『유치원창가집』의 서언에도 "본 편은 아동이 처음 유치원에 들어와 타인과 교유하는 것을 배움에 있어서 즐겁게 서로 노래를 부를 때에 스스로 덕(德)을 함양하고 지(知)를 개발시키기 위하여 이용해야 할 가곡을 편집한 것이다"라고 되어있다. 결국 이것은 『소학창가집』의 교육 목표인 덕육함양과 그 지향점이 같다고 할 수 있는 것이다.

이와 같이 교육이라는 근대적 장치 안에서 『유치원창가집』의 지향점으로서의 덕육함양은 노랫말로 표상되어 유아·아동들을 메이지 국민화(=신민)를 위한 틀 속으로 편성되어갔으며, 그 구체적인 내용은 다음의 <표 7>과 같다.

표 7. 『유치원창가집』 가사 분석표

곡번	곡명	내용	지향 덕목
1	마음은 용맹스럽게 (心は猛く)	어떠한 상황에서도 강하게 굽히지 않음을 가르치고 있으며 그와 같은 사람을 대장부라고 한다는 내용	용감, 정의
2	나비야 나비야 (蝶々)	번영하는 천황치세를 노래하고 그 안에서 놀아라	천황치세
3	나아가라 나아가 (進め進め)	배움의 길은 가르침대로 끊임없이 꾸준히 힘써야 함을 장려하는 내용의 노래	권학, 복종, 근면
4	안개인가 구름인가 (霞か雲か)	벚꽃이 만연한 봄의 경치를 친구와 함께 즐기는 내용	화조풍월
5	배워라 (学べよ)	배움의 길은 어려움이 많지만 쉬지 말고 뒤처지지 말고 나아가라는 내용	권학, 근면
6	뜰의 새 (にはつ鳥)	아침부터 지저귀는 새들의 울음소리가 아동들의 게으름을 일깨워준다는 교훈적 노래	근면, 권면
7	친구 (友どち)	우리들의 친구 모두가 함께 즐기며 사람의 도를 배운다는 내용	신의, 우애
8	아이들아 (子供子供)	마차가 언덕길을 올라가듯이 싫증내거나 게으름 피우지 말고 꾸준히 노력해야 함을 가르치는 노래	근면, 인내
9	망아지 (若駒)	망아지의 소리를 재미있게 표현한 노래	
10	오하라메 (大原女)	오하라 마을에서 통나무와 목공품들을 머리에 이고 교토로 팔러 나가는 아낙네들을 묘사한 노래	
11	강여울의 물떼새 (川瀬の千鳥)	강가 새들의 울음소리와 풀잎에 모이는 벌레소리의 정경을 노래함	화조풍월
12	대나무 숲 (竹むら)	대나무 숲으로 나아가 참새도 즐거이 치세를 노래한다는 내용	천황치세
13	우로 (雨露)	비와 이슬이 촉촉이 내린 정경과 새벽녘 눈 내려 그려진 정경을 노래함	화조풍월
14	겨울 하늘 (冬の空)	끊임없이 쉬지 말고 배우고 익혀라	권학, 근면, 인내
15	꽃 피는 봄 (花さく春)	일찍 일어나는 새가 아침을 깨우는 교훈적 내용. 꽃피어 향기로운 봄의 새벽 정경을 즐겁게 묘사	근면, 화조풍월

곡번	곡명	내용	지향 덕목
16	벚꽃이여 (やよ花桜)	벚꽃을 정성스레 키우는 나를 부모로 생각하라는 내용으로 자연스레 효를 강조한 노래	효행
17	제비(燕)	꽃피는 봄에 나를 잊지 말고 옛 보금자리인 집으로 제비가 돌아오기를 바라는 마음	교훈적
18	똑바로 서라 (真直に立てよ)	아동들의 규칙, 규율, 배움의 길에 대한 가르침	복종, 군사, 인내, 권학
19	우리 천황 (我大君)	천황의 은총, 은혜의 끝없음을 노래함	천황의 은혜, 천황치세
20	여기 있는 문 (こゝなる門)	두 명의 어린이가 양손을 잡고 문의 형태를 만들어 노래 부르며 문을 빠져나가는 놀이의 유희 창가	
21	소용돌이치는 물 (うづまく水)	밤낮 가리지 말고 힘쓰기를 가르치는 교훈적 내용	근면, 권학
22	구슬 팔찌 (環)	즐거이 노래 부르며 둥글게 다마키를 돌려 노는 아이들의 모습의 노래	우애
23	공 (鞠)	공 던지며 노래 부르는 아이들의 즐거운 모습	우애
24	형제자매 (兄弟妹)	형제우애에 대한 교훈적 가르침의 내용	형제우애
25	조련 (操練)	병사처럼 발걸음 맞추어 나아가자는 병사놀이 내용	군사, 복종
26	풍차 (風車)	풍차와 수레의 예를 들어 끊임없이 쉬지 말고 나아감에 대한 교훈적 내용	근면, 인내
27	꿀벌 (蜜蜂)	서로 도와 힘을 합하여 꿀을 만드는 꿀벌 이야기	협력, 근면, 인내
28	한 마리 새 (一羽の鳥)	숲속의 새들은 떼 지어 놀지만 한 마리의 새는 친구를 기다리며 친구를 그리워하는 내용의 노래	신의, 우애
29	숫자풀이 노래 (数へうた)	1부터 10까지 숫자의 첫 글자로 시작되는 주제를 다루어 메시지를 전달하고 있는 내용의 노래	충군, 효, 권학, 우애, 애국, 천황치세

<표 7>의 가사 분석표를 통해 『유치원창가집』의 가사 내용을 살펴보면 다음과 같다. 총 29곡 중 79.3%에 해당하는 23곡이 교훈적 덕목을 가르치는 노래다. 내용 면으로는 배움의 길이 어렵더라도 쉬지 말고 꾸준히 앞으로 나아가야 함을 노래하거나, 참새가 아침 일찍 일어나 지저귀듯이 아동들도 늦잠자지 말고 공부하라는 식의 권학의 내용, 밤낮 가리지 말고 배움에 힘쓰기를 가르치는 내용, 병사처럼 발맞추어 힘차게 나아가자는 내용 등이 주를 이루고 있다. 또한 천황의 치세를 노래하거나 천황의 은총이 끝없음을 칭송하는 내용 등, 당시의 교육 정책의 지향점을 반영한 덕육적·교훈적 색채의 일변도임은 가사 검토를 통해 쉽게 이해되는 부분이다. 주로 사용하고 있는 어휘도 '꾸준히 배워라', '힘써 배워라', '끊임없이 배워라', '뒤쳐지지 말고 앞으로', '쉬지 말고 꾸준히', '빨리 일어나라', '끊임없이 배우고 익혀라', '용맹스럽게', '병사와 같이', '방심하지 마라', '행렬을 지켜라', '전진하라', '번창하는 천황의 치세' 등, 교훈적 어구가 압도적으로 많다. 또한 대부분의 어법이 명령형인 훈육조의 표현법을 사용하고 있는 점도 눈에 띄는 부분이다.

이와 같이 덕육을 위한 창가라는 표현에 걸맞게 근면·인내·충절·보은·효행·애국·군사·복종 등의 덕목으로 가득 찬 가사 내용은 근대적 장치로서의 '장(場)'에서 창가라는 도구를 통해 당시의 유아·아동들에게 철저히 내면화되어갔음을 실증해주는 표본이라 할 수 있겠다. 구체적 예를 통해 살펴보면 다음과 같다.

마음은 용맹스럽게 心は猛く 〈1〉

[1]마음은 용맹스럽게 성품은 강하게
의심 없이 잘 배워라

마주치는 일에 동요치 않는 자를
대장부라 말하노라

[2]힘도 세고 용감하게 뒤지지 말고
나아가라 아이들아
마주치는 적을 두려워하지 않는 자를
무사라 말하노라

[1]こころはたけく きはつよく
うたがひなくて よくまなべ
であへることに うごかぬ人を
ますらをとしも いふぞかし

[2]ちからもとよく いさましく
おくれずすゝめ こどもらよ
であへる敵に おそれぬひとを
もののふとしも いふぞかし[48]

위의 노래는 고용 외국인 교사 메이슨의 아버지인 로엘 메이슨(Lowell Mason)이 작곡하고 사토미 다다시(里見義)가 작사한 제1단원 「마음은 용맹스럽게心は猛く」이다. 어떠한 어려운 고난을 만나더라도 강하게, 그리고 굽힘없이 용감하게 배워나가야 하며 삶 속에서 그와 같이 실천하는 자를 세상에서는 대장부 또는 무사라고 칭송한다는 내용이다. 당시 3세 이상의 유아들이 입학하는 유치원에서 『유치원창가집』에 음악 교육의 텍스트로서의 위치를 부여한다는 관점에서 보았을 때, 대부분이 '강하게 용맹스럽게', '마주치는 적을 두려워하지 않는 자', '대장부', '무사' 등, 유아의 정서와는 거리가 먼 단어들의 나열은 덕육함양이라는 창가 교육의 지향점을 충분히 읽어낼 수 있게 한다.

다음은 미국 동요인 제3단원의 「나아가라 나아가進め進め」로 배움의 길을 가르침대로 끊임없이 꾸준히 배우고 힘쓰라는 권면의 내용을 표현한 노래이다.

나아가라 나아가 進め進め 〈3〉

[1]나아가라 나아가 발걸음 빨리 나아가라
멈추어라 멈추어 동시에 멈추어라
멈추는 것도 가는 것도 배운 그대로
일어섬도 앉음도 배운 그대로
피는 꽃도 우는 새도 어여쁜 화원
나아가라 나아가 발걸음 빨리 나아가라

[2]배워라 배워 힘써서 배워라
익혀라 익혀 꾸준히 익혀라
배움의 길을 끊임없이 배워라
읽기도 쓰기도 가르침 그대로
읽는 문장 쓰는 글도 배움의 첫 걸음
배워라 배워 힘써서 배워라

[1]すゝめすゝめ あしとくすゝめ
とまれとまれ いちどにとまれ
とまるもゆくも 教のまゝに
たつもゐるも をしへのまゝに
咲花も 鳴鳥も 面白き花園や
すゝめすゝめ あしとくすゝめ

[1]まなべまなべ つとめてまなべ
ならへならへ たゆまずならへ
まなびのみちを たえせずならへ
よむもかくも をしへのまゝに
読むふみも書もじも 面白きうひまなび
まなべまなべ つとめてまなべ

수신적 덕목으로서의 복종·근면·권학 등을 가르치고 있는 이 단원에서는 『유치원창가집』의 서언 중 "스스로 유덕(幼德)을 함양하고, 유지(幼知)를 개발시키기 위하여"에서처럼, '유덕함양'을 위한 내용이 노골적으로 묘사되어있다. 즉 이 노래는 멈춤, 나아감, 읽는 것, 쓰는 것 모두 다 선생님의 지시에 따라 행해야 함은 물론, 끊임없이 쉬지 말고 꾸준히 학업에 힘써야 함을 주입시키는 교육의 노래인 것이다. 덕육을 위한 창가답게 유치원 아동들의 '메이지 국민=신민'으로서의 국민 도덕의 교육은 이렇게 출발되었다. 이러한 내용의 노래는 이 외에도 제5단원의 「배워라学べよ」, 제14단원의 「겨울하늘冬の空」, 제18단원의 「똑바로 서라真直に立てよ」, 제21단원의 「소용돌이치는 물うづまく水」 등이 수록되어 있다.

이렇게 창가를 통한 덕육함양과 더불어 또 한 가지 주목되는 것이 충군애국 관련 내용이다. 다음은 충군애국을 표상하는 노래들의 예이다.

우리 천황 我大君 〈19〉

1우리 천황의 영험함
대대로 번창하여 끝도 없도다
어린아이야 천황의 영험함은 아마쓰소라
저 달나라 계수나무 흔적도 없이
우러러 보아라 우리 천황의 영험함

2우리 천황의 은총은
바닥도 없고 끝도 없도다
어린아이야 임의 은총은 미카노하라
맑게 흐르는 이즈미가와
끝이 없어라 천황의 은총은

1わが大君の おほみかげ

世々にさかえて かぎりもなし
いざ幼児よ 君がみかげは 天津空
月のかつらの くまもなし
あふぎてもみよや おほみかげ

[2]わが大君の みめぐみは
そこひもしらず はてもなし
いざ幼児よ 君が恵は みかのはら
きよきながれの いづみがは
いつかはつきん みめぐみは

이 곡은 천황의 은총이 대대로 끝이 없는 천황가를 미화하는 수사법의 노래로 '천황의 영험함(おほみかげ)', '아마쓰소라(天津空)', '미카노하라(みかのはら)' 등의 어휘를 사용함으로써 천황가의 신화적 신비성을 높이는 효과를 만들어내고 있다. 유치원 텍스트로서의 위치는 물론, 유치원에 들어오는 유아들의 수준에서의 이해 정도를 감안하더라도 상당히 어려운 어휘들을 사용한 노래라는 것을 알 수 있다. 이러한 점들이 바로 당시의 충군애국의 정신을 윤리관으로서 체득하는 인간, 즉 신민을 육성하기 위한 기초 작업의 흔적으로서 지적할 수 있는 부분이다. 그 외 천황 관련 노래로는 나비가 유채꽃과 벚꽃 사이를 날아다니며 노니는 그야말로 화조풍월의 아름다운 정경의 노래이면서, 번창하는 천황치세의 평화로움으로 자연스럽게 치환되는 내용으로 이루어진 제2단원의 「나비야 나비야ちょう々」가 있다.

나비야 나비야 蝶々 〈2〉

[1]나비야 나비야 유채꽃에 앉아라
유채꽃이 싫어지면 벚꽃에 앉아라

화려하게 벚꽃이 피어나는 세상에
앉아라 놀아라 놀아라 앉아라

2일어나라 일어나 둥지의 참새야
아침의 햇살이 비추기 전에
둥지에서 나와서 가지 끝에 앉아서
놀아라 참새야 노래하라 참새야

1てふてふてふてふ 菜のはにとまれ
なのはにあいたら 桜にとまれ
桜のはなの さかゆくみよに
とまれよあそべ あそべよとまれ

2おきよおきよ ねぐらのすゞめ
朝日のひかりの さしこぬさきに
ねぐらをいでゝ こずゑにとまり
あそべよすゞめ うたえよすゞめ

그런가 하면 제25단원의 「조련操練」은 군사적·복종적 메시지를 전달하는 내용이 가사이다.

조련 操練 〈25〉

1지금부터 우리들 조련 시작한다네
잘 하는 자 우두머리 되어 지휘하여라

2조련은 병사들이 하는 것처럼
발걸음 맞추고 노래하며 나아가자

3큰 아이도 작은 아이도
두 줄로 나뉘어 집으로 돌아가 내일 또 오자

1いまより我等は 操練はじめん
よくできたるは かしらとなりて さしづせよ

2 操練するのは 兵士におなじく
足なみそろへ うたをもうたひ すゝめよや

3 おほきな子供も ちいさき子供も
にぎやうにわかれ わがやにかへり あすもこよや

병사처럼 보조를 맞추어 노래 부르며 앞으로 전진하라는 병사 훈련을 연상시키는 내용의 가사이다. '전투에 적응하도록 가르치는 기본 훈련' 또는 '학생에게 가르치는 군사 훈련'이라는 사전적 의미를 갖고 있는 이 제목은 유아나 아동에게 사용할 수 있는 어휘로서는 그 적절성을 의심하기에 부족함이 없다. 이렇게 병정놀이화 한 <조련>과 같은 노랫말을 통해 당시의 국민 도덕의 중핵이라고도 할 수 있는 충효 도덕을 위한 덕육 교육이 교실이라는 공간 안에서 음악 시간을 통해 교육되어갔던 것이다.

당시의 음악 시간을 통한 실제 수업의 실태는 니시지마 히로시의 「헤게모니 장치로서의 창가 수업의 성립 과정(ヘゲモニー装置としての唱歌科の成立過程)」이라는 논문을 빌어 그려낼 수 있는데, 그는 창가 수업이 교실 내에서 실제로 어떻게 이루어졌는지를 메이지 초기, 중기, 후기로 나누어 고찰하였다. 니시지마 히로시에 의하면 먼저 메이지 초기(1880년대)의 창가 수업의 경우는 다른 교과와 마찬가지로 가창이라고 하는 음악 행동보다는 문답을 반복적으로 충실하게 실시하는 교수법이었으며 따라서 이 시기는 음악 고유의 특성, 즉 가창을 살린 수업은 아직 이루어지지 않았다고 설명하였다.

그런가 하면 1890년대에 들어서며 독일식 수업 방식인 헤르바르트 교수법이 보급됨에 따라 음악 교육에서도 '예비－교수－연습'의 세 단계로 나누어 진행하는 방식의 교수법이 적용되기 시작했음을 언급

자료 2. 메이지 초기의 창가 교수법

資料 1 『改正教授術続編』

教授法一例

①

教、余ハ今日汝等ニ訓ムベキ一課ヲ授ケントス 能ク静座シテ、余ノ問フ所ニ答ヘ且余ガ望ム所ノ事ヲ為セ

（中略─筆者注─以下同様）

教、余ハ今汝等ト共ニ歌ヲ唱フルコトヲ学バントス 歌ヲ唱フルハ極テ緊要ニシテ且有益ノ科業ナレバ汝等能ク注意シテ之ヲ学バザルベカラズ、

教、今余ガ何ヲ為スカヲ注視セヨ（音階 数字ヲ記セザルモノヲ黒板上ニ書写シ）余ハ今如何ナルモノヲ黒板ニ記セリヤ

生、階梯ノ如キモノヲ写セリ　総答　教可

教、然リ 是レ階梯ナリ 唱歌ヲ学ブニ必要ノモノニシテ之ヲ音階ト謂フ 汝等音階ノ文字ヲ知レリヤ

生、知ラズ　総答　各唱　斉唱

教、然ラバ余之ヲ書セン

教、音階ニ於テ如何ナルモノヲ見ルヤ

生、数個ノ横線ヲ見ル　総答　教可

教、然リ 此等ノ横線ハ何ヲ表出スルモノナリヤ

生、階ノ段ヲ示セリ　総答　教可

教、余ハ今此ノ音階ノ段ニ名ヲ命ズベシ（音階ノ第一段即チ最下ノ横線ノ両端ニ一、ヲ附シ第二段ノ両端ニ二、ヲ附シ第三段ノ両端ニ三、ヲ附ス）

（中略）

②

教、然リ 余ハ今音階ノ段ニ名ヲ命ゼリ 余汝等ト共ニ之ニ拠テ試ニ歌ヲ唱フベシ

教、余輩此ニ一、二、三、ヲイチ、ニ、サント呼バズシテ一、ヲヒー二、ヲフー三、ヲミート呼バントス 誰カ之ヲ読ミ得ルヤ

生、ヒー、フー、ミー　総答　教可　各唱

教、善シ、然レドモ汝等今ハ唯之ヲ読ミタルノミ 之ヲ歌ハバ如何ン

生、黙ス

教、然ラバ之ヲ学ブベシ 此ノ一、ハ最モ低キ段ニシテ声モ亦最モ低ク発スベク二、ハ第二段ナレバ一、ヨリ一層高ク三、ハ第三段ニシテ二、ヨリ一層高ク声ヲ発スベキヲ示セリ

教、今楽器ヲ以テ之ヲ弾ズベシ 今能ク余ノ弾ズル所ヲ聴キ可成的之ト同一ノ音ヲ発センコトヲ試ミルベシ（楽器ヲ以テヒーヲ弾ズ）

生、一生 ヒー　総答　教可　各唱　斉唱

（中略）

教、余ガ弾ズル所ヲ聴キ汝等之ヲ倣ヒテ一斉ニ謡フベシ（音階ヲ指シテヒー、フー、ミー、ト唱フ）

生、ヒー、フー、ミー、

（中略）

③

教、甚ダ善シ 誰カ来リ教師ニ代テ先ヅ唱ヘ他ノ生徒ヲシテ之ニ倣ハシメヨ

生、一生挙手（来テ音階ヲ指シヒー、フー、フー、ヒー、ト唱フ）　斉唱

教、善シ 他生来テ之ニ代レ

生、一生来リ音階ヲ指シテ反復ス　斉唱

（中略）

教、余ハ此ニ今日ノ課ヲ終ラントス 汝等能ク其ノ学ビタル諸項ヲ記憶シ次日此ノ課ヲ修ルニ及テ正ク之ヲ反復スベシ

若林虎三郎・白井毅編　普及社　1884：1982　第2巻　214-217頁

자료 3. 메이지 중기의 창가 교수법

資料 2 『新撰小学唱歌教授法』

題目　甲、口授教式ニ対スル一例

種目（同情的興味ヲ喚起スルモノ）

目的ノ提示　本日ハカリ（板書）ト云フ唱歌ヲ学ビマセウ

第一段　予備

皆サンハ嘗テガント云フ鳥ヲ見タコトガアリマセウ

ドウイフ風ノ鳥デシタカ

（中略）

④

コンナ鳥デサヘモ大キナモノハ先キニ立チ小サナモノハ後ニナッテ飛ンデ行クト云フ様ニ能ク礼儀ヲ守ルト云フコトヲ聞イテ生徒ハドウシナケレバナラント考エマスカ

一体皆サンモ亦此ノ雁ノ様ニ兄弟中ヨクシ兄姉ハ弟妹ヲ愛シ弟妹ハ兄姉ヲ敬ヒ仮リ初メニモ争ヒナドシテ此ノ鳥ニモ劣ル様ナコトガアリマシテハナリマセヌ

⑤

一嘗テ御話シタコトノアル天子様カラ賜ッタ御勅語ノ中ニモ「兄弟ニ友ニ」ト云フコトガアリマシテ兄弟ト云フモノハ必ズ中ヨクシナイデハナラヌゾト云フ仰ガアリマシタノデス

分リマシタカ、今話シタコトヲ云フテ御覧ー丙生ー丁生ー

今其唱歌ヲ板ニ書キマスカラ静カニ見テ御覧ナサイ

（中略）

此カリト云フノハ先刻話シタ通リ雁ト云フコトデワタレト云フコトハ飛ンデ行ケト云フコトデアリマス・・

（中略）

ソコデ今私ガ此ノ唱歌ヲ唱ヘテ見升カラ能ク聞テ居ナサイ（此ノ時教師ハ楽器ノ音声ト共ニ全曲ヲ一唱又ハ再唱ス）

第二段　教授

⑥

今度ハ最初ノ一段ダケヲ徐カニ唱ヘテ見升カラ生徒モ口ノ中デ一所ニ真似シテ御覧ナサイ

今度ハ皆サンモ一所ニ唱ヘマセウ

（此ノ時生徒ヲ起立セシム）

（中略）

⑦

左様今少シ能ク揃フ様ニ気ヲ付ケテ・・今一度唱テ御覧ナサイ

・・一所ニ唱ヘナサイー

第三段　練習

大分能ク唱ヘル様ニナリマシタ

（中略）

⑨⑧

今度ハ一列宛ニ稽古シマセウ（此ノ時教師ハ其全曲ヲ一唱シテ後試ル一列ノ生徒ノミヲ起立セシメテ再ビコレヲ練習セシメ充分ニ不正ナル部分ヲ矯正シタル後順次ニ他列ノモノヲ交代ニ練習セシム又時トシテハ一人若クハ数人ノ生徒ヲ選抜シテ練習セシムル等ノコトアルベシ）

（中略）

ードノ列ノ者モ大ソウ上手ニナリマシタ今度ハ皆サン一所ニ唱ヘマセウ・・マダ時間モ残リマシタカラ此ノ間学ビマシタ鳥ノ唱歌ヲ一所ニ復習シマセウ

石原重雄　共益商社楽器店　1900　69-76頁

자료 4. 메이지 후기의 창가 교수법

資料 3 『各科教授資料及実際教授案』

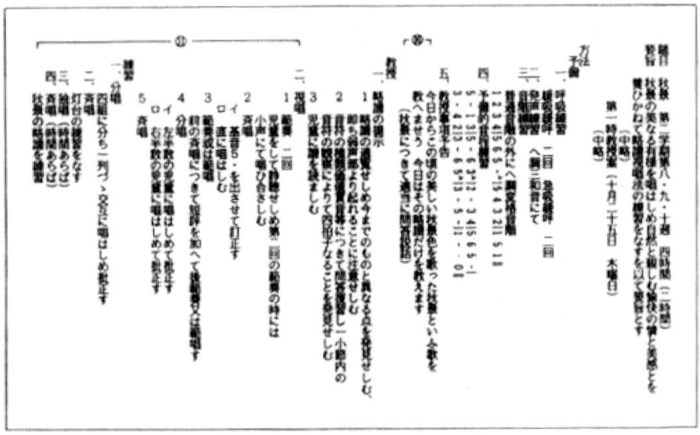

小学教育研究会編　小学教育社　1917　尋常小学四年生　唱歌科　158~165頁

하고 있다. 즉 예비 단계에 창가 가사에 대한 설명과 해석이 이루어지고 그 가사가 갖고 있는 특징을 타 교과 특히 수신과 국어와 연관시키면서 덕육적 지도가 이루어지도록 유도하였다. 그리고 그 다음 단계인 교수와 연습의 단계에서는 교사가 범창을 한 후 학급 전체가 한단씩 따라 부르게 하거나 분단 별로 노래 부르기, 학급 전체에 의한 제창의 순으로 반복적 음악 행동의 수업이 진행되었다고 언급하고 있다.

한편 메이지 말기 이후가 되면 음악 수업은 전국적으로 거의 필수화 되는데, 이 시기의 수업 방식은 기존의 3단계 교수법과 거의 동일하지만 예비 단계의 문답에 의한 교수법이 줄어든 반면 '교수-연습'의 단계에서의 제창 시간이 한층 더 활성화가 되었음을 지적하고 있다. 특히 수업 시간의 마지막과 단원의 마지막에 반드시 제창이 이루어졌는데, 이 제창이라는 음악 실천 행동은 아동들에게 노랫말에 대한 공동 일치의 감정을 주입시키는 장치였다[49]고 설명하였다.

이와 같은 니시지마 히로시의 고찰 내용을 근거로 하여 『유치원창가집』이 출판된 시기인 1887년경의 수업 실태를 유추해 보았을 때 당시 덕육 교육을 위한 창가는 '노래를 부른다'는 가창의 형식을 통해 선생님을 따라 부르고, 분단 별로 부르고, 학급 전체가 함께 부르는 제창까지 동일한 내용이 반복적으로 불러졌음을 짐작할 수 있다. 그런가 하면 기립의 자세로 창가를 부르게 하거나, 교사의 범창을 들려줄 때는 정좌하여 노래를 삼가 듣도록 하는 등의 교실 안의 풍경을 통해 상당히 엄격한 분위기 속에서 수업이 이루어졌음을 알 수 있는데,[50] 특히 위의 창가와 같은 노랫말의 경우는 아동들에게 미치는 영향이 적지 않았을 것이다. 결국 이와 같은 교실의 환경 속에서 아동들의 신체와 정신은 메이지 국민, 즉 메이지적 이데올로기에 들어맞는 신민의 틀 속으로 조율되어갔다고 할 수 있겠다.

다음은 메이지 국민(=신민)을 만들어내기 위해서 행해진 국가적 정책 전환에 따라 그 적극적인 변용을 보여주는 노래인 제29단원 「숫자풀이 노래数へうた」이다.

숫자풀이 노래 数へうた 〈29〉

[1]하나요, 사람들아 하루도 잊지 마라 잊지 마라
품어 기른 부모의 은혜 부모의 은혜

[2]둘이요, 둘도 없는 몸이로다 산벚꽃 산벚꽃
떨어져도 향기 풍겨라 임을 위해 임을 위해

[3]셋이요, 새싹은 하나의 유치원 유치원
많은 풀에 꽃 피워라 가을의 들녘 가을의 들녘

[4]넷이요, 세상에 믿을 것은 형제뿐 형제뿐

서로 사이좋게 세상 살아가라 세상 살아가라

5 다섯이요, 거짓말하지 않는 것이 어린아이 어린아이
배움의 시작이니 잘 지켜라 잘 지켜라

6 여섯이요, 옛 것을 물어 지금을 알아서 지금을 알아서
펼쳐라 잘살게 하라 우리나라를 우리나라를

7 일곱이요, 일곱 개 보석이 무슨 소용이 있으리
좋은 친구 좋은 스승 나의 구원자 나의 구원자

8 여덟이요, 양육하여 키워라 섬잣나무 섬잣나무
눈 속에서 그 빛 더 푸른 그 지조 그 지조

9 아홉이요, 마음은 보석이니 연마하라 연마하라
빛은 청명하구나 가을의 달 가을의 달

10 열이요, 아름다운 깃발 아침 햇살에 나부끼고
이제는 완전하네 임의 세상 임의 세상

1 一つとや 人々一日も 忘るなよ 忘るなよ
はぐゝみそだてし おやのおん おやのおん

2 二つとや 二つとなきみぞ 山桜 山桜
ちりてもかをれや きみがため きみがため

3 三つとや みどりはひとつの 幼稚園 幼稚園
ちぐさにはなさけ あきの野辺 秋の野辺

4 四つとや 世に頼もしきは 兄弟ぞ 兄弟ぞ
たがひにむつびて 世をわたれ よをわたれ

5 五つとや 空言いはぬが 幼子の 幼子の
まなびのはじめぞ よくまもれ よくまもれ

6 六つとや 昔をたづねて 今をしり 今をしり
ひらけやとませや わが国を わがくにを

7 七つとや なゝつの宝も 何かせん 何かせん
よきともよき師は 身のたすけ みのたすけ

[8]八つとや 養ひそだてよ 姫小松 姫小松
ゆきにもいろます そのみさを そのみさを

[9]九つとや 心は玉なり 琢きみよ 琢きみよ
ひかりはさやけし 秋の月 あきの月

[10]十とや とよはたみはたの 朝日かげ 朝日かげ
いよいよくまなし きみがみよ きみがみよ

메이지기 창가 교육에 있어서 민요는 후진성의 발로라 하여 배척해야 할 대상으로 인식되고 있었다. 그러나 창가 교육의 보급이라는 상황 속에서 민요는 어쩔 수 없이 필요한 존재일 수밖에 없었다. 그리고 그 해결책으로써 기존의 격이 낮고 세속적인 노래로 여겨지고 있었던 '숫자풀이 노래(数へうた)'의 선율을 선택하여 거기에 국가가 필요로 하는 덕육함양을 목적으로 하는 교육적 가사를 붙이는 방식을 고안해내었다. 사람들의 뇌리에 각인되기 쉬운 구조라는 장점을 최대한 살린 이 노래는 당시의 덕육 교육을 위한 최고의 장치로서 이용된 노래라고 할 수 있겠다. 이 노래의 가사 내용은 에도 시대부터 민간에게 널리 불러졌던 와라베우타(童歌/童謡)의 어조를 본떠 후쿠바 비세이(福羽美静)[51]가 1880년부터 1881년까지 도쿄여자사범학교 교장으로 소속되어 있을 당시에 만든 「숫자풀이 노래」[52]를 그 원형으로 하고 있다.

표 8. 「숫자풀이 노래」의 가사 변용 분석표

후쿠바 비세이의 「숫자풀이 노래」(1880~1881)		『유치원창가집』- 제29단원 「숫자풀이 노래」(1887)	
번호	내 용	번호	내 용
1	사람의 마음이 제일, 연마하고 닦아 세상을 살아가라	1	품어 길러주신 부모의 은혜 하루도 잊지 마라
2	다시 돌아오지 않는 세월을 헛되이 보내지마라	2	꽃잎은 떨어져도 천황을 위해 향기 풍겨라
3	유아가 지식과 배움을 키우는 유치원	3	유치원
4	좋은 친구와 스승을 만나는 것은 인생에 중요하다	4	믿음직스러운 형제우애 지켜 세상을 살아가라
5	아무리 이야기해도 다할 수 없는 부모의 은혜	5	유아의 배움은 정직함부터 시작된다
6	온고지신의 마음으로 세상을 살아가라	6	온고지신의 마음을 펼쳐서 나라를 잘살게 하라
7	사람의 도리로써 서로 힘쓰면 나라가 부강해진다	7	좋은 친구와 스승은 7개의 보석과도 비교할 수 없는 것이다
8	영원토록 천황의 치세를 축복하라	8	양육하여 잘 키워라 섬잣나무를
9	마음을 다스리는 학문의 중요성	9	마음은 보석이므로 마음을 연마하라는 교훈적 내용
10	나라의 은혜를 잊지 않는 애국심	10	천황의 치세를 찬미

위의 <표 8>를 통해 제29단원의 내용 변화를 살펴보면 다음과 같다.

1절의 "사람의 마음이 제일이며 연마하고 수련하여 세상을 살아가라"는 내용은 "사람을 품어 길러주신 부모의 은혜를 하루도 잊어서는 안 된다"는 부모에 대한 은혜의 내용으로 치환되었다. 또한 2절에서의 시간의 중요성을 노래한 교훈적 내용은 "꽃잎은 다 떨어져도 천황을 위해 향기를 풍겨라"는 내용으로 바뀌었다. 그런가 하면 후쿠바 비세이의 가사에는 없는 덕목으로서 형제우애 관련 내용이 제29단원의

4절에 새롭게 첨가되는 등, 가사의 곳곳에서 변화가 이루어져 있음을 찾아볼 수 있다. 전체적으로는 사람의 도리나 형제우애, 신의나 스승에 대한 교훈적 내용과 효행, 충군애국의 권장, 배움의 교훈, 애국심 고양, 천황의 황은 등의 덕목들이 그 중심적 내용이지만, 덕목 순서에 변화를 줌으로써 그 중요도를 차별화시키는 방식을 채용하였다. 그리고 '부모의 효행'으로 시작되는 1절은 마지막 절인 10절에서 그 절정을 이루며 '천황의 황은'으로서의 충효로 의미 확대되는 구조로 구성되어 있다.

이와 같이 "충효를 근본으로 하고 인의를 우선으로 한다"는 유교주의적 덕육 교육으로의 코스 전환은 충군애국이라는 궁극적 메시지를 담아 메이지라는 시대의 요구에 따라 덕성함양이라는 목적에 맞춰진 가사의 모습으로 재생산되었던 것이다.

◆ 선율 속의 내재적 의미

세키 가즈오는 원래 일본 민족은 밝은 민족성을 갖고 있었다고 언급하면서 그 증거의 하나로서 아마노 이와토(天の岩戸)라는 동굴 앞에서 아마노 우즈메(天鈿女命) 여신이 춤을 추어 모두가 크게 웃었다는 것을 예로 들고 있다. 그러나 불교가 도래하게 되자 세상은 염세적으로 변하게 되고 사람들은 이 세상을 근심과 슬픔, 그리고 어두운 것으로 여기게 되었다[53]고 설명하고 있다. 흔히 민족의 감정은 음악을 통해 표출되어지기도 하는데, 그런 의미에서의 일본의 민요 등에서 읽어낼 수 있는 음악적 감정 가치는 위에서 언급한 세키 가즈오의 말처럼, 그리고 바이올리니스트인 메튜인의 말처럼[54] 어두운 측면을 갖고 있음을 인정하지 않을 수는 없을 것이다.

음악이 갖고 있는 감정 가치는 음조의 구별과 함께 곡목의 종류, 내용, 연주방법, 속도(템포) 등의 환경적 조합에 의해 어느 정도의 변용이 생성된다고 할 수 있다. 특히 속도감의 차이에 의한 감정 가치의 변용은 커서, 장조의 노래이면서도 어둡고 우울한 분위기가 만들어지기도 한다. 한편 단조라 하더라도 그 템포의 빠르기에 따라 단조 곡의 보편적 감정 가치인 우울함·침울함이 극복되는 경우도 있다. 장조의 곡조는 주지하는 바와 같이, 대체적으로 밝고 쾌활하며 기쁨·즐거움·건강·행진·씩씩함 등의 분위기를 자아내는데, 이러한 음악이 갖고 있는 감정 가치의 보편적인 이론에 입각하여 『유치원창가집』에 수록된 29곡의 선율을 살펴보고자 한다.

표 9. 『유치원창가집』의 음악적 측면 분석표

곡번	곡명	외국곡	음계	음역	박자	주요 리듬
1	마음은 용맹스럽게 (心は猛く)	○	장	7	2/4	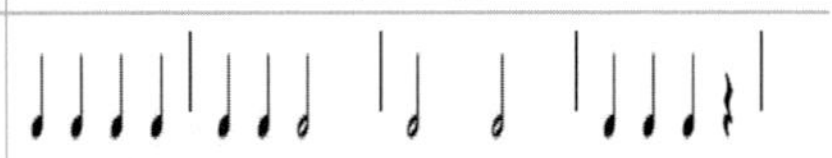
2	나비야 나비야 (蝶々)	○	장	5	4/8	
3	나아가라 나아가 (進め進め)	○	장	9	2/4	
4	안개인가 구름인가 (霞か雲か)	○	장	8	4/4	
5	배워라 (学べよ)		장	8	4/8	
6	뜰의 새 (にはつ鳥)		장	6	6/8	
7	친구 (友どち)		장	8	4/4	
8	아이들아 (子供子供)	이자와	장	8	2/4	

곡번	곡명	외국곡	음계	음역	박자	주요 리듬
9	망아지 (若駒)	○	장	8	2/4	
10	오하라메 (大原女)		장	9	6/8	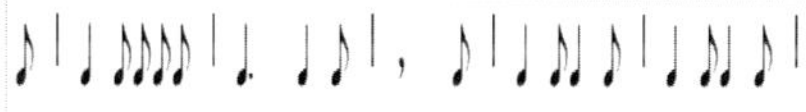
11	강여울의 물떼새 (川瀬の千鳥)	미상	장	11	6/8	
12	대나무 숲 (竹むら)		장	8	6/8	
13	우로 (雨露)	미상	장	8	6/8	
14	겨울 하늘 (冬の空)		장	6	4/4	
15	꽃 피는 봄 (花さく春)	이자와	장	6	4/4	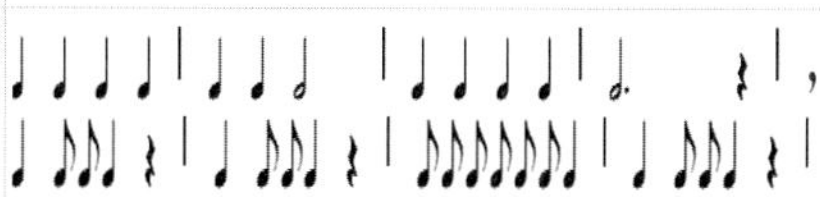
16	벚꽃이여 (やよ花桜)	○	장	11	4/4	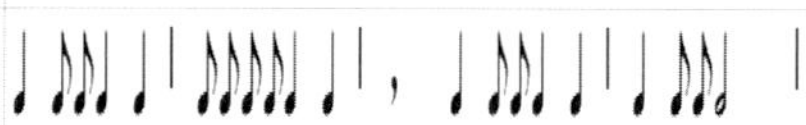
17	제비 (燕)	○	장	8	4/4	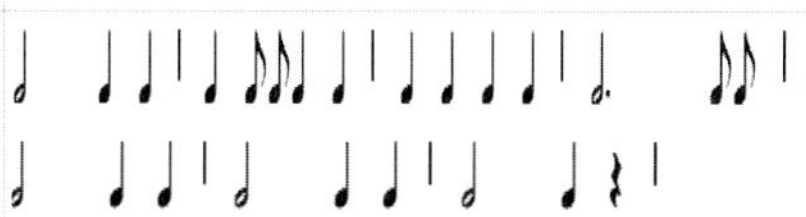
18	똑바로 서라 (真直に立てよ)		장	11	2/4	
19	우리 천황 (我大君)		장	8	4/4	
20	여기 있는 문 (こゝなる門)	이자와	장	7	4/4	
21	소용돌이치는 물 (うづまく水)	○	장	6	2/4	
22	구슬 팔찌 (環)	○	장	6	2/4	
23	공 (鞠)		장	7	2/4	
24	형제자매 (兄弟妹)		장	11	4/4	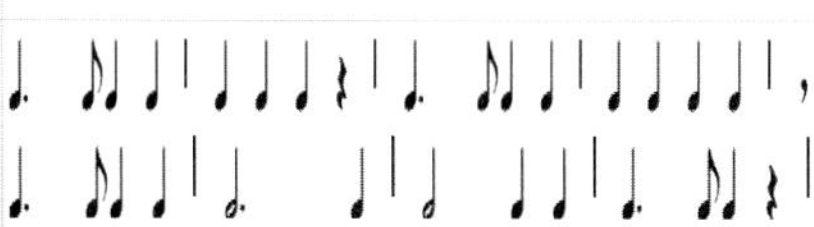

곡번	곡명	외국곡	음계	음역	박자	주요 리듬
25	조련 (操練)		장	9	2/4	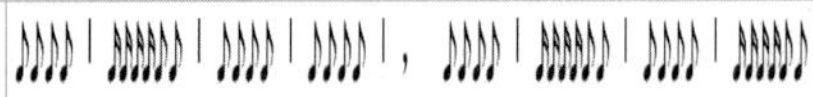
26	풍차 (風車)		아악	9	2/4	
27	꿀벌 (蜜蜂)	○	장	5	2/4	
28	한 마리 새 (一羽の鳥)	○	장	8	2/4	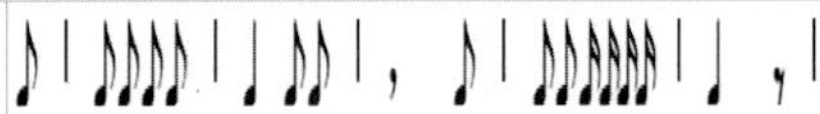
29	숫자풀이 노래 (数へうた)		민요	11	4/4	

앞의 <표 9>을 살펴보았을 때, 『유치원창가집』에 수록된 곡은 장조 곡과 2/4, 4/4 등의 박자를 사용한 밝은 노래가 주를 이루고 있는 것을 알 수 있다. 즉 제26번과 제29번을 제외한 27곡이 모두 장조의 노래이며, 박자 또한 2/4박자가 12곡, 4/4박자가 10곡, 그리고 6/8박자가 5곡 수록되어 있다. 물론 유치원용 텍스트라는 위치상에서의 배치임을 고려하였을 것으로 추측은 되나, 이는 메이지 국가가 지향했던 국민의 생활적 템포의 내면화를 위한 것으로, 신민화 교육의 가장 하위 대상인 유아에게 음악적 템포의 감정 가치를 체득시키기 위한 편성이었다고 해석 할 수 있다. 즉 메이지 국가가 지향했던 국민의 생활적 템포는 장조 음계가 갖고 있는 보편적 감정 가치의 색채로서, 당시의 메이지 풍경에 걸맞는 밝고 쾌활하며 힘찬 에너지를 발산하는 속도감이었다. 그리고 이 속도는 메이지 국가가 추구하던 부국강병과 개명화를 극점으로 하여 맹렬히 나아가는 속도로써 제시되었다고 할 수 있다. 또한 1890년대 전후는 군가의 전성시대라고도 일컬어졌던 만큼, 장조의 노래나 2/4, 4/4박자와 같은 템포는 군대와 같은 집단의

신체적 통제를 위한 행진곡에 적절한 속도감으로써 동원된 템포였다고 하겠다. 뿐만 아니라 8분음표와 16분음표의 사용률이 높은 것도 메이지 국가가 추구하는 템포와 균형을 이루고자 하는 의도 속에서 채택된 편성으로 해석 가능하다.[55]

요컨대 『유치원창가집』 내에 편성된 선율은 메이지의 국민(=신민)이 체득해야 하는 음악적 감정 가치로서, 메이지기라는 시공간 속에 속해 있는 유아들에게 맞추어 배치한 메이지 국가의 선율 방법이었던 것이다.

『심상소학창가』

■ 메이지 천황제로의 행로와 『심상소학창가』

근대라는 역사적 시공간 속에서 서구의 제 국가들은 세계의 병합과 분할 그리고 통치를 위해 맹주하게 되는데, 역사 속에서 이 시기를 지구적 현상인 제국주의 시대라고 부른다. 물론 일본도 그 제국주의 시대의 흐름 속에 편승하면서 근대 국민국가를 만들어내기에 분투하고 있었으며 그 한 가운데에 메이지 시대가 존재한다고 하겠다.

메이지 정부는 이러한 세기적 동향 속에서 국민국가의 필수적 요소를 서둘러 만들어내기 시작하였다. 안으로는 민중(국민)의 의식을 통합하여 메이지적 국민을 창출하고, 밖을 향해서는 서구 열강과 어깨를 나란히 할 수 있는 독립 국가를 만들기 위해 부국강병, 문명개화, 식산흥업 등의 슬로건을 내세우며 지배권 측의 전략을 강행해갔다. 구체적으로는 흠정헌법으로서의 '대일본제국헌법'을 만들어내고, 천황제 이데올로기의 내면화를 제시한 장치로서의 '교육칙어'를 만들어내어 국민의 사상을 국가적으로 통합하고자 하였다. 결국 이것은 국민 통합을 위한 이데올로기, 즉 절대 천황제의 구조화를 추진시켜 갔음을 의미하는 것이었다. 또한 군대의 정비를 통한 국민화가 1882년의 군인칙유와 함께 실시되었으며, "근대 국민이 마스터해야 할 읽기와 쓰기의 언어로서의 '국어'의 정비"[56]를 통한 국민화도 진행되었다.

그런가 하면 당시의 일본은 도쿠가와 시대의 경제 시스템을 유산으로 이어받아 서구의 기계 공업 등의 이식을 통한 근대적 산업화를 추진하였으며, 이를 위한 인프라로서 전국적인 철도망 구축과 통신망의 확대를 형성하였다. 이와 같은 토대에서 구축된 경제적 기반 위에 내셔널리즘이라는 정신적 무장이 중첩되었으며, 그 힘은 일본으로 하여금 청일전쟁과 러일전쟁을 승리로 이끌어 동아시아에서의 국제 질서적 헤게모니를 획득하게 만들었다. 메이지기의 일본은 이러한 과정을 거쳐 서양의 제국주의적 팽창의 상황 속에서 그 동참을 서두르는 동아시아의 선두 자리로 이동하였다고 할 수 있다.

한편 시대에 민감한 반응을 보이는 교육적 측면 또한 국가가 요구하는 조건들을 제시하면서 바쁜 변화를 보였다. 즉 메이지 초의 부국강병과 식산흥업의 슬로건 하에서 진행되었던 자유주의적 교육 이념과 근대적 국민 형성이라는 교육 방향의 방침은 몇 차례에 걸친 교육령 및 여러 규칙, 특히 '교육칙어'에 의해 천황에 대한 충의의 생리화를 위한 교육 방향으로 굴절되어갔다. 특히 교육을 카리스마적 존재로 인식하고 있었던 메이지 정부는 교과서 검정제도를 거쳐 1904년의 교과서 국정화를 통한 교육의 완전한 국가 통제를 실시하였다. 교과서 국정화는 1941년에 이르기까지 그때마다의 시대 동향에 편승해 가면서

4회의 개정[57]을 거쳤으며, 이렇게 천황제적 교육 체제 안으로 아동들의 의식을 포섭해갔다. 요컨대 천황제 이데올로기의 내면화였던 것이다. 즉 국민에게 통일된 유일의 윤리관을 주입시키는 장치로서의 교육은 국민 형성을 위한 가장 중요한 영역으로 그 위치를 부여받으며 적극적으로 그 정치화를 꾀하였던 것이다. 구체적인 일례로서, 특히 국민 창출을 위해 선택한 많은 교육 영역 가운데 '창가'에 주목했던 메이지 정부는 문부성 창가집의 집대성이라고 할 수 있는 『심상소학창가』를 편찬하기에 이른다. 『심상소학창가』가 편찬 발행되던 1911년을 전후로 메이지의 교육계는 그 제도적 배경이라 할 수 있는 교과서 국정화[58]의 제2기가 시작되던 시기였다. 당시 창가 교과서는 교과 통합이라는 방침에 따라서 수신, 국어독본, 일본역사, 지리 등의 교과서와 공통의 소재가 사용되었다. 즉 이는 『심상소학창가』가 국정 교과서는 아니었으나 교과 통합 방침에 따라 위의 국정 교과서와 공통의 소재를 다루고 있었으므로 거의 국정 교과서 수준의 대우를 받았다는 것을 의미한다. 그리고 그 모태로 알려져 있는 『심상소학독본창가』(1910)는 "본서는 본 문부성 편찬의 『심상소학독본』 중에 있는 가사를 문부성에 설치한 소학교 창가 교과서 편찬 위원으로 하여금 작곡하도록 한 것이다"[59]라는 서언의 내용에서 알 수 있듯이, 문부성 주도 하에 『심상소학독본』에서 운문 27수를 뽑아 거기에 선율을 붙이는 형식으로 발행된 창가집이다. 여기에는 총 27곡이 수록되어 있으며, 이들 창가는 그 다음해부터 편찬된 『심상소학창가』 전 6권에 골고루 나누어 게재되었다.

표 10. 『심상소학독본창가』의 『심상소학창가』 게재

단원	곡명	『심상소학창가』 게재 (학년)–(단원)	『심상소학창가』 제목
1	까마귀 (カラス)	1-13	烏
2	나팔꽃 (アサガオ)	1-10	朝顔
3	연 노래 (タコノウタ)	1-18	紙鳶の歌
4	달 (ツキ)	1-15	月
5	망아지 (こうま)	2-5	小馬
6	개구리와 거미 (かえるとくも)	2-9	蛙と蜘蛛
7	후지산 (ふじの山)	2-12	富士山
8	시계 노래 (とけいのうた)	2-16	時計の歌
9	어머니 마음 (母の心)	2-19	
10	봄이 왔네 (春が来た)	3-1	
11	풀벌레소리 (虫のこえ)	3-8	
12	시골의 사계절 (いなかの四季)	4-3	
13	일본국 (日本の国)	3-11	
14	숫자풀이 노래 (数えうた)	3-20	
15	집안의 가문 (家の紋)	4-8	
16	모든 것은 정신 (何事も精神)	4-11	
17	버섯 따기 (たけがり)	4-13	
18	오우미 팔경 (近江八景)	4-18	
19	춤추고 노래하세 (舞へや歌へや)	5-2	
20	세 재녀 (三才女)	5-11	
21	스이시에 회견 (水師営の会見)	5-15	
22	나는 바다아이 (われは海の子)	6-4	
23	출정병사배웅하며 (出征兵士を送る)	6-6	出征兵士
24	오천만 동포 (同胞すべて五千万)	6-11	同胞すべて六千万
25	가마쿠라 (鎌倉)	6-14	
26	국산의 노래 (国産の歌)	6-16	
27	졸업 (卒業)	6-19	卒業の歌

즉 이 두 창가집은 순수한 창가 교과용 교재의 역할을 위해서라기보다는 국어과의 독본 학습의 보조 교재와 같은 역할로서 아동들의 학습 효과를 증진시키는 도구적 성격을 띠고 있음을 짐작할 수 있다. 그 구체적인 예가 바로 독본과의 연계성[60]이다. 즉 이것은 국정소학독본 안의 운문 교재(가사)에 곡을 붙이는 형식을 취함으로써, 당시의 독본 교과서 안에 내재되어있는 메이지 국가의 이데올로기를 노래라고 하는 음악적 행동의 실천을 통해 그 학습 효과를 상승시키고자 하였음을 말해준다. 따라서 초등학교의 창가 교육, 즉 음악 교육은 그 본연의 교육적 의의라는 점에서는 거리감이 있는 교육이었다. 결국 이 두 창가집은 독본 학습을 돕는 보조 자료로서 독본의 부 텍스트적 성격을 소지한다고 할 수 있겠으며, 이와 같은 이유로 이 두 창가집 안에는 메이지의 국가적 이데올로기를 표상하는 주제들의 노래가 대다수를 이루고 있는 것이다. 이와 같은 상황은 궁극적으로는 그 결과물로서 천황 중심이라는 독특한 일본식 근대 국민국가의 탄생으로 노선화 되어갔는데, 이를 위해 교육은 국가의 첨병으로서의 역할을 하는 이데올로기적 '장(場)'인 학교 안에서 유교주의적 황국사상을 그 중심 내용으로 하는 각 교과목과, 그리고 수신, 독본, 역사 등과 연동한 창가 교육까지 천황국가와 국민의 신민화를 위해 바쁜 변화를 거듭해 갔던 것이다.

이렇게 메이지 천황제를 향한 행로는 정치·경제·사회·교육의 다층에서 제각기의 조건들을 제시하며 이루어져갔으며, 이는 궁극적으로는 하나의 정점을 이루며 '메이지의 국가적 이미지'를 구축해 갔다고 하겠다.

■『심상소학창가』 속의 신민화 양상

음악 활동이 갖는 기능의 하나로서 사회 통합 기능을 말할 때, 특히 음악을 통한 인간 행동 분석에 가장 명확한 자료를 제공하는 것이 가사임을 감안한다면, 국가에 의해 선택되고 편성된 음악 교과서 내의 가사는 아동들을 통제하는 수단으로 작동될 수 있음은 자명하다 하겠다.

따라서 이 장에서는『심상소학창가』 1학년용부터 6학년용까지 각각에 수록되어있는 가사의 내용을 분석하여 각 학년별로 제시되어있는 중심적 주제의 양상을 고찰하며, 그럼으로써 국가가 요구하는 메이지 국민(=신민)의 모습을 명확히 하고자 한다.

◆ 학년별 가사 내용

▸『심상소학창가』 1학년용

표 11.『심상소학창가』 1학년용 가사 분석표

단원	곡명	내용	주요색채	음계	박자	비고
1	일장기 깃발 (日の丸の旗)	흰 바탕에 빨간색의 일본 깃발에 대한 힘차고 용맹스러움의 노래	국체강조 충군애국	장	2/4	♪
2	비둘기 (鳩)	비둘기와 노니는 아이들의 정서	자연찬미	장	2/4	♩♪
3	오뚝이(おきやがりこぼし)	아무리 넘어져도 항상 일어나는 오뚝이를 묘사	교훈적	장	2/4	♪
4	인형 (人形)	착하고 말 잘 듣는 인형을 노래함	교훈적	장	4/4	♩
5	병아리 (ひよこ)	병아리가 어미닭과 함께 늘 조심하며 지내기를 가르치는 내용	교훈적	장	4/4	♩♪
6	달팽이 (かたつむり)	달팽이를 아이들의 눈높이에 맞추어 노래함	자연찬미	장	2/4	♪♪

단원	곡명	내용	주요색채	음계	박자	비고
7	우시와카마루 (牛若丸)	우시와카마루와 벤케와의 싸움에서 우시와카마루의 용감하고 날쌘 솜씨를 묘사함	충군애국	장	2/4	♪♪
8	소나기 (夕立)	갑자기 내린 소나기로 시냇가에서 놀던 아이들과 비가 개이기를 기다리는 모습을 노래함	자연찬미	장	4/4	♪♩
9	모모타로 (桃太郎)	모모타로가 원숭이 강아지 꿩과 함께 도깨비를 정벌한다는 옛날이야기	전쟁미화 군국주의적	장	2/4	♪♩.
10	나팔꽃 (朝顔)	여러 가지 색깔의 나팔꽃을 귀엽게 묘사	자연찬미	장	2/4	『독창』-2 ♪
11	연못의 잉어 (池の鯉)	아이들의 손뼉 소리와 던진 먹이를 좇아 연못 속의 잉어가 물위로 얼굴을 내미는 모습을 노래함	자연찬미	장	2/4	♪♪♪
12	부모님 은혜 (親の恩)	어미 제비와 암탉이 새끼를 위해 먹이를 구하며 보살피는 모습	교훈적	장	4/4	♪♩
13	까마귀 (烏)	신사의 숲속과 절의 지붕으로 울며 날아가는 까마귀를 노래함	자연찬미	장	2/4	『독창』-1 ♪♪♪
14	국화꽃 (菊の花)	아름답고 멋지게 핀 국화꽃을 병정놀이의 훈장으로 묘사한 노래	국체강조 황실	장	4/4	♪♩
15	달 (月)	쟁반같이 둥근달이 구름에 가려있는 모습을 재미있게 묘사함	자연찬미	장	2/4	『독창』-4 ♪♪
16	나뭇잎 (木の葉)	나뭇잎이 거미줄에 걸려 팔랑이는 모습과 연못 위에 떨어져 흔들리는 모습을 재치 있게 묘사하여 노래함	자연찬미	장	2/4	♪♪
17	토끼 (兎)	토끼가 자신의 긴 귀와 뒷다리를 장점으로 여기며 모두에게 잘 봐주기를 바란다는 내용의 노래	교훈적	장	2/4	♪♪
18	연 노래 (紙鳶の歌)	연 날리기를 묘사		장	2/4	『독창』-3 ♪♩.
19	강아지 (犬)	강아지의 귀여운 모습		장	4/4	♩♩
20	꽃 피우는 할아버지 (花咲爺)	할아버지가 정직하여 보물도 얻고 고목에 꽃도 피워 영주에게 상도 받는다는 옛날이야기를 묘사한 노래	교훈적	장	2/4	♪♪

(『독창』: 『심상소학독본창가』 이하 표 12~16 동일)

1학년용은 총 20곡 중에서 크게 자연 찬미·계절 관련 내용 10곡, 교훈적·도덕적 내용이 6곡, 충군애국·국체 강조·전쟁 미화 관련 내용 4곡으로 구분할 수 있으며, 그 구체적 내용을 몇 가지 예를 들어 살펴보면 다음과 같다.

우선 1학년 첫 곡의 위치를 부여받은 제1단원의 「일장기 깃발日の丸の旗」는 처음으로 초등학교에 입학한 아동들에게 제일 먼저 국기로서의 일장기(日の丸)를 강하게 인식시키기 위해 배치된 노래이다. 특히 2절의 "아침 해 떠오르는 기세를 보이고, 아 용맹스럽다 일본 깃발"이라는 가사는 아동들에게 국체 사상을 함양시키기 위해 제시된 내용으로 파악할 수 있으며, 이와 비슷한 덕목을 노래한 것으로 제9단원의 「모모타로桃太郎」와 제14단원의 「국화꽃菊の花」를 들 수 있다. 제14단원의 「국화꽃菊の花」의 경우 제목만으로는 자연을 표현한 노래인 듯하지만, 1절의 가사에서처럼 아름답고 멋지게 핀 국화꽃을 병정놀이의 훈장으로 묘사한 부분에서 충군애국의 덕목을 우회적으로 표현한 노래임을 시사하고 있다. 반면 모모타로가 원숭이, 강아지, 꿩과 함께 도깨비를 정벌한다는 내용의 전래동화를 제재로 한 제9단원의 「모모타로桃太郎」의 경우는 군가체라고 할 수 있는 용어와, 전형적인 군가조의 선율을 사용함으로써 훨씬 더 적극적인 방식으로 충군애국의 덕목을 제시한다. 그리고 동화 속 이야기로 포장시킴으로써 유아들에게 전쟁을 미화시키고 있다.

다음으로 제12단원의 「부모님 은혜親の恩」은 제비와 암탉이 아낌없이 새끼를 보살피는 모습을 주 내용으로 하여 부모에 대한 고마움을 이야기하고 있다. 즉 교훈적 덕목으로서의 '효'를 제시한 이 노래는 인간의 이야기가 아닌 하찮은 동물을 소재로 다룸으로서 인간의 도리

로써 지켜야 할 '효'의 중요성을 더욱 강하게 드러내고 있으며, 좀 더 확장된 덕목인 '충효'로까지 이어지게 하는 효과를 주고 있다.

▸ 『심상소학창가』 2학년용

표 12. 『심상소학창가』 2학년용 가사 분석표

단원	곡명	내용	주요색채	음계	박자	비고
1	벚꽃 (桜)	벚꽃으로 뒤덮인 4월의 모습을 정겹게 표현한 노래	자연찬미 계절	장	4/4	♪ ♩ ♩.
2	니노미야 긴지로 (二宮金次郎)	부모에 효도하고 밤낮으로 배움에 힘쓰며 입신출세의 본보기로서 일본인상을 묘사함	식산칭송 효행 교훈적	장	2/4	♪. 𝅘𝅥𝅯
3	열심히 배우고 잘 놀아라 (よく学び よく遊べ)	무엇을 하든지 집중해서 열심히 하라는 교훈적인 내용을 묘사	교훈적	장	4/4	♪ ♩ ♩.
4	종달새 (雲雀)	종달새 지저귀는 소리에 그 모습을 찾으려는 모습이 재미있게 묘사된 노래	자연찬미	장	4/4	♩. ♪ ♩
5	망아지 (小馬)	망아지의 걸음걸이를 재미있게 묘사	자연찬미	장	2/4	『독창』-5 ♪
6	모내기 (田植)	모내기하는 처녀의 노랫소리에 맞추어 모내기하는 모습과 올해의 풍년을 기원하는 가락의 노래	교훈적	장	4/4	♩. ♪ ♩
7	비 (雨)	메마른 대지에 비가 내려 마을과 밭에 촉촉한 단비로 알맞게 젖기를 바라는 내용	자연찬미 계절	장	4/4	♩. ♪ ♩
8	매미 (蟬)	시원한 매미소리로 한여름의 풍경을 노래함	자연찬미 계절	장	4/4	♩. ♪
9	개구리와 거미 (蛙と蜘蛛)	개구리와 거미의 예를 들어 실패에 지치지 않고 도전하는 정신을 묘사함	교훈적	장	2/4	♪. 𝅘𝅥𝅯 ♪
10	우라시마 다로 (浦島太郎)	옛날이야기인 우라시마 다로 이야기를 노래로 읊음	교훈적	장	2/4	♪. 𝅘𝅥𝅯 ♪

단원	곡명	내용	주요색채	음계	박자	비고
11	허수아비 (案山子)	허수아비와 논의 정경을 재미있게 노래함	자연찬미 계절	장	4/4	♩.♪♩
12	후지산 (富士山)	후지산의 정경을 자랑스럽게 노래함	국토자랑 애국	장	4/4	『독창』-7 ♩.♪♩
13	니탄노 시로 (仁田四郎)	가마쿠라 시대 무사인 닛타 다다쓰네의 용맹함을 묘사	충군애국 전쟁미화	장	2/4	♪♬♪
14	단풍 (紅葉)	아름답게 물든 단풍으로 산기슭과 계곡이 울긋불긋 물든 정경	자연찬미 계절	장	4/4	♪♩
15	천황폐하 (天皇陛下)	신이며 부모인 천황폐하에 대한 충성을 노래함	충군애국 국체강조	장	4/4	♩.♪♩
16	시계 노래 (時計の歌)	밤낮 쉬지 않고 움직이는 시계의 성실함을 묘사함	교훈적	장	2/4	『독창』-8 ♪♬♪
17	눈 (雪)	눈 내린 겨울의 풍경을 서정적으로 노래함	자연찬미 계절	장	2/4	♪♬♪
18	매화와 휘파람새 (梅に鶯)	정원 울타리에 핀 매화를 보고 휘파람새가 날아와 앉아 아름답게 지저귀는 정경을 노래함	자연찬미 계절	장	4/4	♩.♪♩
19	어머니 마음 (母の心)	어머니의 자식에 대한 헌신적인 일상을 읊은 노래	효 교훈적	장	2/4	『독창』-9 ♪♬♪
20	나스노 요이치 (那須与一)	가마쿠라 시대의 무사로 야시마전투에서 부채의 표적을 쏘아 떨어뜨려 이름을 날린 나스노 요이치를 노래로 묘사함	전쟁미화	장	2/4	♪♬♪

2학년용도 1학년용과 마찬가지로 총 20곡이 수록되어 있다. 내용적으로 일괄해 보면 자연과 계절을 노래한 내용이 9곡으로 많은 편이며, 교훈적 내용이 7곡, 충군애국·국체·전쟁 미화 등의 내용을 담고 있는 노래가 4곡이다. 1학년용에 비해 역사적 인물이 많이 등장하며, 특히 바람직한 일본인 상으로서 등장시킨 '니노미야 긴지로'를 통해 신민으로서(=메이지 국민) 갖추어야 할 다양한 덕목들을 제시하고

있다.

구체적인 내용으로 들어가 우선 먼저 20곡 중 7곡에 해당하는 교훈적 내용을 보면 주로 밤낮 쉬지 않고 무엇이든지 열심히 해야 함을 강조하거나 실패에 지치지 않는 도전적 정신의 내용들을 묘사하고 있다.(제3단원의 「열심히 배우고 잘 놀아라よく学びよく遊べ」, 제9단원의 「개구리와 거미蛙と蜘蛛」, 제16단원의 「시계 노래時計の歌」) 그리고 이와 같은 교훈적 덕목을 실제 인물을 통해 좀 더 구체적으로 제시해주는 노래가 제2단원의 「니노미야 긴지로二宮金次郎」이다. 니노미야 긴지로는 수신 교과서 안에서도 중심적 인물로 등장하여 바람직한 일본인 상으로서의 다양한 덕목들을 전체 학년에서 반복적으로 아동들에게 제시하고 있는 인물이다. 이렇듯 수신 교과서를 통해 영웅화되고 있는 니노미야를 창가 속에서 반복 묘사함으로써 국가가 만들고자 한 메이지 국민(=신민)상을 실체화시키고 있는 것이다.

그런가하면 제15단원의 「천황폐하天皇陛下」에서는 신이시며 부모님이신 천황폐하에 대한 충성을 묘사하고 있는 노래로 국가에 위기사태가 일어나면 이 한 몸 바쳐 천황폐하에게 충성을 다한다는 내용이 묘사되어 있다. 그야말로 '교육칙어'의 핵심부분인 국체 강조와 충군애국의 덕목을 적극적으로 노출시킨 가사라 할 수 있다.

또한 일본 제일의 산을 노래한 제12단원의 「후지산富士山」의 경우는 국토에 대한 자긍심을 고양하여 애국적 심성을 유발시키는 내용의 노래이다. 이러한 일본의 국토를 미화하는 애국 관련 주제는 후지산이라는 지리적 신체로서의 국토에 머물지 않고 가마쿠라 시대의 무사인 니탄노 시로(仁田四郎)[61]와 나스노 요이치(那須与一)와 같은 용맹스러운 역사적 인물을 등장시킴으로써 국토의 자긍심으로 유발된 '애국' 의식을 '충군애국'이라는 덕목으로 의미 확대시키고 있다. 그리고 더 나아가 '무'를 칭송함으로써 전쟁을 미화시키는 효과까지도 이끌어 내고 있다.

▶ 『심상소학창가』 3학년용

표 13. 『심상소학창가』 3학년용 가사 분석표

단원	곡명	내용	주요색채	음계	박자	비고
1	봄이 왔네 (春が来た)	봄의 계절을 노래함	자연찬미 계절	장	4/4	『독창』-10 ♪♩
2	찬란한 빛 (かがやく光)		교훈적	장	4/4	♩.♪♩
3	찻잎 따는 사람 (茶摘)	어린 찻잎의 풍성함과 부지런히 잎을 따는 정경	교훈적	장	4/4	♩.♪♩
4	푸른 잎 (青葉)	비 그치고 난 후의 푸르름	자연찬미	장	4/4	♩.♪♩
5	친구 (友だち)		교훈적	장	4/4	♩.♪♩
6	기차 (汽車)	철다리를 건너고 터널을 지나 산속과 바닷가를 빠르게 달리는 기차를 묘사	애국	장	2/4	♪♬♪
7	무지개 (虹)	무지개를 하늘의 옷과 선녀 다리로 아름답게 묘사	자연찬미 계절	장	2/4	♪♬♪
8	풀벌레 소리 (虫のこゑ)	가을밤의 정경을 여러 가지 벌레소리로 정겹게 노래함	자연찬미 계절	장	2/4	『독창』-11 ♪♪
9	마을 축제 (村祭)	태평 치세에 신의 은혜에 감사하며 온 마을이 축제를 즐기는 광경	애국	장	2/4	♪♬♪
10	히요도리 고에 (鵯越)	대장인 요시쓰네가 헤이케와의 전투에서 용감히 싸워 이기는 모습을 노래로 묘사함	충군	장	4/4	♩.♪♩
11	일본국 (日本の国)	일본 국토의 아름다움을 소나무, 매화, 벚꽃 등으로 유명한 명소를 예를 들어 노래 부름	애국 국토자랑	장	2/4	『독창』-13 ♪♬♪

단원	곡명	내용	주요색채	음계	박자	비고
12	기러기 (雁)	가을밤의 정경을 기러기의 울음소리와 무리지어 있는 모습으로 묘사함	자연찬미	장	4/4	♩♩
13	수확 (取入れ)	봄에 씨를 뿌리고 경작하여 수확을 올리는 노동의 결실을 풍년으로 묘사하여 노래함	교훈적	장	4/4	♩.♪♩
14	도요토미 히데요시 (豊臣秀吉)	혼란스러웠던 천하를 통일하고 조선을 공격하여 국위를 빛나게 한 도요토미 히데요시를 칭송한 노래	충군애국	장	4/4	♩.♪♩
15	황후폐하 (皇后陛下)	황후폐하의 높으심과 백성에게 베푸시는 은혜와 쉼 없이 힘써야한다는 깨우침을 잊지 마라는 내용의 노래	충군애국 국체강조	장	4/4	♩.♪♩
16	겨울밤 (冬の夜)	겨울밤 화롯불에 둘러앉아 어머님의 봄놀이 이야기와 아버지의 전투 공훈 이야기로 즐거운 시간을 보내는 모습을 묘사	충군애국	장	4/4	♩.♪♩
17	가와나 카지마 (川中島)	옛 전쟁터인 가이즈 성터에서 당시의 전투 모습을 회상하며 그 쓸쓸함을 노래함	충군애국	장	4/4	♩.♪♩
18	동정심(배려) (おもひやり)	남을 배려하는 마음을 가지며 자신만을 생각하지 말고 남을 생각해야함을 표현함	충군애국	장	4/4	♩♩
19	항구 (港)	항구의 활기참을 통해 나라의 부강을 노래함	교훈적 애국	장	2/4	♩.♬♪
20	숫자풀이 노래 (かぞへ歌)	덕육함양을 위한 열 가지의 테마를 묘사한 노래	충군애국	민요	4/4	『독창』-14 ♩♩

전체적 구성을 살펴보면 총 20곡 중, 자연 찬미나 계절을 내용으로 하는 노래가 5곡, 애국이나 국토 자랑 및 충군애국·국체 강조 등의 내용을 담고 있는 노래가 10곡, 그리고 교훈적 내용의 노래가 5곡 수록되어있다. 1, 2학년과 비교하여 충군애국 관련 노래가 배로 증가되어 있는 점이 눈에 띄며, 내용적으로도 천황제 국가를 지지하는 듯한 노래로 이루어져 있음을 알 수 있다.

가사의 구체적 내용에서 먼저 제2단원의 「찬란한 빛かがやく光」의 내용을 살펴보면 진무천황이 가진 활고자에 앉은 황금빛 소리개가 빛을 발함으로 눈이 멀어 적군이 도망갔다는 신화 이야기를 다루고 있다. 그리고 2절 마지막 부분에 "금치 훈장을 가슴에 단 자랑스러운 일본군인"이라는 노랫말을 배치시킨 절묘한 구성은 충군애국·국체 강조 등의 덕목을 양육하기에 더없이 훌륭한 가사임을 말해준다. 또한 제15단원의 「황후폐하皇后陛下」도 황후폐하의 높으심과 한없는 은혜를 잊어서는 안 된다는 내용을 다룸으로써 제2단원의 노래와 동일한 주제를 가르치고 있다.

그런가 하면 어지러운 천하를 통일하고 조선까지 공격하여 국위를 빛나게 한 일본 영웅 이야기를 노래한 제14단원의 「도요토미 히데요시豊臣秀吉」, 근대화의 표상으로서의 '기차'가 철다리와 터널, 산속은 물론 바닷가까지 근대 일본의 방방곡곡을 누비며 힘차게 달리는 모습을 묘사한 제6단원의 「기차汽車」, 소나무의 나라이며 꽃의 나라로서의 국토의 아름다움을 노래하며 내나라 일본에 대한 자긍심을 고양시키는 제11단원의 「일본국日本の国」, 상선과 군함, 증기선을 비롯하여 수많은 배들이 모여 있는 근대화되고 발전된 자국의 항구를 칭송하고 있는 제19단원의 「항구港」 등, '애국'이나 '부국' 그리고 '국토 미화'를 위한 노래들이 대거 배치되어 있다.

마지막인 제20단원의 「숫자풀이 노래かぞへ歌」는 충의·보은·효행·형제우애·신의·위생·애국심·정직·배움의 중요성 등, 1절부터 10절까지의 가사를 통해 '교육칙어'에서 강조하고 있는 덕목들을 거의 다 배치한 『심상소학창가』 3학년용의 종합적인 성격의 노래이다.

▶ 『심상소학창가』 4학년용

표 14. 『심상소학창가』 4학년용 가사 분석표

단원	곡명	내용	주요색채	음계	박자	비고
1	봄의 시냇물 (春の小川)	따스한 봄날의 시냇가의 정경을 묘사	자연찬미 계절	장	4/4	『독창』-10 ♪♩
2	사쿠라이 이별 (桜井のわかれ)	천황에 충성하는 구스노키 마사시게, 마사쓰라 부자의 사쿠라이 이별 노래	충군애국	장	4/4	♩.♪♩
3	시골의 사계절 (ゐなかの四季)	시골의 사계절 풍경을 평화롭게 묘사	근로생활 식산칭송	장	4/4	♩.♪♩
4	야스쿠니신사 (靖国神社)	나라와 천황을 위해 목숨 바친 이들은 야스쿠니신사에 모셔지며 명예는 세상에 남는다는 내용	충군애국	장	2/4	♩.♪♩
5	누에 (蚕)	시골 소녀가 열심히 정성 다해 누에를 쳐 풍성한 성과를 올린 내용	교훈적	장	4/4	♩.♪♩
6	등나무 꽃 (藤の花)	등나무 꽃을 둘러싸고 있는 주변의 정경을 노래함	자연찬미	장	4/4	♪♬♪
7	소가 형제 (曾我兄弟)	가마쿠라시대의 군기 소설로 소가형제가 아버지의 원수를 갚는 이야기	효행 전쟁미화	장	2/4	♪♬♪
8	집안의 가문 (家の紋)	충의의 구스노키부자 가문, 효행의 소가 가문, 학문의 신으로 모셔진 스가와라 미치자네 가문 등 훌륭한 가문과 그에 따른 문양에 대한 노래	충군애국	장	2/4	『독창』-11 ♪♪
9	구름 (雲)	아름다운 자연에 따라 아름답게 변하는 구름을 묘사함	자연찬미	장	4/4	♪♬♪
10	어선 (漁船)	힘차게 노 저어 항구를 출발하여 석양의 앞바다에 만선이 되어 돌아오는 고깃배를 노래	근로생활 식산칭송	장	2/4	♩.♪♩
11	모든 것은 정신 (何事も精神)	무엇이든지 쉬지 말고 한눈팔지 말고 끊임없이 힘써야함을 강조하면서 강한 정신력의 중요성을 노래함	교훈적	장	2/4	『독창』-13 ♪♬♪
12	히로세 중령 (広瀬中佐)	대포소리와 날아오는 총알 속에서도 끝까지 부하를 구하려는 모습과 결국 군신으로서의 이름을 남긴 히로세 중령의 이야기	충군애국 전쟁미화	장	4/4	♩♩
13	버섯 따기 (たけがり)	친구들과 손바구니 들고 뒷산으로 버섯 따러가는 정겨운 가을 풍경 묘사	자연찬미	장	2/4	♩.♪♩

단원	곡명	내용	주요색채	음계	박자	비고
14	서리 (霜)	서리 내린 들판의 정경을 노래함	자연찬미	장	4/4	♩.♪♩
15	하치만 다로 (八幡太郎)	헤이안 후기 장군인 미나모토 요시이에에 대하여 노래	충군애국 무용칭송	장	4/4	♩.♪♩
16	마을의 대장간 (村の鍛冶屋)	마을의 대장간이 쉼 없이 나태의 적과 매일매일 싸우며 부지런히 일함으로 날로 번창한다는 내용	교훈적	장	2/4	♩.♪♩
17	눈싸움 (雪合戦)	아이들의 해맑은 눈싸움의 모습을 정겹게 노래함	전쟁미화	장	2/4	♩.♪♩
18	오미 팔경 (近江八景)	국토의 아름다움을 읊은 노래로 비와호수 남부에 있는 여덟 곳 경치	애국 국토미화	장	4/4	♩♩
19	쉬지 말고 노력하라 (つとめてやまず)	힘써 쉬지 말고 땀 흘리며 연마하는 것은 나라를 위한 일이며 천황의 명령을 잊지 말 것을 강조하면서 이는 번영하는 나라의 국민으로서 그리고 사람으로서의 도리임을 표현	애국 교훈적	장	4/4	♩.♬♪
20	다치바나 중령 (橘中佐)	나라와 육군의 명예를 위해 목숨을 바쳐 싸운 다치바나 중령을 노래	충군애국	단	4/4	『독창』-14 ♩♩

4학년용 가사는 총 20곡 중 자연 찬미나 계절 관련 내용이 5곡, 무용 칭송·애국 및 충군애국·국토 미화·전쟁 미화 등의 내용을 노래한 것이 9곡, 그리고 교훈적·수신적 덕목을 담고 있는 노래가 6곡으로 구성되어있다. 3학년용의 내용과 비교하여 그다지 큰 변화는 보이지 않으나, 역사상의 인물의 등장 횟수가 늘어난 점이 두드러진다. 주인공들은 나라를 위해 목숨을 바치거나 천황에게 충성한 자들이며, 3학년용에서의 2곡에 비하면 배 이상의 증가폭을 보인다. 예를 들어 천황에 충성한 구스노키 부자를 다룬 제2단원의 「사쿠라이 이별桜井のわかれ」은 남북조 시대의 무장이었던 구스노키 마사시게가 그의 아들인 마사쓰라(正行)를 집에 돌려보내는 상황을 묘사한 사쿠라이에서의 이별을 노래하고 있다. 구스노키 부자는 충신의 대표적인 인물

로서 일본 최초 초등학교 음악 교과서인 『소학창가집』(1871) 안에서도 무게감 있게 다루어지고 있는 인물이다. 또한 제12단원의 「히로세 중령広瀬中佐」과 제20단원의 「다치바나 중령橘中佐」은 러일전쟁 당시 목숨을 바친 인물을 묘사한 노래이다. 대포 소리와 날아오는 총알 속에서도 끝까지 부하를 구하려는 모습과, 결국 군신으로서 세상에 이름을 남긴 히로세 중령, 그리고 위의 가사에서처럼 나라와 육군의 명예를 위해 죽어야할 때를 알고 목숨을 바쳐 싸운 다치바나 중령, 그야말로 이들은 온몸으로 충성을 다하는 충군애국의 충실한 모델로서 음악 교과서 안에서 생생하게 되살아난 인물들이다. 이러한 충군애국 관련 인물들은 제4단원의 「야스쿠니신사靖国神社」의 내용에서처럼 군신으로 모셔지며 신격화된다. 그 외에도 수신적·교훈적 덕목을 담고 있는 노래로는 제11단원의 「모든 것은 정신何事も精神」, 제19단원의 「쉬지 말고 노력하라つとめてやまず」, 제5단원의 「누에蚕」, 제16단원의 「마을의 대장간村の鍛冶屋」 등을 들 수 있다.

▸ 『심상소학창가』 5학년용

표 15. 『심상소학창가』 5학년용 가사 분석표

단원	곡명	내용	주요색채	음계	박자	비고
	갈고 닦지 않으면 (みがかずば)	보석과 마찬가지로 배움의 길도 갈고 닦아야함을 노래함	교훈적	장	4/4	♩♩♩
	금강석·물은 용기처럼 (金剛石·水は器)	금강석도 갈고 닦아야 빛이 나는 것처럼 사람도 배우지 않으면 덕을 쌓을 수 없다는 내용과, 사람은 사귀는 친구에 따라 좋게도 나쁘게도 변한다는 내용의 노래	교훈적	장	4/4	♩♩♩♩

단원	곡명	내용	주요색채	음계	박자	비고
1	야마타 오로치 (八岐の大蛇)	기기신화 이야기로 스사노오노미코토가 뱀을 퇴치하여 꼬리에 있는 아마노무라쿠모노쓰루기를 얻었다는 전설 이야기	충군애국 국체 황실칭송	장	4/4	♩ ♩ ♩. ♪
2	춤추어라 노래하라 (舞へや歌へや)	화조풍월 자연을 노래함	자연찬미	장	4/4	♪ ♪ ♪ ♪
3	고이노보리 (鯉のぼり)	연중행사 중의 하나인 단오절을 묘사한 노래	교훈적	장	4/4	♬♬ ♩. ♪
4	운동회 노래 (運動会の歌)	몸과 마음을 단련하여 운동회 때 힘껏 발휘한다는 내용	교훈적	장	2/4	♪. 𝅘𝅥𝅯 ♪. 𝅘𝅥𝅯
5	가토 기요마사 (加藤清正)	아쓰치 모모야마 시대의 무장 기요마사의 용맹스러움	충군애국	장	2/4	♪. 𝅘𝅥𝅯 ♪ ♪
6	바다 (海)	바닷가의 낮과 밤의 모습을 서정적으로 읊은 내용	자연찬미	장	3/4	♪ ♪ ♩ ♩
7	납량 (納涼)	무더운 여름밤 한자리에 모여 더위를 식히는 한가로운 모습	자연찬미 계절	장	4/4	♩. ♪ ♩ ♩
8	인내 (忍耐)	물이 흘러 바다가 되듯이 우리 몸에 닥치는 고통 쌓여도 인내하여 시험해 보자는 내용	교훈적	장	4/4	♩. ♪ ♫ ♫
9	새와 꽃 (鳥と花)	새가 된다면 종달새와 기러기로, 꽃이 된다면 벚꽃과 국화로 피어 봄과 가을을 꾸미고 싶다는 내용	자연찬미	장	4/4	♩. ♪ ♩ ♩
10	간코 (菅公)	헤이안 전기 시대 귀족 스가와라 미치자네가 유배지로 가 죽음을 맞는 가련함을 묘사	충군애국	단	4/4	𝅗𝅥 ♩ ♩
11	세 재녀 (三才女)	천황과 황후의 말씀의 영원함을 노래함	교훈적	장	4/4	♩. ♪ ♩ ♩
12	닛코산 (日光山)	닛코산의 아름다움과 신사의 눈부신 화려함을 노래하며 외국인조차도 낙원인 일본에 탄복한다는 내용	애국 국토자랑	장	4/4	♩. ♪ ♩ ♩

단원	곡명	내용	주요색채	음계	박자	비고
13	겨울 풍경 (冬景色)	아침 안개 낀 항구의 모습과 보리 밟는 모습의 들판을 묘사하여 겨울의 풍경을 노래함	자연찬미	장	3/4	♩ ♩ ♩ ♩. ♪ ♩
14	입영을 배웅하며 (入営を送る)	대장부로 자라 국가를 지키고 천황의 군대로서 명예로운 의무를 다하기 위해 부름을 받은 너야말로 명예롭다는 내용	충군애국 무용칭송 전쟁미화	장	4/4	♩. ♪ ♩ ♩
15	스이시에 회견 (水師営の会見)	러일 전쟁에서 항복한 러시아군 사령관과 노기 장군과의 회견이 이루어진 스이시에 회견 모습을 묘사한 노래	충군애국 전쟁미화 무용칭송	단	4/4	♩. ♪ ♩ ♩
16	사이토 사네모리 (斉藤実盛)	헤이안 말 무사 사이토 사네모리의 용맹스러움이 후세에까지 전해져 그의 용감함을 칭송하는 내용이 묘사됨	충군애국 무용칭송	장	4/4	♩ ♩ ♩ ♩. ♪ ♩ ♩
17	아침의 노래 (朝の歌)	밝고 힘찬 아침 해 뜨고 어부는 어부대로, 송아지 좇으며 산에 오르는 소녀는 소녀대로, 마을 공장의 기계가 힘차게 도는 희망찬 하루를 시작하자는 내용	교훈적 근로생활	장	2/4	♪ ♬ ♪ ♪
18	디이토노미야 (大塔宮)	다이토노미야 친왕이 가마쿠라로 유배되었을 때 다다요시의 명으로 죽음을 맞이한 사건을 애도한 노래	충군애국	단	6/8	♩ ♪ ♩ ♪
19	졸업생을 떠나보내는 노래 (卒業生を 送る歌)	평소의 노력에 대한 보람을 보이는 졸업생들의 영광스런 기쁜 날 상급생의 길을 따라 우리도 배움을 마치고 졸업생들이 간 훌륭한 길을 뒤따른다는 내용을 노래함	교훈적	장	4/4	♩. ♪ ♩ ♩

5학년용은 메이지 천황의 황후가 지은 '쇼켄 황태후 어가(昭憲皇太后御歌)'인 「갈고 닦지 않으면みがかずば」과 「금강석金剛石·물은 용기처럼水は器」으로 시작되고 있다. 이 두곡은 모두 배움의 중요성

을 노래하고 있으며, 단원의 번호 없이 단독으로 게재되어있다. 총 21곡이 수록되어 있는 전체적인 구성은 자연 찬미나 계절에 관련된 내용을 묘사하고 있는 노래는 5곡, 애국·국체·국토 자랑 등, 충군애국 관련 노래는 8곡, 배움·인내·근면 등의 교훈적 덕목을 내용으로 하는 노래가 8곡으로 이루어져있다. 위의 분류된 가사의 내용들을 구체적으로 살펴보면 다음과 같다.

일본 건국 신화에 나오는 이야기를 다룬 제1단원의 「야마타노 오로치八岐の大蛇」는 머리와 꼬리가 각각 여덟 개 달린 전설상의 큰 뱀을 스사노오노미코토(須佐之男命)가 퇴치하여 아마노무라쿠모노쓰루기(天叢雲剣)라는 검을 얻었다는 내용을 묘사하고 있다. 일본 황실의 신성성과 국체로서의 천황의 절대성을 보장해주는 일본의 건국 신화 이야기의 노래인 것이다. 그런가 하면 러일전쟁에서 승리한 일본과 러시아와의 회견을 다룬 제15단원의 「스이시에 회견水師営の会見」은 러일전쟁 당시 제3군사령관으로 뤼순을 함락시킨 일본 영웅의 한 사람인 노기 마레스케(乃木希典) 장군이 러시아군 사령관과 스이시에에서 회견하는 모습을 9절에 걸쳐서 묘사한 내용이다. 일본의 무용에 대한 칭송, 전쟁으로 두 아들을 읽어버렸지만 국가를 위해 값있게 죽을 기회를 얻어 기쁘다는 노기장군의 충성심, 천황의 말씀을 전할 때 러시아군 사령관이 황송해 하며 감사해한다는 내용 등, 일본의 우월성을 비롯하여 충군애국 관련 내용들을 다루고 있다.

그 외에 대장부로 자라 국가를 위해, 그리고 천황의 군대로서 명예로운 의무를 다하기 위해 국가로부터 부름을 받는 것이 더없이 명예롭다는 내용을 나타내고 있는 군사 관련 노래인 제14단원의 「입영을 배웅하며入営を送る」, 근면과 인내의 덕목을 노래한 제8단원의 「인내忍耐」와 제17단원의 「아침의 노래朝の歌」, 뿐만 아니라 제12단원의 「닛코산日光山」에서처럼 일본 국토의 눈부신 아름다움에 외국인조차도 탄복하고 만다는 애국적 국토 자랑, 즉 국민 만들기의 중요 요소 중의 하나인 국토의식 확보를 위한 노래까지, 교훈적이며 훈육적인 메시지가 노랫말이 되어 아동들에게 교육되어져 갔다.

▶ 『심상소학창가』 6학년용

표 16. 『심상소학창가』 6학년용 가사 분석표

단원	곡명	내용	주요색채	음계	박자	비고
1	메이지 천황이 지은 시문 (明治天皇御製)	학문의 길, 신의의 길, 사람의 도리 등을 노래함	교훈적	장	4/4	♩♩♩♩♩
2	고지마 다카노리 (児島高徳)	가마쿠라 말기 호족 고지마 다카노리의 고다이고천황에 대한 충정	충군애국	단	4/4	♩.♪♩♩
3	으스름한 달밤 (朧月夜)	으스름달밤의 정경을 묘사한 내용	자연찬미	장	3/4	♩.♪♪♪
4	나는 바다아이 (我は海の子)	바다에서 태어나 자란 나는 강한 훈련을 통해 어떠한 고난과 어려움도 이겨낼 수 있으며 그러한 나는 군함을 타고 나가 우리나라를 지킨다는 내용	전쟁미화 충군애국 무용칭송	장	4/4	♩.♪♩♩
5	고향 (故郷)	뜻을 이루기 위해 떠나온 부모님과 고향을 그리는 노래	교훈적	장	3/4	♩♩♩♩.♪♩
6	출정병사 (出征兵士)	나라 위해 출정하는 아들에게 총탄에는 죽어도 병으로는 죽지마라는 내용, 의용의 의무를 위해 용맹스럽게 군에 들어가는 형을 뒤따를 것, 목숨 바쳐 적을 무찌르고자 나아가는 병사를 배웅하는 가족의 아름답고 씩씩한 이별	충군애국 무용칭송 전쟁미화	장	2/4	♩.♪♩

단원	곡명	내용	주요색채	음계	박자	비고
7	연못 (蓮池)	아침저녁 연못의 정경을 묘사	자연찬미	장	6/8	♩ ♪ ♩ ♪
8	등대 (灯台)	캄캄한 밤에 멀리 선로를 지키는 등대 불빛의 고마움을 노래함	교훈적	장	4/4	♩. ♪ ♩ ♩
9	가을 (秋)	잠자리 노니는 한가로운 가을 날 들로 산으로 뛰노는 아이들의 모습을 묘사	자연찬미	장	6/8	♩ ♪ ♩ ♪
10	개교기념일 (開校記念日)	경사스럽게 시작된 학교 첫 해를 축하하여 영원히 번창하기를 바라는 내용	교훈적	장	4/4	♩. ♪ ♩ ♩
11	동포 모두 육천만 (同胞すべて六千万)	북쪽 사할린 쿠릴반도에서 조선 팔도, 대만까지 통틀어 대군이 이끄는 나라 천황의 거룩한 위광 우러러보는 동포가 모두 육천만이라는 내용	충군애국 국체강조	장	2/4	♪. 𝅘𝅥𝅯 ♪ ♪
12	사계절의 비 (四季の雨)	계절마다 내리는 비의 모습을 아름답게 묘사한 노래	자연찬미	장	3/4	♩ ♩ ♫ ♩ ♩ ♩
13	일본해 해전 (日本海海戦)	일본 해군의 공격을 받아 침몰당하고 도망가는 적군을 뒤쫓아 격투시켜 전멸시키는 제국의 승리를 노래	충군애국 전쟁미화	장	3/4	♩. ♪ ♪. 𝅘𝅥𝅯 ♩ ♩ ♪. 𝅘𝅥𝅯
14	가마쿠라 (鎌倉)	가마쿠라의 역사와 그 주변 정경을 아름답게 묘사	애국	단	4/4	♩. ♪ ♩ ♩
15	신년 (新年)	새해를 맞이하여 설날의 경사스러운 행사, 놀이, 음식 등을 묘사함	교훈적	장	6/8	♩. ♩ ♪
16	국산의 노래 (国産の歌)	대일본제국의 68국의 영토와 조선까지 더하여 훌륭한 국토임을 노래하면서 7절까지 어류의 무한한 자원과 우수한 광갱, 양잠업, 견직물 산지, 도자기 산지, 칠기 산지, 방적사 산지 등을 묘사하고 수출이 해마다 늘어 세계 각국이 모두 시장이며 더욱더 산업에 힘써 국가의 부를 늘리라는 내용	애국 식산칭송	장	2/4	♪. 𝅘𝅥𝅯 ♪ ♪

단원	곡명	내용	주요색채	음계	박자	비고
17	밤 매화 (夜の梅)	밤에 핀 매화의 향기 그윽함을 노래함	자연찬미	장	6/8	♩♪♩♪
18	아마테라스 오미카미 (天照大神)	나라의 기초를 정하신 아마테라스 신의 말씀의 변함없으심과 신의 은총, 빛나는 천황의 위광 등 지금이나 옛날이나 아마테라스 신이 천하를 다스리신다는 내용의 노래	황실칭송 국체강조	장	4/4	♩.♪♩♩
19	졸업의 노래 (卒業の歌)	나라의 법도가 되는 배움의 길 6년을 마친 기쁨과 스승의 은혜	교훈적	장	4/4	𝅗𝅥♩♪♪

6학년용의 경우는 5학년용과 거의 비슷한 편성으로 총 19곡 중, 자연 찬미나 계절을 다룬 내용이 5곡, 애국·국체 강조·충군애국·황실 칭송 등의 내용이 8곡, 그리고 교훈적 내용이 6곡으로 구성되어 있다. 두드러진 특징이라면, 고학년이기는 하나 각 단원들의 문장이 문어체를 많이 사용하고 있으며, 양적으로도 꽤 긴 내용으로 특히 군사나 전투 관련 노래의 경우는 길게는 8절까지 이어지는 장편의 가사로 이루어져 있다는 점이다.

가사의 내용을 구체적으로 살펴보면, 먼저 메이지 천황이 직접 지은 시문인 제1단원의 「메이지 천황이 지은 시문明治天皇御製」은 학문의 길, 신의의 길, 사람의 도리 등의 교훈적 내용을 3절로 나누어 제시하고 있다. 그리고 이를 음악 교과서의 첫 단원에 배치시킴으로써 아동들의 정신 무장에 강력한 임팩트를 주고 있다. 6학년용에는 이와 같은 강력한 이미지의 제목들이 눈에 띄는데, 제6단원의 「출정병사出征兵士」, 제11단원의 「동포 모두 6천만同胞すべて六千万」, 제13단원의 「일본해 해전日本海海戦」 등이 그 대표적이라 할 수 있다.

먼저 제6단원의 「출정병사出征兵士」의 가사를 보면, 나라를 위해

출정하는 아들에게 총탄에는 죽어도 병으로는 죽어서는 안 된다는 부모의 바람이나, 의용의 의무를 위해 용맹스럽게 군에 들어가는 형을 뒤따르고자 하는 아우의 모습, 나아가 목숨 바쳐 적을 무찌르기 위해 출정하는 병사를 배웅하는 가족의 이별 장면이 아름답다고 칭송하는 내용 등을 6절에 걸쳐 길게 서술하고 있다. 그런가 하면 제13단원의 경우처럼, 적군 함대를 침몰시킬 뿐만 아니라 도망가는 적군마저 뒤쫓아 전멸시키고는 '제국 만세 만만세'를 외친다는 내용은 일본 해군의 강력한 군사력과 제국으로서 뻗어나가는 일본을 힘 있게 묘사한 부분이라 하겠다. 그리고 제11단원의 「동포 모두 6천만同胞すべて六千万」은 7절까지 이어지는 장편의 노래로, 북쪽 사할린 쿠릴반도에서부터 조선 팔도, 대만까지 이 모두가 대군이 이끄는 나라이며 천황의 거룩한 위광을 우러러 보는 동포가 모두 육천만이나 된다는 내용의 노래이다. 그야말로 제국으로서의 일본의 위상을 묘사하고 있으며, 그 모든 것의 정점을 '교육칙어'를 내려주신 천황의 말씀으로 맺고 있다.

제16단원의 「국산의 노래国産の歌」는 대일본제국의 68개국의 영토와 더 나아가 조선까지 훌륭한 일본의 국토임을 시작으로, 더욱 더 산업에 힘써 국가의 부를 늘려야 함을 강조하는 내용이 7절까지 이어진다. 마지막으로 제18단원의 「아마테라스 오미카미天照大神」는 일본 황실의 조상신으로서 나라의 기초를 정하신 아마테라스 오미카미의 영원함과 그 자손인 빛나는 천황의 위광 등, 일본 국체의 존귀함을 유감없이 묘사하고 있다. 이렇게 6학년용의 노래 안에는 충군애국과 국체를 중핵으로 하는 메이지적 이데올로기를 표상하는 가사들이 아동들의 정신적 무장을 위해 동원되었던 것이다.

◆ 가사에 나타난 신민화 양상

이상으로 『심상소학창가』 1학년용에서 6학년용까지의 가사의 내용을 살펴보았다. 이 장에서는 앞에서 검토한 내용을 바탕으로 각 학년마다 가사 속에 담겨져 있는 신민화를 위한 국가적 의도가 어떻게 제시되고 있는지 그 양상을 살펴보고자 하였으며, 내용은 다음과 같다.

제2기 국정교과서 시대는 근대부터 시작된 일본의 공교육에 국가주의와 군국주의적 색채가 농후해지는 시기였다. 특히 수신 교과서와 국어 교과서의 내용은 가족적 국가 윤리가 중시되는 국민 도덕을 강조·강화시켜 나갔으며, 이는 음악 교육에 있어서도 그 방향성을 동일화 시켜갔다. 1907년 <소학교령>이 개정되어 초등학교는 창가를 필수과목으로 정하게 된다.[62] 그리고 1911년부터 초등학교의 창가 교과서는 국정교과서에 준하는 위치를 부여받게 되고, 이로써 전국적으로 창가 교육의 통일을 이루며 '충효의 대의'를 중심으로 하는 유교주의적 교육을 위한 훈육 도구로서의 역할을 본격적으로 하게 되었던 것이다.

실제로 당시 음악 교과서인 『심상소학창가』 1학년용부터 6학년용까지 총 120곡 안에는 국가주의 군국주의적 색채의 노래와, 교훈적이며 수신적인 내용의 노래가 대부분이다. 이들의 내용을 크게 3개의 덕목으로 구분하여 학년별로 그 분포의 정도를 살펴보았을 때, 국가주의 군국주의적 내용과 교훈적 수신적 내용 관련 노래를 함께 포함시켜 다룬 분포도는 각 학년에서 적게는 50%에서 많게는 76%까지의 압도적인 수치를 차지하고 있다. 즉 <표 17>을 통해 분명한 것은 그 당시에 국가가 요구하는 바람직한 국민이 무엇을 갖추어야하는지가 선명하게 부각되어 있다는 것이다.

표 17. 『심상소학창가』 학년별 중심주제 분포표

중심주제	1학년	2학년	3학년	4학년	5학년	6학년
자연찬미 계절	10/20 (50%)	9/20 (45%)	5/20 (25%)	5/20 (25%)	5/21 (23.8%)	5/19 (26.3%)
충군애국 전쟁미화 국체	4/20 (20%)	4/20 (20%)	10/20 (50%)	9/20 (45%)	8/21 (38%)	8/19 (42.1%)
교훈적 수신적 내용	6/20 (30%)	7/20 (35%)	5/20 (25%)	6/20 (30%)	8/21 (38%)	6/19 (31.6%)

내용을 구체적으로 살펴보면 국가주의 군국주의를 교육시키기 위한 자료로서는 1학년 제1단원에 국기로서의 일장기를 배치하여 아동의 마음에 군국 일본이라는 강한 임팩트를 주는 것으로부터 시작되고 있다. 이어서 황실을 상징하는 국화 관련 소재, 교육칙어의 핵심으로서의 국체 강조와 충군애국을 노래한 천황폐하, 스이시에 회견, 야스쿠니 신사, 일본해 해전 그리고 히로세 중령, 다치바나 중령, 충신의 전형으로서의 구스노키 부자, 국가적 영웅의 모델로서의 도요토미 히데요시, 근대 군인의 전형으로서의 노기 장군, 국민의 규범으로서의 메이지 천황까지 다양한 영웅들을 모델로 등장시키고 있다.

그런가 하면 강한 정신주의를 요구하며 교훈적·수신적 관련 자료로서 등장시킨 니노미야 긴지로는 뜻을 세워 고난을 참고 정진하여 그 뜻을 이룬 입지전적인 사람의 모델로서 그 역할을 담당하고 있다. 절대적 권위로서의 메이지 천황도 학문·신의·인간의 도리를 강조하는 모델로 배치되어있다. 뿐만 아니라 이러한 정신의 중요성을 가르치기 위해 동물을 등장시키기도 하는데, 「개구리와 거미蛙と蜘蛛」, 「부모님 은혜親の恩」에서처럼 '하찮은 곤충도 그러한데 하물며 사람에 있어서야'라는 형식을 취하여 그 정도를 심화시키기도 한다. 또한「모든 것은 정신何事も精神」,「쉬지 말고 노력하라つとめてやまず」의 내용과 같은 강한 정신력의 연마는「마을 대장간村の鍛冶屋」으로 이어지고 있는 것을 볼 수 있다. 즉 이는 자기 직업에 대해 자긍심을 갖고 부지런히 힘써 일하며 노력한다는 직업의식으로 의미를 확대 해석한다면, 분명 메이지 국민에게 교육시키기 위한 좋은 자료로서의 노랫말임에 틀림없다고 할 수 있을 것이다.

요컨대 메이지 국가는 국민의 신민화를 위해 충군애국·황실 칭송·국체 강조·전쟁 미화 등과 같은 국가주의와 군국주의적 색채를 띠는 내용들과, 효·신의·권학·근면성·식산 칭송·근로생활·근면노력 등과 같은 강한 정신력을 연마시키기 위한 덕목들이 필요했다. 그리고 이와 같은 덕목들의 내면화를 위해 모델로서의 다양한 역사적 인물들과 신화·전쟁 미담·공적 관련 내용들을 국가의 통제 하에 선택하여 편성·배치시킨 음악 교과서를 통해 권력이 작동하는 근대적 장치(=학교) 안에서 아동들을 훈육해갔던 것이다.

'국민'에서 '신민'으로의 변용

이상에서 메이지의 국민이 신민화 되어가는 과정을 메이지 정부가 제시하는 근대 국민상에 초점을 맞추어 살펴보았다. 먼저『소학창가집』전 3편의 가사를 분석한 결과는 다음과 같다. 신민화 작업을 위한 프로젝트들, 즉 군인칙유, 일련의 학교령, 메이지헌법, 교육칙어 등으로 이어지는 제도적 발판의 여명기에 성립된『소학창가집』은 천황제 이데올로기 확립이라는 메이지 교육정책의 궁극적 목표점을 향해 절대적 장(場)로서의 학교에서 아동들에게 교육되어갔다. 즉 메이지 정부가 제시하는 '국민상=신민'의 모습이 『소학창가집』 내의 91개 곡의 가사 속에 그대로 반영되어 있었음을 알 수 있었다. 이 작업을 위해 가사의 내용을 세 유형, 순수 화조풍월형(Ⅰ), 천황치세 및 충군애국형(Ⅱ) 그리고 도덕적 교훈 및 권학형(Ⅲ)으로 분류하여 분석하였으며, 그 결과 중에 특히 '천황치세 및 충군애국형'은 41.8%라는 높은 수치를 차지하면서 메이지의 지배적 이데올로기를 표상하고 있었다. 뿐만 아니라 여기에 '도덕적 교훈 및 권학형'의 27.4%를 포함시킬 경우 69.2%라는 높은 점유율을 나타내는데, 이 수치는 당시의 음악 교육의 도달점인 덕성함양, 그것도 일반적 미적 도야를 의미하는 덕성함양이 아닌 절대 천황제로 표상되는 메이지적 이데올로기를 향한 굴절된 덕성함양을 아동들에게 유도하였음을 가늠하게 해주는 결과라고 하겠다. 또한 메타포적 화조풍월형의 가사에서도 그러한 메이지 정부의 메시지가 내재되어있음을 읽어낼 수 있었으며, 이와 같은 가사의 내용을 통해 메이지 정부의 신민화 프로젝트의 의도성을 확인할 수 있었다. 즉 근대 일본 최초 음악 교과서인 『소학창가집』은 국민국가의 국민 통합장치의 하나인 학교 안에서 국민국가 창출을 위한 핵심 작업의 하나인 '국민 만들기=신민화' 프로젝트를 위한 것이었다. 다시 말해 『소학창가집』은 신민화 프로젝트를 실행하기 위해 교육의 하위 대상인 아동들의 의식 통합에 그 목적을 두고 있었으며, 이를 위한 도구로서 이용되었던 것이다.

또한 『소학창가집』 전편의 선율과 리듬에 대한 분석을 통해 그 속에 내재되어있는 음악적 감정 가치도 살펴보았으며 다음과 같은 결과를 확인할 수 있었다. 우선 91곡 중에서 70곡이 장조 음계로서

76.9%에 달하고 있었으며, 4분의 4박자의 곡도 51곡인 56%를 차지하고 있었다. 그런가 하면 리듬은 고정적인 리듬의 배열이 두드러지지만 점차 리듬의 진화를 통해 유동적인 리듬으로 변화하는데, 그러한 리듬의 변화는 메이지가 설정한 창가 교육의 목적을 위한 것이었다고 할 수 있다. 즉 메이지는 아동들의 교육을 위해 씩씩하고 건전한 심신을 양육시키는 긍정적 메시지의 선율인 장조 음계를 필요로 했으며, 근대 메이지의 규격에 맞는 국민을 만들어내는 박자로써, 그리고 규율화된 사회 속에서의 신체적 통제를 위한 근대적 리듬으로써 위와 같은 음악적 편성을 필요로 했던 것이다. 이러한 음악적 편성은 위에서도 언급한『소학창가집』전 3편의 가사 내용의 덕목 분포 수치, 특히 충군애국 관련 노래(41.8%)와 도덕적 교훈·권학 관련 노래(27.4%)를 합친 69.2%라는 수치와 더불어, 인의충효의 봉건윤리를 교육의 도달점으로 삼고 있었던 메이지 정부의 의도성을 읽어낼 수 있는 분석 데이터라고 할 수 있을 것이다. 이상과 같이『소학창가집』에 내재되어 있는 음악의 구조적 요소들은 가사의 내용과 함께 메이지 아동의 의식의 통제·신체의 통제를 가능하게 하는 힘을 갖고 있었으며 그 힘은 메이지적 이데올로기, 즉 절대 천황제의 틀을 위한 기제로 작용하였다. 그리고 이것은 메이지 정부의 '국민국가 구축'의 핵심 작업 중의 하나인 '국민 만들기=신민화' 프로젝트를 위해서 메이지 공권력의 의도대로 국민 통합장치의 하나인 학교 안에서 아동들에게 교육되어갔던 것이다.

한편 일본 최초 유아용 음악 교과서인『유치원창가집』에 실린 29곡의 가사와 선율을 살펴본 결과는 다음과 같다. 1890년대 전후의 메이지 국가는 국민국가로서의 골격 구성이 이루어져가는 한가운데에 위치하며, 그 구체적인 실천이 교육면에서도 강력하게 표출되었다. 즉 <학제>의 서문에서 밝히고 있는 '몸을 다스려 지(知)를 열어 재능을 뛰어나게 하'는 교육 의식의 방향은 '충효를 근본으로 하고 인의를 우선으로 하'는 교육 의식으로 그 방향을 굴절시켜갔다. 그리고 그것의 발로로써 1890년에 발포된 '교육칙어'는 메이지적 이데올로기를 향한 학교 교육의 방향성에 강력한 임팩트를 부여하는 완벽한 장치였다. 이와 같이 유교적 덕육교육주의로의 교육 정책 전환의 흐름 속에서 탄생한 『유치원창가집』은 취학 전 유아의 덕육 교육을 위한 도구이면서 신민화 창출이라는 커다란 국가적 사업에 일익을 담당하는 텍스트였다. 29곡의 대부분의 가사는 권학·복종·군사·근면·신의·인내·정의·천황치세·보은·효행 등과 같은 덕목을 전달하는 메시지였으며, 덕육함양을 위한 직·간접적 수사였음을 분석을 통해 확인할 수 있었다. 또한 메이지 국가가 지향하는 국민(=신민)의 생활적 템포를 아동들에게 체득시키기 위하여 『유치원창가집』 내의 음악적 감정 가치를 국가가 추구하는 생활적 템포와 동일화시켰으며, 1890년대 전후에 국가가 요구하는 신체적 통제를 위해 동원된 템포로써, 신민화 작업을 위한 교육 대상의 최하위 단위인 유아들에게 교육되어져갔음도 분석을 통해 알 수 있었다. 음악 교육의 본질은 미가 주체이어야 함은 두말이 필요가 없다. 그러나 『유치원창가집』은 그 본질을 무시한 채, 메이지를 이끌고 있던 어른들의 시각을 통한 접근이라는 모순성을 드러내면서 메이지 국민(=신민)을 만들어내기 위한 기제적 역할을 담당하였던 것이다.

그런가하면 『심상소학창가』 전 6권 안에서도 신민화 작업이 구체적으로 이루어지고 있었음을 알 수 있었다. 오늘날 일본인들이 생각하는 '창가'의 기초를 만들었다고 여겨지는 『심상소학창가』는 『심상소학국어독본』의 부교재의 성격을 갖고 있던 『심상소학독본창가』를 그 원형으로 하고 있다. 따라서 순수한 음악 교재라기보다는 독본 학습의 효과를 증진시키기 위한 부 텍스트적 성격이 강했다는 점이다. 이에 따라 독본 안에 실어놓은 메이지 국가의 이데올로기는 다시 노래라고 하는 음악적 행동을 통해 반복 학습되었으며, 이러한 상황에 노출되어 있던 아동들은 자연스럽게 국가가 제시하는 틀 안으로 포섭되어 갈 수밖에 없었다. 또한 『심상소학창가』가 제2기 국정 교과서로서의 대우를 받았던 만큼, 전국적으로 통일된 동일한 음악을 아동들에게 동일하게 실천하였다는 점에서 메이지기 이데올로기의 내면화의 성과를 짐작할 수 있게 해준다. 실제로 『심상소학창가』 1학년용부터 6학년용까지 총 120곡 안에는 메이지 국가의 이데올로기를 표상하는 주제들을 노랫말 속에 가득 담고 있었다. 주로 국가주의·군국주의의 색채를 띤 충군애국·전쟁 미화·황실 칭송·국체 강조 등의 덕목들과, 강한 정신주의를 주입시키기 위한 효·신의·근면·권학·노력·근로 생활 등을 주제로 한 내용들이 적게는 50%에서 많게는 76%까지 차지하고 있었다. 요컨대 『심상소학창가』 전 6권은 메이지 국가에 의해 선택되고 관리되어 편성된 가사를 통해 아동들을 통제하였으며, 그 결과 메이지 아동들은 신민화를 위한 국가의 의도대로 신민의 규격을 갖추어갔던 것이다.

이렇게 메이지 정부는 당시의 아동들을 미시적 권력으로 작동하고 있던 메이지의 강력한 이데올로기, 즉 천황제 이데올로기를 통해 교육의 '장' 안에서 근대 국민국가의 '근대 국민'으로서가 아닌 '신민'으로 만들어갔던 것이다.

4

‘철도창가’를 통해 본 메이지의 근대적 공간화

■

근대 일본의 공간적 경계인식

오늘날 지구상에는 수많은 나라들이 존재하는데 그 수는 대략 200여 개국[1]이 넘는 것으로 추정되고 있다. 이들은 모두 자국의 공간적 한계성을 나타내는 국가 간의 분할선, 즉 국경을 소유하고 있으며 이는 한눈에 볼 수 있도록 세계지도로서 가시화되어 있다. 이러한 영토국가의 형성은 정치적으로는 절대 왕권과 경제적으로는 세계경제 대두, 그리고 근대적 과학과 철학이 형성되던 바로크 시대, 다시 말하면 중세와 결별하고 근대로 이동하면서 시작되었으며, 이러한 움직임은 공간적 경계에 대한 인식이 싹트면서 시작되었다고 할 수 있을 것이다. 그러나 영토 국가가 형성되기 전인 17세기 이전까지는 영토적 경계가 분명하지 않았기 때문에 균질적이지 않은 다양한 정체성의 영역들이 무수히 나뉘어 흩어져 있었으며, 이들 영역의 경계성을 의미하는 국경이란 전쟁 시에만 존재하던 관념[2]이었다.

지도는 한 나라를 시각적으로 확정짓는 도구로써 국가 신체로서의 국토가 어떻게 생겼으며 어떤 영역까지를 아우르는 것인지를 가시화한 이데올로기적 장치라고 할 수 있다. 다시 말하면 지도는 한 나라의 권력의 도구로 작동할 수 있는 성격을 소지하는데, 이 때문에 영토와 영해의 지도 제작 과정 속에는 자국의 범위와 주권을 주장하고 확보하기 위한 정치적인 의도가 강하게 흐른다고 보는 것이다. 이와 같은 이유로 근대 국가들에게는 자국의 영토성 구축을 위한 토지조사 사업과 국토의 범위와 지리, 생산물, 그 가치 등의 분석을 통한 정확한 지도의 제작이 중요한 국책이었다. 뿐만 아니라 한계 지어진 영토적 공간 안에서 내부인으로서 동등한 자격과 신분을 부여받은 균질적인 각각의 '나'도 그 국토(=국가) 안에서 '국민'으로 거듭나게 된다. 따라서 자국의 지리적 영토성 구축이란 분명 이데올로기로서의 기능을 내포하고 있는 근대 국민국가의 필수 요소 중의 하나라고 할 수 있는 것이다.

오늘날 일본이라고 명명하는 지리적 공간은 19세기의 창조물로, 근대에 그 경계로서의 국경이 새롭게 그어졌음은 주지하는 바이다. 아미노 요시히코(網野善彦)는 그의 저서『일본은 무엇인가』에서 일본이라 부르는 지리적 신체의 윤곽을 역사적 사실을 통해 명확히 언급하고 있다. 즉 근대 이전의 일본은 열도 서쪽인 규슈(九州) 북부·시코쿠(四国)·혼슈(本州) 서부지역을 기반으로 하면서, 간토(関東)지역과 도호쿠(東北) 남부지역이 일본의 제도 하에 편입되어 있었다[3]고 지적하였다. 다시 말해 이는 남큐슈 이남과 도호쿠 북부 이북은 일본의 지리적 공간 속에 속해있지 않았다는 것을 의미하는 것으로 해석이 가능하다. 또한 더불어 언급하기를 홋카이도(北海道)의 경우는 19세기 중엽까지 일본의 테두리 밖에 있었고, 거기에 거주하던 원주민인 아이누족의 일본인화는 근대의 시작인 메이지기에 들어서서의 일이며, 15세기 이후 류큐(琉球)왕국을 세웠던 오키나와(沖縄)의 경우도 마찬가지로 메이지 유신 후 일본 정부에 의해 일본의 영역 안으로 강제 편입되기 전까지 '일본'이 아니었음을 지적하였다.

그러나 메이지 유신으로 시작되는 국민국가 일본의 영토에 대하여 대일본제국헌법에서 제정한 국토 규정의 내용을 해석한 『헌법의해(憲法義解)』[4]에서는 다음과 같이 규정하고 있다.

> 현재의 영토는 실로 예전의 소위 오야시마(大八島), 엔기시키(延喜式) 66국 및 각각 의 섬, 그리고 홋카이도, 오키나와 제도 및 오가사와라(小笠原) 제도로 한다.[5]

즉 국민국가로서 그에 합당한 일본의 영역을 헌법이라는 강력한 권력 안에서 구체적으로 재설정하고 있는 것이다. 메이지 유신 이전의 일본이라는 영토적 영역의 경계는 위와 같은 과정을 거치면서 오늘날과 같은 형태를 갖추어갔다. 이에 따라 전근대 일본의 번(蕃)의 경계 표현으로 사용되었던 '구니자카이(国境)'는 국민국가 일본 안에서 거시적 의미로서의 '곳쿄(国境)'로 탈바꿈되면서[6] 일본의 영토적 경계를 명확히 하는 표현으로 자리 잡게 되었다고 할 수 있겠다.

이렇듯 국가로서의 공간의 윤곽이 명확하지 않았던 메이지는 제국헌법을 통해 국토의 경계를 구축하게 되지만, 정부로서는 아직도 전근대적인 지리적 공간 의식으로부터 벗어나지 못하고 있던 민중들에게 국민국가 일본의 지리적 공간의 경계성을 가시화시켜야 할 필요성에 당면하게 되었다. 그러한 과정 속에서 메이지 정부는 국민국가 창출 과제로서 '국체로서의 천황 만들기'를 핵으로 하는 다양한 전략을 구상하게 되는데, 그 실천의 하나로 '순행(巡幸)'이라는 천황의 지방 시찰 여행을 대대적으로 실시하였다. 이제까지 불투명했던 천황의 존재를 민중들에게 가시화시키기에 최상의 전략이었던 이 행사는 1872년 5월 23일 출발한 첫 번째 순행을 시작으로 하여 1885년 8월 12일

출발한 6번째의 순행을 끝으로 13년이라는 대장정의 코스를 마무리하게 되는데, 그 경로를 구체적으로 살펴보면 다음과 같다.

첫 순행의 경우는 50일간의 일정으로 긴키(近畿)·주고쿠(中国)·시코쿠·규슈를 중심으로 이루어졌으며, 1876년 6월 2일부터 50일간의 일정으로 두 번째인 도호쿠 순행이 행해졌다. 1878년 8월 30일부터 72일간의 일정으로 세 번째인 호쿠리쿠(北陸)·도카이도(東海道) 순행이 이루어졌으며, 이어서 네 번째로 1880년 6월 16일부터 38일간 주오도(中央道) 순행이 진행되었다. 다섯 번째로는 1881년 7월 30일부터 74일간의 여정으로 도호쿠·홋카이도를 방문하였으며, 마지막으로 1885년 7월 26일부터 다소 짧은 18일간의 일정으로 산요도(山陽道) 순행을 거행하였다.[7] 이러한 천황의 순행 경로는 거의 전국을 아우르는 코스였으며, 이 경로를 따라 형성된 천황에 대한 민중의 시선은 막연하게 추상화된 존재로서가 아닌 실재 지배자라는 하나의 정점을 통과하며 균질화 되어갔다. 뿐만 아니라 이 순행 코스는 그대로 균질화된 영역으로 지리적 신체[8], 즉 '우리 국가'를 만들어내면서 그 안의 내면을 일체화시켜갔다. 이러한 사회적 정치적 상황은 19세기에 접어들며 발달하기 시작한 근대적 교통망, 특히 철도의 발달에 힘입으며, 일본으로 하여금 국민국가로서 공간적 경계성을 명확히 해나가게 하는 환경을 조성하였다. 철도가 닿는 곳까지 그 철도 위를 기차가 달리는 코스는 그대로 근대 일본의 명확한 영역으로서 국토화 되었던 것이다.

요컨대 일본의 공간적 경계는 메이지 정부의 지상과제로서 의도적이고 정책적으로 실행되어 온 천황의 전국 순행이라는 정치적 행사와, 이와 맞물려 발달하였던 근대 교통수단, 특히 철도의 보급에 힘입으며 구축되어갔다. 그리고 이렇게 형성되어진 경계성은 국토가 국가의 신체임을 국민들에게 체득시키는 중요한 역할을 완수하며 국민국가 일본에 합당한 공간적 경계인식으로 구축되어갔다고 하겠다.

일본의 철도 등장과 철도창가

일본의 철도 등장과 근대화

근대 문명을 상징하는 문명의 이기 철도는 18세기 말 영국에서 일어난 산업혁명에 의해 기존 도로 위의 마차로는 감당하기 어려운 대량 수송을 가능하게 하는 에너지 효율이 높은 새로운 교통수단으로서 영국에서 탄생하였다. 이렇게 탄생한 철도는 원래 중세 유럽의 탄갱이나 광산에서 이용되었던 궤도와 마차에서 비롯하였는데, 그 당시에는 갱도 내에 부설한 목제 레일 위에 목제 화물차를 이용하여 사람의 힘으로 석탄이나 광석을 운반하였으며, 이와 같은 형태는 16세기 유럽에서 볼 수 있었던 일반적인 풍경이었다.[9]

영국과 미국의 경우는 1830년에서 40년대에 걸쳐 철도 건설 붐이 일어나 철도망의 급속한 확대가 이루어졌으며, 19세기 후반에는 유럽과 아시아 대륙에서도 철도망이 형성되기 시작하였다.[10] 화약과 인쇄술 이래로 인류에게 혁신적 변화를 가져옴으로써 삶의 색채와 형태를 바꾸어 놓은 숙명적 사건으로 철도를 언급하였던 하이네의 지적처럼,[11] 오늘날 세계적인 철도 왕국으로써 전 국토를 철도망으로 덮고 있는 일본의 경우도 철도가 일본으로 하여금 삶의 색채와 형태를 바꾸어 놓으며 국민국가로 나아가게 한 원동력이었음은 자명하다 하겠다.

일본에서의 철도는 메이지 유신 이후의 중앙 집권과 근대화를 위한 수단으로, 20세기 초에 들어서서는 대륙 침략의 수단으로 크게 이용되었다. 이와 같은 역할을 담당하였던 일본에서의 철도는 1872년 10월 14일 신바시(新橋)에서 요코하마(横浜) 구간 29킬로미터의 철도를 개통함으로써 그 역사가 시작된다. 그러나 이러한 교통수단의 근대화가 시작되기 이전의 일본은 엄격한 봉건적 통제 하에서 '번'을 단위로 하는 폐쇄성이 짙은 공간적 집합체였다. 예를 들면 막부는 인력과 가축을 통해 견인하는 수송 수단을 금지시켰으며 해상 교통수단도 500석 이상의 적재 선박의 건조 및 사용을 금지하였다. 그리고 주요 하천의 가교 설치를 금지하였으므로 대형 화물 수송 또한 제약을 받을 수밖에 없었다. 민중들의 경우도 세키쇼(関所: 검문소)에 의한 통행자 여행 인증 증서 소지 점검이 엄격히 다루어졌기 때문에 이동의 자유가 제한적이었다.[12] 그러나 이러한 공간적 제약들은 막부 말기부터 점차 완화되어가며 1869년 이동의 자유를 얻게 되는 세키쇼 제약의 폐지와, 이후의 전신(電信) 사업의 움직임, 그리고 1871년부터의 우편사업의 시작으로 교통과 통신은 근대화가 조금씩 진행되어갔다.

이와 같은 근대화 과정 속에서 메이지 정부의 교통 정책은 일본 근대화에 있어서 필수 불가결한 수송 기관인 철도에 집중되었으며, 앞서 언급한 1872년 신바시와 요코하마 구간 철도 개통을 시작으로 1877년 전후로 교토(京都), 오사카(大阪), 고베(神戸)에서 차례로 철도가 개통되었다. 이효덕은 일본의 철도 역사에 대해 1887년의 민영화 붐과 1889년의 도카이도선 완전 개통, 1891년의 우에노(上野)에서 아오모리(青森) 간의 도호쿠 전선(全線)의 개통과 1900년 고베에서 시모노세키(下関) 간의 철도 개통, 그리고 1906년의 철도 국유화까지,

일본 전국의 선로 총 8,045킬로미터에 달하는 철도 역사 과정을 언급한 바 있는데,[13] 이는 결국 러일전쟁 이전까지 거의 전국적인 철도망이 일본에 완성되었음을 의미하는 것이었다.

전근대 일본의 전통적 사회 구조와 문화의 시공간적 구조를 완전히 변모시켜버린 일본의 철도는 국민국가를 향해 나아가기 시작하며 보급된 지 30여년이 채 되지 않은 짧은 기간이었지만, 일본의 전국토를 기차로 종횡무진 누비고 다닐 수 있게 만들었다. 이러한 일본의 근대적 교통망은 일본의 영토적 범위와 경계를 뚜렷이 하는 지표로 작동하면서 국민국가로서의 '근대적 공간' 구축에 큰 역할을 해 나갔던 것이다.

『지리교육 철도창가』의 탄생

근대 국민국가 형성 과정에서 철도의 역할이 커짐에 따라 철도라는 매체는 다양한 루트를 통해 민중 속으로 파고들었다. 그 중에서 특히 음악 교육을 통한 접근은 학교라는 한정된 틀 속에서 아동과 학생이 그 대상이었지만, 그럼에도 불구하고 그 한계를 뛰어넘어 자국민을 대상으로 하면서 전국적으로 널리 수용되었던 '철도창가'라는 국민애창가를 탄생시켰다.

대표적인 철도창가라고 할 수 있는 『지리교육 철도창가』는 1900년 5월에 제1집 도카이도선(66개 절)을 시작으로, 9월에 제2집인 산요(山陽)·규슈(68개 절), 10월에 제3집인 오슈(奥州)선·이와키(磐城)선(64개 절)과 제4집인 호쿠리쿠 지방(72개 절), 11월에 제5집인 간사이(関西)·산구(参宮)·난카이(南海) 각선(64개 절) 등, 총 334개 절로 이루어진 거의 전국을 다룬 방대한 내용의 창가이다.

악보 14. 지리교육 철도창가

앞에서도 언급한 바와 같이 이 시기의 일본은 철도로 국토를 종단할 수 있을 정도로 철도망이 완성되어가던 시기였으며 철도 노선은 거의 전국을 아우르는 규모였다. 연선을 따라 이어지는 풍경과 풍물을 다루면서 지리의 기본 개념인 경관을 노래하고, 각 역마다 그 지역의 명소와 유명한 고적을 역사적 인물과 엮어놓은 역사 이야기에서부터 부강해지는 산업의 발전상까지, 방대한 지리적 정보의 축적을 노래한 『지리교육 철도창가』는 국민들로 하여금 균질화된 풍경을 통해 같은 감정을 느끼게 함으로써 '내 나라'의 모습을 정확히 인식하게 하였다. 즉 이는 지리적 신체=국가의 형상을 국민들에게 심화시키는 역할 그 자체였으며 일본인으로서의 아이덴티티를 형성시켜나가는 장치였다.

『지리교육 철도창가』의 가사는 일본 국문학자인 오와다 다케키(大

和田建樹)가 썼다. 선율은 당시 오사카사범학교의 교사였던 오노 우메와카(多梅稚)의 곡과 도쿄음악학교(현 도쿄예술대학음악학부) 강사였던 우에 사네미치(上真行)의 곡인 2개의 선율이 대표적이라 할 수 있으며[14] 8분음표와 16분음표로 이루어진 뿅코부시 리듬이 주를 이루는 4분의 2박의 매우 경쾌한 노래이다.

이렇게 하여 1900년에 탄생한 『지리교육 철도창가』는 처음에 교재로서 출발하면서 국민의 애창가로서 베스트셀러가 되는 성공을 거두게 되지만, 실은 1872년 신바시에서 요코하마 간 철도가 처음으로 등장하게 되었을 때부터 철도를 모티브로 하는 가조에우타(数え歌: 숫자풀이 노래)나 자레우타(戯れ歌: 익살스런 노래) 또는 도도이쓰부시(都々逸節: 민요풍 노래) 등의 노래가 민중들의 입을 통해 널리 불러지고 있었다. 그 한 예로 1896년 엔카(演歌) 작가인 요코에 뎃세키(横江鉄石)가 작사한 민요조의 '기차여행(汽車の旅)'이라는 노래의 가사를 일례로 살펴보자.

천리 산하 한잠의 꿈을
싣고 가는 기차 여행
참으로 유럽문명의
혜택을 입은 우리들은
맞이하고 보낼 틈도 없이
창가의 경치를 즐기자

百里の山河一睡の夢を 載せ行く汽車の旅
実にや泰西文明の 恵みを受くる吾人は
送迎応接遑なき 窓の景色を楽しまん

기적소리 울리며 신바시를

뒤로하고 떠나는 시바하마여
왼쪽에는 멀리 보소반도
먼 바다를 오가는 돛단배들

汽笛一声新橋を 後に出て行く芝浜や
左は遠く房総の 沖に行きかう真帆片帆[15]

7·5조로 이루어진 이 민요는 고베까지 찾아가는 긴 여정을 다루고 있는 노래의 일부분이다. 그런데 이 노래가 등장한 해로부터 4년 뒤인 1900년 출간의 『지리교육 철도창가』 도카이도 첫머리 가사도 위 노래 가사의 일부분인 "기적소리 울리며 신바시를(汽笛一声新橋を)"로 시작된다. 즉 철도창가의 또 다른 이름으로서도 손색이 없는 유명한 구절로 철도창가 유행에 일조했다고 할 수 있는 이 가사는 『지리교육 철도창가』가 위의 노래를 모티브로 하여 만들어졌다는 것을 추측할 수 있는 내용이다. 결국 철도창가의 붐을 이루면서 탄생되었던 이후의 철도창가들은 위와 같은 노래들의 존재를 발판으로 하여 만들어졌다고 할 수 있겠다.

이 시기의 많은 철도창가들은 『지리교육 철도창가』 제1집이 발표되자마자 거의 모두가 '지리 교육'이라는 표제를 내세우며 앞 다투어 출판되었다. 예를 들면 1900년 7월에 나온 『역사지리교육 철도창가』(自省堂)를 시작으로, 『지리역사교육 철도창가』(東崖堂), 『지리역사교육 철도군가』(兄弟図書会), 『지리역사 철도창가』(東崖堂), 『대일본 철도지리역사창가』(正文堂)[16] 등으로 표제를 조금씩 변용시켰을 뿐, 모방성이 짙은 철도창가들이 그것이다.

일본의 국민국가 형성을 위한 변화 속에서 획기적인 역할을 담당하였던 철도는 일본의 폐쇄적 공간들을 적극적으로 해체시키며 근세

성의 일본을 근대적 영토 안으로 끌어들였다. 그리고 부국강병을 위한 이기의 역할을 충실히 감당함으로 일본 국토를 생산적이고도 역동적인 공간으로 만들어갔다. 뿐만 아니라 이렇게 형성된 근대적 공간은 일본인들의 영토적 공간 인식을 자극함으로써 지리적 신체, 즉 정치·영토·민족을 하나로 엮어 인식하는 국토(=국가)를 자각시키는 기제적 역할을 담당하였으며, 그 중추적 장치가 바로 『지리교육 철도창가』이었던 것이다.

『지리교육 철도창가』에 나타난 근대 공간의 구축 양상

『지리교육 철도창가』의 가사 내용은 넓은 의미에서 지리적 정보와 역사적 내용으로 구분할 수 있다. 이를 조금 더 세분화하면 부국강병을 향한 국력의 발전상, 그리고 와카의 소재가 된 명승지와 고적, 천황 관련 이야기, 충군애국 관련 인물과 사건, 문명의 이기인 철도에 대한 감탄, 문화 유적과 국토 예찬 등에 대하여 근대적 풍경을 이루는 중요한 요소인 역동성과 분주함의 이미지로 노래하고 있다. 이 장에서는 『지리교육 철도창가』 제1집에서 제5집까지 총 334개 절의 가사 내용에 대해 각 철도선에 따라 제시되고 있는 중심적 주제를 통해 분석 고찰하고자 한다. 이와 같은 작업은 철도창가가 일본인이 인식하고 있던 물리적인 공간을 근대적 이데올로기로 변화시키는 기제적 역할을 하였음을 명확히 할 것이다.

『지리교육 철도창가』 제1집 – 도카이도(東海道)

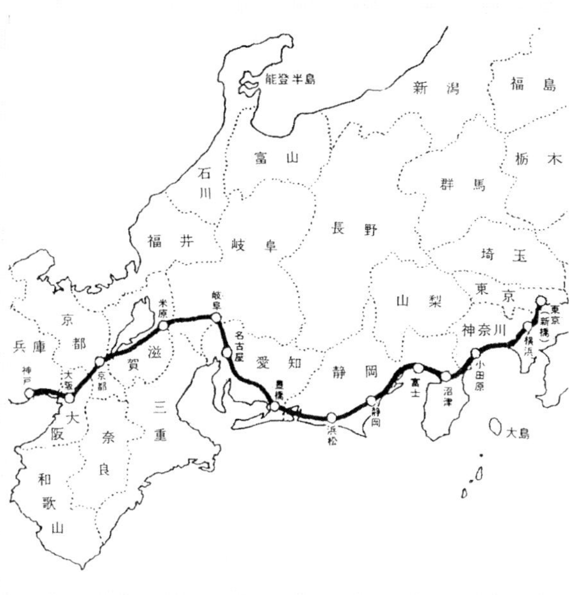

지도 1. 『지리교육 철도창가』 제1집 - 도카이도

1900년 5월 출간된 제1집 도카이도편은 총 66개 절로 이루어져 있다. 오기칠도(五畿七道)[17]의 하나인 도카이도[18]는 주로 바다에 접한 지역으로 에도 시대에는 이 지역에 53개의 역참이 설치되어있었으며, 철도가 부설된 것은 메이지 초 철도가 등장한 후로부터 10여년이 지난 1889년으로 신바시에서 고베까지의 철도선이 그것이다. 『지리교육 철도창가』 제1집 도카이도편에는 도쿄 신바시를 출발한 기차가 마지막 역인 고베에 이르기까지 도카이도선의 53역참을 주로 통과하며 펼쳐지는 풍경들이 지리적·역사적 내용과 함께 묘사되어 있다. 제1절 “기적소리 울리며 신바시를(汽笛一声新橋を)”로 시작하여 마지막 종착지인 고베에서 고단한 몸을 숙소에 내려놓고 다음 여행지인 산요도에 대한 기대로 끝을 맺고 있는 제1집의 전체적 내용을 분류하면, 우선 먼저 총 66절 중 역사 관련·충군애국·천황 관련 이야기를 다룬 노래가 14개 절(21.2%), 부국강병을 향한 국력의 발전상을 소재로 한 노래 11개 절(16.6%), 국토 예찬 및 문화 유적 등을 다룬 곡이 32개 절(48.4%), 그리고 문명의 이기인 철도 관련 내용 5개 절(7.5%)과 그 외의 곡 4개 절(6%)로 나눌 수 있다.

기적소리 울리며 신바시를
어느새 우리 기차 떠났네
아타고야마의 잔월을
여행길 벗 삼아

汽笛一声新橋を はや我汽車は離れたり
愛宕の山に入りのこる 月を旅路の友として <Ⅰ-1>[19]

생각하면 꿈인가 순식간에
53역참을 달려와
고베 숙소에 몸을 맡김도
사람에게 날개인 기차의 은혜

おもへば夢か時のまに 五十三次はしりきて
神戸のやどに身をおくも 人に翼の汽車の恩 <Ⅰ-65>

매화로 유명한 오모리를
지나면 어느새 가와사키
다이시가와라는 그리 멀지 않네
서두르자 전기도로 곧

梅に名をえし大森を すぐれば早も川崎の
大師河原は程ちかし 急げや電気の道すぐに <Ⅰ-4>

가케가와 후쿠로이 나카이즈미

어느새 뒤로 하고 벌써
용솟음쳐 오르는 덴류의
강여울 파도에 눈만 흩내리네

掛川袋井中泉 いつしかあとに早なりて
さかまき来る天竜の 川瀬の波に雪ぞちる <Ⅰ-25>

배웅하고 마중할 틈도 없이
이바라키 스이타 스쳐 지나고
어느새 오사카 도착했네
우메다는 나를 맞이했네

おくり迎ふる程もなく 茨木吹田うちすぎて
はや大阪につきにけり 梅田は我をむかへたり <Ⅰ-56>

기적소리 울리며 신바시를 출발하는 근대의 상징인 기차를 짧지만 적극적으로 인식시키는 제1절 노래를 시작으로, 마지막 부분인 65절에 다시 한 번 기차의 내용을 배치시키면서 근대성의 표상인 철도를 노래하고 있다. 그리고 53개 역참을 순식간에 달려올 수 있었던 기차라는 이기에 감탄하며 이를 사람의 날개라고까지 표현한다. 사람이 새의 날개를 단 모습, 즉 근대적인 새가 기차인 셈이다. 또한 <Ⅰ-4>, <Ⅰ-25>, <Ⅰ-56>에서는 "오모리 지나면 어느새(大森をすぐれば早も)", "어느새 뒤로하고 벌써(いつしかあとに早なりて)", "배웅하고 마중할 틈도 없이(おくり迎ふる程もなく)"와 같은 근대적 속도감에 대한 적극적 표현들을 노랫말을 통해 제시하고 있다.

평판 높은 오키쓰 도미
종소리 울리는 세켄지
시미즈로 이어지는 에지리에서

가면 머지않아 구노잔

世に名も高き興津鯛 鐘の音ひゞく清見寺
清水につゞく江尻より ゆけば程なき久能山 <Ⅰ-19>

새도 날지 않는 하늘에
희미하게 보이는 오층탑 그림자
불법 최초의 절이라는
시텐노지는 저것인가 하노라

鳥も翔らぬ大空に かすむ五重の塔の影
仏法最初の寺と聞く 四天王寺はあれかとよ <Ⅰ-59>

미호의 마쓰바라 다고의 해안
거꾸로 비치는 후지산 봉우리를
파도에 쳐다보는 뱃사공은
여름도 겨울이라 생각하겠지

三保の松原田子の浦 さかさにうつる富士の嶺を
波にながむる舟人は 夏も冬とや思ふらん <Ⅰ-20>

아와즈의 소나무에 물어보면
대답한 듯 들리는 바람소리
아사히 장군 요시나카가
멸망했던 후카타는 어디쯤인가

粟津の松にことゝへば 答へがほなる風の声
朝日将軍義仲の ほろびし深田は何かたぞ <Ⅰ-41>

가타다에 떨어지는 기러기 소리
멈춘 사이 울리는 미이의 종
해질녘 추운 가라사키
소나무에는 비 내리겠지

堅田におつる雁がねの たえまに響く三井の鐘
夕ぐれさむき唐崎の 松には雨のかゝるらん <Ⅰ-43>

그런가 하면 위의 노래에서처럼 제1집에서 가장 많이 다루고 있는 문화 유적·국토 예찬의 경우, 강력한 천황의 이미지를 갖고 있는 덴무(天武)천황 때 창건했다는 세켄지와, 쇼토쿠(聖徳)태자가 건립했다고 전해지는 시텐노지 등, 도카이도선을 따라 펼쳐지는 역사 속의 사찰과 신사를 노래하고(<Ⅰ-19, 29>), 와카의 소재가 되었던 명승지를 소개하고 있다.(<Ⅰ-20, 41, 43>) 그리고 도쿠가와(徳川) 가문의 발상지(<Ⅰ-31>), 도쿠가와 이에야스를 모셨던 에도 시대의 다이묘 이이(井伊)번주가 세운 성(<Ⅰ-38>), 나고야 성(<Ⅰ-34>) 등과 같은 문화 유적지와, 특히 관광 명소나 특산품 등, 국토의 아름다움이 <Ⅰ-11>, <Ⅰ-14>, <Ⅰ-17>, <Ⅰ-26>, <Ⅰ-30>, <Ⅰ-37>, <Ⅰ-50>, <Ⅰ-52>, <Ⅰ-61> 등에서 마음껏 묘사되고 있다.

칼집에서 빠져 스스로
풀을 베어 없앤 검
천황 위광은 천대에 타오르는 불
야이즈 들판 여기로구나

鞘より抜けておのづから 草なぎはらひし御剣の
御威は千代に燃ゆる火の 焼津の原はこゝなれや <Ⅰ-22>

은총의 아쓰타 신궁은
3종 신기의 하나인
그 구사나기 신검
우러러보라 동포 사천만

めぐみ熱田の御やしろは 三種の神器の一つなる
その草薙の神つるぎ あふげや同胞四千万 <Ⅰ-33>

위의 노래는 시즈오카(静岡)현 중부에 자리 잡은 야이즈 들판과 나

고야(名古屋)시에 있는 아쓰타 신궁(熱田神宮)을 지나며 그 지역에 얽힌 신화 속의 이야기를 소재로 한 것이다. 이와 같이 천황 관련 신화 이야기나(<Ⅰ-47, 49, 54, 58>), 충군애국 관련 인물(<Ⅰ-2, 7, 45, 64>), 그리고 역사 관련 지역(<Ⅰ-8, 27, 36>)에 대해 자연의 풍경을 뛰어 넘어 시간 속의 풍경을 노래에 실어 표현하고 있다. 뿐만 아니라 "항구 보면 많은 배 연기는 하늘을 그을릴 만큼(湊を見れば百船の煙は空をこがすまで)"(<Ⅰ-5>), "보라 부두에 모여든 우리 군함의 장대함을(見よやドックに集まりしわが軍艦の壮大を)"(<Ⅰ-10>), "교토 교토라고 소리쳐 부르는 역부의 목소리도 우렁차구나(京都々々と呼びたつる駅夫のこゑも勇ましや)"(<Ⅰ-46>)에서처럼, 근대 문명의 풍경들이라 할 수 있는 분주함과 활기참 등을 노래하거나, "지금은 기차 지나는 후지가와 따라(今は汽車ゆく富士川を下るは)"(<Ⅰ-18>), "우쓰노야 산을 뚫은 동굴 길(宇津の谷の山きりぬきし洞の道)"(<Ⅰ-21>), "삼부의 하나에 위치하여 상업 번영의 오사카시(三府の一に位して商業繁華の大阪市)" (<Ⅰ-57>), "고베는 5대 항의 하나로 모여드는 수많은 기선은 아메리카 러시아 중국 인도(바다의 서쪽에서 동쪽으로) 세토우치행도 섞여있네(神戸は五港の一つにてあつまる汽船のかずかずは亜米利加露西亜支那印度瀬戸内がよひも交じりたり)"(<Ⅰ-62>)에서처럼, 부국강병을 향한 국력의 발전상을 적극적으로 노래로 표출하고 있다.

이와 같이 제1집은 도카이도선을 따라 펼쳐지는 국토의 풍경을 66개 절의 내용으로 새롭게 조립함으로써, 국토에 대한 국민들의 막연한 의식을 명확한 지리적 신체로서의 국토로 각성시키는 역할을 하였다.

표 18. 『지리교육 철도창가』 제1집-도카이도

번호	지 명	가 사
1	신바시 (新橋: 도쿄도 미나토구 신바시 역을 중심으로하는 미나토구 북동부 지역) 아타고노야마 (愛宕の山: 도쿄도 미나토구)	기적소리 울리며 신바시를 어느새 우리 기차 떠났네 아타고야마의 잔월을 여행길 벗 삼아
2	다카나와 (高輪: 도쿄도 미나토구 남부) 센가쿠지 (泉岳寺: 다카나와에 있는 절)	오른쪽은 다카나와 센가쿠지 충신장 47인 무덤 있는 곳 눈 녹아도 사라지지 않은 이름 긴 세월 후까지도
3	시나가와 (品川) 가즈사 (上総: 지바현 중앙부) 보슈 (房州: 아와 옛 명칭, 지바현 남부)	창문에서 가깝게 시나가와 포대도 보이네 파도 하얗게 바다 저편에 여리게 안개 낀 산은 가즈사인가 보슈인가
4	오모리 (大森: 도쿄도 오타구의 지역) 가와사키 (川崎: 가나가와현 북동부의 시) 다이시가와라 (大師河原: 가나가와현 가와사키시 다마가와 남쪽해안의 지명)	매화로 유명한 오모리를 지나면 어느새 가와사키 다이시가와라는 그리 멀지 않네 서두르자 전기 도로 곧
5	쓰루미 (鶴見: 요코하마시 동부의 구) 가나가와 (神奈川: 요코하마시의 구) 요코하마 (横浜: 가나가와현 동부의 시)	쓰루미 가나가와 지나 가면 요코하마 스테이션 항구 보면 많은 배 연기는 하늘을 그을릴 만큼
6	요코스카 (横須賀: 가나가와현 남동부의 시) 가마쿠라 (鎌倉: 가나가와현 남동부의 시) 쓰루가오카 (鶴ケ岡)	요코스카 행은 환승이라네 그래서 내리는 오후나 역 다음은 가마쿠라 쓰루가오카 겐지 고적이구나 찾아가보자
7	하치만구 (八幡宮: 가마쿠라시 유키노시타의 신사)	하치만구 돌계단에 서있는 한그루 큰 은행나무 별당 공경 숨어있었다는 역사 이야기는 이 그늘에
8	*	여기에 요리토모가 연 막부 흔적은 어디인가 솔바람 춥고 날 저물어 대답 없는 비석 이끼 푸르네
9	엔가쿠켄초지 (円覚建長寺: 가마쿠라시의 야마노우치에 있는 절) 가타세 (片瀬: 가나가와현 남동부) 고시고에 (腰越: 가마쿠라시 남서부) 에노시마 (江ノ島: 가나가와현 가타세의 섬)	북쪽은 엔가쿠 겐초지 남쪽은 밝은 대불 성월야 가타세 고시고에 에노시마도 겨우 반나절 거리로구나
10	즈시 (逗子: 가나가와현 남동부) 요코스카 (横須賀)	기차에서 즈시를 바라보니 어느덧 요코스카 도착했네 보라 부두에 모여든 우리 군함의 장대함을

번호	지 명	가 사
11	사가미노바뉴가와 (相模の馬入川: 가나가와현 중부를 흐르는 사가미천 하류) 오이소 (大磯: 가나가와현 남부)	지선을 뒤로하고 돌아와 건너는 사가미의 바뉴가와 해수욕으로 유명해진 오이소 보이니 파도 시원하구나
12	고우즈 (国府津: 가나가와현 오다와라시) 사카와가와 (酒匂川: 가나가와현 서부의 강) 오다와라 (小田原: 가나가와현 남서부의 시) 하코네하치리(箱根八里)	고우즈 내리면 마차 있어 사카와 오다와라 멀지않고 하코네 8리 산길도 저기 보아라 구름 사이로
13	오야마 (小山: 도치기현 남부의 시)	출발하여 빠져나가는 터널 앞뒤는 야마키타 오야마 역 지금도 잊혀지지 않는 철교 밑을 흐르는 물의 정취
14	후지 (富士: 시즈오카와 야마나시현의 경계)	멀리 보였던 후지산 봉우리는 어느새 우리 곁에 왔네 눈의 관 모양의 구름 띠 항상 고귀한 모습으로
15	고텐바 (御殿場: 시즈오카현 북동부 후지산 남동기슭의 시)	여기구나 고텐바 여름이면 우리도 등산을 해보자 높이는 일만 수 천 척 13주도 그저 한눈에
16	미시마 (三島: 시즈오카현 동부)	미시마는 최근 개통된 즈소 선로의 갈림길 역에는 이지역의 유명한 관폐대사의 신사 있네
17	누마즈 (沼津: 시즈오카현 동부)	누마즈 바다로 유명한 고향은 우시부세 가뉴도 봄은 꽃피는 복숭아 계절 여름은 바다 옆이라 시원하구나
18	후지가와 (富士川: 야마나시 시즈오카현을 흐르는 강) 미노부산 (身延山: 야마나시현 미나미코마군 미노부시의 산)	새의 날개소리에 놀란 헤이케 이야기는 옛날로 지금은 기차 지나가는 후지가와따라 내려가는 것은 미노부의 돌아오는 배
19	세켄지 (清見寺: 시즈오카현 시미즈시 고쓰에 있는 절) 시미즈 (清水: 시즈오카현 중앙부의 시) 에지리 (江尻) 구노잔 (久能山: 시즈오카현 동부의 산)	평판 높은 오키쓰 도미 종소리 울리는 세켄지 시미즈로 이어지는 에지리에서 가면 머지않아 구노잔
20	미호노마쓰바라 (三保の松原: 시즈오카현 시미즈시 남동부의 돌출한 모래톱) 다고노우라 (田子の浦: 시즈오카현 후지시 해변)	미호의 마쓰바라 다고의 해안 거꾸로 비치는 후지산 봉우리를 파도에 쳐다보는 뱃사공은 여름도 겨울이라 생각하겠지

번호	지 명	가 사
21	순슈 (駿州: 시즈오카현 중앙부) 시즈오카 (静岡: 시즈오카현) 아베카와 (安倍川: 시즈오카시의 강) 우쓰노야 (宇津の谷: 시즈오카시의 고개)	순슈 제일의 대도시 시즈오카를 나와 아베카와를 건너가면 여기구나 우쓰노야 산을 뚫은 동굴 길
22	야이즈노하라 (焼津の原: 시즈오카현 중부의 시)	칼집에서 빠져 스스로 풀을 베어 없앤 검 천황 위광은 천대에 타오르는 불 야이즈 들판 여기로구나
23	후지에다 (藤枝: 시즈오카현 중부의 시) 시마다 (島田: 시즈오카현 중부) 오이가와 (大井川: 시즈오카현 중부의 강)	봄에 피는 꽃 후지에다도 지나서 시마다의 오이가와 옛날에는 사람을 어깨에 태워 건넜던 이야기도 꿈의 흔적
24	사요노나카야마 (小夜の中山: 시즈오카현 남부 가케가와시 동쪽)	어느샌가 또 어두워진 세계는 밤인가 터널인가 사요노나카야마 요나키이시 물어도 모르는 낯선 하늘
25	가케가와 (掛川: 시즈오카현 서부) 후쿠로이 (袋井) 나카이즈미 (中泉)	가케가와 후쿠로이 나카이즈미 어느새 뒤로하고 벌써 용솟음쳐 오르는 덴류의 강여울 파도에 눈만 흩내리네
26	스와 (諏訪: 나가노현 중부의 시)	이 상류에 있다고 들은 스와 호수의 겨울 풍경 눈과 얼음의 가교를 건너는 것은 신인가 마을사람인가
27	하마마쓰 (浜松: 시즈오카현 남서부의 시) 마이사카 (舞阪: 시즈오카현 서부)	거문고 켜는 바람의 하마마쓰도 유채씨에 나비 노니는 마이사카도 뒤로하고 달리는 유쾌함을 노래하는가 바닷가 파도 소리
28	하마나 (浜名: 시즈오카현 남부의 기수호)	연기를 물위에 낮게 깔고 건너는 하마나의 다리 위 소맷자락 시원하게 부는 바람 여름도 얼마 남지 않았네
29	엔슈 (遠州: 시즈오카현 서부)	왼쪽에는 만이 조용하고 하늘에는 후지산 눈이 희구나 오른 쪽은 엔슈 여울 가깝고 산 이루는 파도는 부서져 흩어지네
30	도요하시 (豊橋: 아이치현 남동부의 시) 도요카와이나리도 (豊川稲荷道: 도요카와시에 있는 여우를 모신 거리) 가마고오리 (蒲郡: 아이치현 남동부의 시)	도요하시 내려서 타는 기차는 이것이로세 도요카와이나리 거리 동해도에서 빠어난 바다의 전경은 가마고오리
31	오카자키 (岡崎: 아이치현 중부에 있는 시, 도쿠가와 가문 발상지) 야하기가와 (矢矧川: 아이치현 중부의 강)	보라 도쿠가와 이에야스의 번성한 토지 오카자키를 야하기 다리에 남은 것은 도키치로의 이야기

번호	지 명	가 사
32	나루미 (鳴海: 나노야시 미도리구의 지명) 오타카 (大高) 오케하자마 (桶狭間: 오와리쿠니 북부 지명)	나루미 홀치기염색 산지인 나루미에 가까운 오타카를 내려가기를 거의 1리 반 가면 옛날의 오케하자마
33	아쓰타 (熱田: 나고야시에 있는 아쓰타진구 신사)	은총의 아쓰타 신궁는 3종 신기의 하나인 그 구사나기 신검 우러러 보라 동포 사천만
34	나고야 (名古屋: 아이치현 서부의 시) 기후 (岐阜: 중부지방 기후현 남부의 시)	이름 높은 샤치호코는 나고야 성의 빛이라네 지진 이야기 아직 여전한 기후의 가마우지 잡이도 보고 가야지
35	오가키 (大垣: 기후현 남서부)	아버지 부양하신 양로 폭포는 지금도 오가키를 3리 사이 두고 흐르는 효자의 명예와 함께
36	세키가하라 (関が原: 기후현 남서단 후와군의 도시)	천하의 깃발을 도쿠가와에게 내준 싸움 세키가하라 풀 우거진 주검 지금도 여전히 부는가 이부키의 거센 바람
37	비와노우미 (琵琶の海) 마이바라 (米原: 시가현 사카다군 비와호 동쪽 만) 호쿠리쿠도 (北陸道: 중부지방의 일본해에 면한 지역의 총칭)	산은 뒤로 물러나고 앞에 오는 것은 비와노우미 호수가에 있는 마이바라는 호쿠리쿠도의 분기점
38	히코네 (彦根: 시가현 동부 비와호 동쪽 중앙부에 위치한 시) 이이 (井伊: 오우미 히코네 번주) 구사쓰 (草津: 시가현 남부의 시)	히코네에 서있는 이이 성 구사쓰에서 파는 할머니 떡 변하는 명소도 명물도 여행의 무료함을 달래고
39	오우미 (近江: 시가현)	드디어 익숙해진 것 오우미 바다의 파도 색깔 그 팔경도 앉아서 보고 가는 여행의 즐거움이여
40	세타 (瀬田: 시가현 오쓰시의 지명) 이시야마 (石山: 시가현 오쓰시의 일부, 관세음은 오우미 팔경의 하나)	세타의 긴 다리 옆으로 보고 가면 이시야마 관세음 무라사키 시키부의 붓의 흔적 남긴 것은 여기구나 달밤에
41	아와즈 (粟津: 이시카와현) 후카타 (深田)	아와즈의 소나무에 물어보면 대답한 듯 들리는 바람소리 아사히 장군 요시나카가 멸망했던 후카타는 어디쯤인가
42	히라 (比良) 야바세 (矢走: 시가현 남부 구사쓰시의 한 구역)	히라의 높은 봉우리는 눈 아닌 꽃을 이루는 구름에 숨었네 야바세로 서두르는 배의 돛도 보이니 활기찬 바다 위

번호	지 명	가 사
43	가타다 (堅田: 시가현 오쓰시 비와호 남서쪽 지명) 미이데라 (三井寺: 오쓰시에 있는 천태종의 총본산) 가라사키 (唐崎: 시가현 오쓰시 비와호 남서안에 있는 경승지)	가타다에 떨어지는 기러기 소리 멈춘 사이에 울리는 미이의 종 해질녘 추운 가라사키 소나무에는 비 내리겠지
44	시가 (志賀: 비와호 남서안 일대) 오사카야마 (逢坂山: 오쓰시 남부에 있는 동해도 언덕, 북서에 오사카야마가 있다)	옛날 그대로의 산벚꽃 풍기는 곳이구나 시가의 고향 미야코 흔적은 모르지만 오사카야마는 그대로구나
45	야마시나 (山科: 교토 동부의 구) 후시미 (伏見: 교토 남부의 구) 이나리야마 (稲荷山: 교토시 히가시야마 구릉의 산)	오이시요시오의 야마시나의 그 은신처는 흔적도 없고 붉은 도리이의 신 황폐해져 서있는 것은 후시미의 이나리야마
46	도지 (東寺: 교토시 남구 구조초에 있는 진언종 총본산) 교토 (京都)	도지의 탑을 왼쪽에서 멈추면 시치조 스테이션 교토 교토라고 소리쳐 부르는 역부의 목소리도 우렁차구나
47	세이료시신덴 (清涼紫宸殿: 교토에 있는 옛 궁전의 정전)	여기는 간무천황 때부터 천여 년의 수도의 땅 지금도 황궁의 하늘 높이 우러러보는 세이료시신덴
48	히가시야마 (東山: 교토시 가모가와의 동쪽으로 연결되는 구릉) 아라시야마 (嵐山: 교토시 서부의 산) 가모가와 (加茂川: 교토시의 동부의 강) 가쓰라가와 (桂川: 교토시 남서부의 강)	동쪽에 서있는 히가시야마 서쪽에 솟은 아라시야마 이쪽저쪽 산기슭 흐르는 물은 가모가와 가쓰라가와
49	기온 (祇園) 기요미즈 (清水: 교토시 히가시야마구 5조 언덕 위 기요미즈데라 부근) 지온인 (智恩院: 교토시 히가시야마구에 있는 정토종 총본산) 구로다니 (黒谷) 신뇨도 (真如堂: 교토시 좌경구 정토사 진여정에 있는 사원) 가모노미야 (加茂の宮: 교토부 남부 사가나카군의 도시)	기온 기요미즈 지온인 요시다 구로다니 신뇨도 물길도 맑은 상류에 천황치세 지키는 가모노미야

번호	지 명	가 사
50	시조 (四条: 교토시 동서 거리 이름) 사가 (嵯峨: 교토시 북서쪽 우경구 지명) 오무로 (御室) 다카오야마 (高雄山: 교토시 우쿄구의 산)	여름은 시원한 시조 다리 겨울은 눈 구경의 긴카쿠지 벚꽃은 봄의 사가오무로 단풍은 가을의 다카오야마
51	비와코 (琵琶湖: 시가현 중앙부의 단층호수) 난젠지 (南禅寺: 교토시 우쿄구에 있는 절)	비와코를 끌어당겨 통과시킨 관개공사는 난젠지 바위 잘라내어 배를 보내는 지식의 진보도 보인다네
52	*	신사 사원의 자연 풍경 그 밖의 교토 산물은 니시진오리의 아름다운 옷 유젠나염의 꽃과 단풍
53	가모가와 (加茂川)	부채 분 교토연지 또 가모가와의 백조 모르고 선물을 둘러메고 자 떠나자 후에 아쉬움은 남더라도
54	야마자키 (山崎: 교토의 남부 오야마자키시와 오사카부 시마모토시의 일부 지역) 요도가와 (淀川) 오토코야마 (男山: 교토부 남부 하치만시에 있는 산)	야마자키에서 내려 요도가와를 건너 맞은편은 오토코 야마 천황행차 있었던 선대 천황의 황송한 자취구나
55	*	요도가와 배의 노를 저어 내려간 여행은 옛날의 일 눈 깜짝할 사이에 지금은 간다네 연기 끊임없는 육지의 길
56	이바라키 (茨木: 오사카부 북부의 시) 스이타 (吹田: 오사카부 북부의 시) 오사카 (大阪) 우메다 (梅田: 오사카시 북구 지역)	배웅하고 마중 할 틈 없이 이바라키 스이타 스쳐지나고 어느새 오사카 도착했네 우메다 나를 맞이했네
57	오사카 (大阪)	삼부의 하나에 위치하여 상업번영의 오사카시 호타이코가 구축한 성에 사단은 설치되었네
58	나니와노쓰 (難波の津: 오사카시 부근 해면) 다카쓰노미야 (高津の宮: 인덕천황의 황거) 아지가와 (安治川: 오사카시 도지마 남쪽에서 흘러 오사카만으로 들어가는 강)	여기구나 옛 나니와 항구 여기구나 다카쓰 황거의 옛터 아지 하구로 들어오는 배 연기는 밤낮 끝이 없구나
59	시텐노지 (四天王寺: 오사카시 덴노지구에 있는 화종 총본산)	새도 날지 않는 하늘에 희미하게 보이는 오층탑 그림자 불법 최초의 절이라는 시텐노지는 저것인가 하노라

번호	지 명	가 사
60	오사카 (大阪) 간자키가와 (神崎川)	오사카를 나와 좌우로 유채씨 피지 않은 밭도 없구나 간자키가와의 흐름만이 연노랑으로 흐르는 것이 아름답구나
61	간자키 (神崎) 아리마야마 (有馬山: 효고현 남동부 아리마 온천 부근의 산) 이케다 (池田: 오사카부 북서부의 시) 이타미 (伊丹: 효고현 남동부의 시)	간자키에서는 갈아타고 온천에 오르는 아리마야마 이케다 이타미의 소문난 술의 산지도 지나가네
62	고베 (神戸: 효고현 남동부 오사카 만에 면한 시)	고베는 5대항의 하나로 모여드는 수많은 기선은 바다의 서쪽에서 동쪽으로 세토우치행도 섞여있네
63	와다 (和田)	물가에는 전망이 활짝 개인 와다의 곶이 가까이 있고 산에는 끊임없이 누노비키의 폭포 보러 사람들 오르네
64	미나토가와 (湊川)	일곱 번 태어나 천황을 지킨다고 말한 난코 비석 높은 미나토가와 흘러서 세상 사람들 안다네
65	고베 (神戸)	생각하면 꿈인가 순식간에 53역참을 달려와 고베 숙소에 몸을 맡김도 사람에게 날개인 기차의 은혜
66	산요도 (山陽道: 하리마, 미마사카, 비젠, 비추, 빈고, 아키, 스오, 나가토의 8개 지역, 이 지역을 통하는 가도)	날이 새면 다시 한 번 갈아타고 산요도로 나아간다네 날씨는 내일도 기대에 차있고 버드나무에 희미한 달그림자

『지리교육 철도창가』 제2집 – 산요(山陽)·규슈(九州)

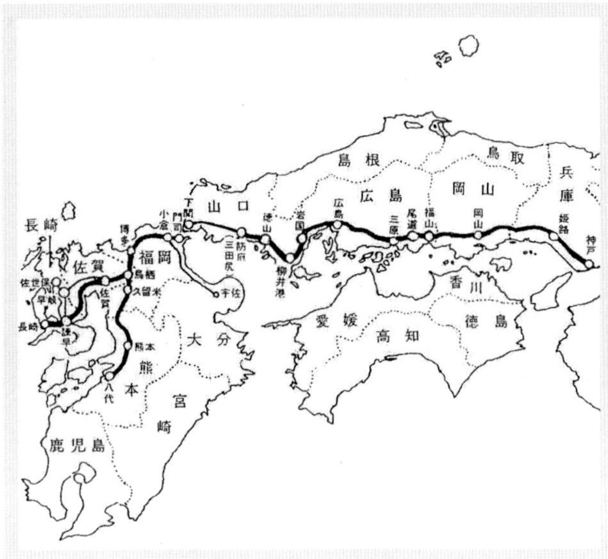

지도 2. 『지리교육 철도창가』 제2집-산요·규슈

산요[20]·규슈 지역을 총 68절에 걸쳐서 노래하고 있는 제2집의 전체적 구성은 역사와 천황 관련 내용의 노래가 18개 절(26.4%), 부국강병을 향한 국가의 발전상 관련 내용이 8개 절(11.7%), 문화 유적 및 국토 예찬을 노래한 내용이 31개 절(45.5%)이며, 철도의 경이로운 속도감 관련 9개 절(13.2%)과 그 외의 내용이 2개 절(2.9%)로, 제1집과 비슷한 분포로 구성되어 있다.

구체적인 내용으로 들어가 먼저 가장 많은 분포를 차지하는 문화 유적 및 국토의 아름다움을 내용으로 하는 노래를 몇 가지 예를 들어 살펴보면 다음과 같다.

미토와 가나자와 오카야마
천하의 3대 공원
고라쿠엔도 보고 가야지
고향에 이야기 선물로

水戸と金沢岡山と 天下に三つの公園地
後楽園も見てゆかん 国へ話のみやげには <Ⅱ-11>

나카쓰는 분고의 번화지
라이산요의 붓에 의해
유명해진 야바케이를
보는 데는 길 멀지 않네

中津は豊後の繁華の地 頼山陽の筆により
名だかくなりし耶馬渓を 見るには道も遠からず <Ⅱ-33>

위의 내용에서처럼 일본의 3대 공원으로 유명한 미토의 가이라쿠엔(偕楽園)과 가나자와(金沢)에 있는 겐로쿠엔(兼六園)과 함께 산요도를 따라 이어지는 오카야마(岡山)의 고라쿠엔(後楽園)을 노래하거나(<Ⅱ-11>), 오이타(大分)현 북서부 야마쿠니가와 상류와 중류 연안 약 50킬로미터의 계곡을 따라 이어지는 경승지에 라이산요(頼山陽)가 이름 붙여 더욱 유명해졌다고 알려진 야바케이(耶馬渓)(<Ⅱ-33>) 등, 자국의 자랑스러운 국토의 아름다움을 제한된 시적 공간 속에서 잘 묘사해내고 있다.(<Ⅱ-13, 18, 28, 34, 39, 55, 57, 59, 68>)

그 최후까지 지녔던
푸른 잎 피리는 스마데라에
지금도 남아서 보물
그 속에 있으니 가련하구나

その最期まで携へし 青葉の笛は須磨寺に
今ものこりて宝物の 中にあるこそあはれなれ <Ⅱ-3>

위의 노래는 예부터 산수의 경치가 맑고 아름답기로 유명하여 아카시(明石)라고 불렀던 스마(須磨)와 관련된 고사를 노래한 것으로, 이곳은 벚꽃과 달의 명소로서 와카의 소재가 되었던 명승지이며, 그 주변에는 겐페이(源平)시대(11세기 말~12세기말)의 유적들로 유명한 지역이다.

가코가와 내려서 여행객이
들르는 그늘은 다카사고
소나무 거센 바람에 전해오는
종도 유명한 오노에데라

加古川おりて旅人の 立ちよる陰は高砂の
松のあらしに伝へくる 鐘も名だかき尾上寺 <Ⅱ-7>

또한 위의 노래 속에 나오는 오노에데라는 효고현 가코가와(加古川)시 오노에(尾上)에 위치한 곳으로, 경내의 천연 기념물인 소나무로 유명하여 예부터 우타마쿠라(歌枕)[21]로 알려진 명승지이다. 이와 같은 문화 유적이나 명소 등과 관련된 내용들이 많이 배치되어있다는 것은 다시 말해 잊혀져가는 '자기 것'에 대한 회귀로 해석할 수 있을 것이다.

한편 역사 및 충군애국 관련 내용의 노래를 예를 들면 다음과 같다.

구로판관 요시쓰네가
적진을 향하여 달려 내려간

히요도리고에와 이치노타니
모두 이 명소 안이로구나

九郎判官義経が 敵陣めがけておとしたる
鵯越やいちのたに 皆この名所の内ぞかし <Ⅱ-4>

청일전쟁 시작되고
고맙게도 천황의
성스런 깃발을 전진시켰던
대본영 있던 곳

日清戦争はじまりて かたじけなくも大君の
御旗を進めたまひたる 大本営のありし土地 <Ⅱ-17>

세계에 그 이름 매우 높은
바칸조약 맺은
슌판로 터를 찾아
그 옛날 회고함도 정취있구나

世界にその名いと高き 馬関條約結びたる
春帆楼の跡とひて 昔しのぶもおもしろや <Ⅱ-30>

위의 노래는 미나모토 요시쓰네(源義経)가 이치노타니에 진을 치고 있던 헤이케(平家)군을 공격하기 위해 넘었던 험난한 지역 히요도리고에(鵯越)와(<Ⅱ-4>), 청일전쟁 때 대본영(총사령부)이 설치되어 있던 히로시마(広島)를(<Ⅱ-17>), 그리고 청일전쟁의 승리로 맺게 되는 바칸(馬関)조약을 소재로 다룬 내용이다.(<Ⅱ-30>) 이 외에도 이와 관련된 내용으로 주군의 적 스에 하루카타(陶晴賢)를 무찌른 모리 모토나리(森本生)를 노래하거나(<Ⅱ-22>), 헤이안 시대의 학자로 학문의 신으로 받들어지고 있는 스가와라 미치자네(菅原道真) 관련 내용을 7개절에 걸쳐 소개하고 있으며(<Ⅱ-42, 43, 44, 45, 46, 47, 48>), 주신구라(忠臣蔵)의 47인의 무사가 모셨던 아사노 나가노리(浅野長矩)의 옛 성터가 있던 아코(赤穂)를 노래를 통해 소개하고 있다.(<Ⅱ-9>)

다음은 부국강병을 향한 국력의 발전상을 소재로 하는 노래로서, 야마구치(山口)현 이와쿠니(岩国)시를 관통하는 니시키가와(錦川)에 놓인 긴타이쿄(錦帯橋)를 노래하고(<Ⅱ-23>), 끊임없이 드나드는 배들로 상업이 번창한 미타지리(三田尻)를(<Ⅱ-25>), 세토나이카이 요충지로서 많은 배들이 모여드는 바칸과(<Ⅱ-27>), 규슈 최고의 군항으로 유명한 나가사키현 북서부 항만도시인 사세보(佐世保)를 노래하고 있다.(<Ⅱ-60>) 또한 "우리 개항 이끈 네덜란드 배 모여든 항구는 바로 여기 나가사키구나 오래도록 잊지마오 국민들이여(わが開港を導きし阿蘭陀船のつどひたるみなとはこゝぞ長崎ぞ長くわするな国民よ)"(<Ⅱ-66>)에서처럼 1571년 포르투갈에 의해 개항된 이래 일본 유일의 외국 무역항으로 번영하고 있는 나가사키의 발전상을 노래로 소개하고 있다. 이 외에 기차의 속도감에 대한 놀라움의 표출은 다음과 같은 대목에서 더욱 부각된다.

> 고이의 마쓰바라 이쓰카이치
> 어느새 지나 이쓰쿠시마
> 己斐の松原五日市 いつしか過ぎて厳島 <Ⅱ-19>

> 벌써 여기구나 이치키시마
> 공주 거하시는 궁 있는 곳
> 早くもこゝぞ市杵島 姫のまします宮どころ <Ⅱ-20>

아직 하루 남았다 생각한
여행길 벌써 후쓰카이치

まだ一日とおもひたる 旅路は早も二日市 <Ⅱ-41>

뒤에는 철도 한 줄기
눈 깜짝할 사이구나 아오모리도

あとは鉄道一すぢに またゝくひまよ青森も <Ⅱ-67>

즉 '어느새 지나(いつしか過ぎて)', '벌써 여기구나(早くもこゝぞ)', '벌써(早も)', '눈 깜짝할 사이구나(またゝくひまよ)' 등의 표현은 기존의 전근대적 속도 감각을 대비시키는 구도를 만듦으로써 근대적 속도에 대한 놀라움의 표현을 배가시키고 있다.

이렇게 산요도·규슈 선로를 통과하며 새롭게 재창조되는 풍경들을 총 68개 절로 노래하고 있는 제2집은 메이지 국민들에게 근대적 공간 의식을 체득시키는 중요한 통로와 같은 역할을 하였다고 할 수 있겠다.

표 19. 『지리교육 철도창가』 제2집-산요·규슈

번호	지 명	가 사
1	누노비키노타키 (布引の滝: 고베시 누노비키 산속에 있는 폭포) 고베 (神戸: 효고현 남동부의 도시)	여름 더욱 차가운 누노비키 폭포의 메아리를 뒤로하고 고베 고향을 떠나는 산요선로 기찻길
2	효고 (兵庫: 긴키지방 북서부현) 다카토리 (鷹取) 스마 (須磨: 고베시 남서부 해안지)	효고 다카토리 스마 포구 명소 고적 수가 많구나 헤이케 젊은 무사 아쓰모리가 패한 자취 여기라 들었네
3	스마데라 (須磨寺: 고베시 스마구의 후쿠쇼지의 통칭)	그 최후까지 지녔던 푸른 잎 피리는 스마데라에 지금도 남아서 보물 그 속에 있으니 가련하구나
4	히요도리고에 (鵯越: 고베시의 시가지 서부에서 롯코산지를 넘어서 북서방으로 달리는 선로) 이치노타니 (一ノ谷: 고베시 스마구에 있는 뎃카이, 하치부세야마가 해안에 면한 지역)	구로판관 요시쓰네가 적진을 향하여 달려내려간 히요도리고에와 이치노타니 모두 이 명소 안이로구나
5	마이코 (舞子) 아와지시마 (淡路島: 세토나이카이 동부의 최대 섬)	마이코의 소나무 사이로 가깝게 보이는 아와지시마 밤에는 바위굴 등대도 손에 쥘 듯한 그림자 등불
6	아카시 (明石: 효고현 남부의 시)	아카시 항구의 풍경 노래로 읊었던 히토마로 사당은 이것인가 보이지 않는 저어가는 배도 정취있구나
7	가코가와 (加古川) 다카사고 (高砂: 효고현 남부 가코가와 하구 서안의 시) 오노에데라 (尾上寺)	가코가와 내려서 여행객이 들르는 그늘은 다카사고 소나무 거센 바람에 전해오는 종도 유명한 오노에데라
8	히메지 (姫路: 효고현 남서부시) 이쿠노 (生野: 효고현 아사고군시)	아미다 절 소리로 듣고 히메지 성 이름으로 알려지네 여기서 지선으로 갈아타고 가면 이쿠노는 두 시간쯤
9	나하 (那波) 아코 (赤穂: 효고현 남서부의 시)	나하역에서 서남쪽으로 1리 떨어져 아코가 있네 47인 무사가 모셨던 아사노 장인 옛 성터
10	하리마 (: 播磨: 효고현 남서부) 비젠노오카야마 (備前の岡山: 오카야마현 남동부 세토나이카이 상만에 임한 시) 쓰야마 (津山: 오카야마현 북동부의 시)	하리마 지나면 도자기로 소문난 비젠의 오카야마에 이것도 명물 수수경단 쓰야마에 가려면 갈아타거라

번호	지 명	가 사
11	미토 (水戸: 이바라키현 중부의 시) 가나자와 (金沢: 이시카와현 중부) 오카야마 (岡山)	미토와 가나자와 오카야마 천하의 3대 공원 고라쿠엔도 보고 가야지 고향에 이야기 선물로
12	사누키 (讃岐: 시코쿠지방 북동부의 현) 고토히라구 (金刀比羅宮: 가가와현 조즈산 중턱에 있는 절) 다마시마 (玉島)	영험 지금도 뚜렷하게 사누키 지방에 자리 잡은 고토히라구에 참배하려면 다마시마 항구에 기선 있네
13	빈고 (備後: 히로시마현 동부) 후쿠야마 (福山町: 후쿠야마현 동남부 시)	다다미 돗자리의 빈고에는 후쿠야마 마을 활기차구나 성의 석벽에 남아있는 이끼 옛날 모습 숨어있네
14	도모노우라 (鞆の浦: 히로시마현 후쿠야마시 남부의 해안) 센스이지마 (仙酔島)	무사가 손에 두른 도모노우라 여기에서 가면 3리 길 센스이지마를 앞에 두고 연기 가득한 어부의 고향
15	오노미치 (尾道: 히로시마현 남동부 세토내해 연안의 시)	정토서국 센코지 절 이름 유명한 오노미치 항구를 창 밑으로 보며 기차도 잠에서 깨어나네
16	이토자키 (糸崎) 미하라 (三原: 히로시마현 남동부 세토나이카이에 임한 시) 가이타이지 (海田市) 히로시마 (広島: 주고쿠지방에 있는 현)	이토자키 미하라 가이타이치 지나 이제 도착하는 히로시마는 성의 형태도 그대로 지금은 사단 두었다네
17	*	청일전쟁 시작되고 고맙게도 천황의 성스런 깃발을 전진시켰던 대본영 있던 곳
18	우지나 (宇品: 히로시마시 남부 항구) 구래 (呉: 히로시마현 남서부 히로시마시 남동의 시)	북쪽에는 니기쓰의 공원지 서쪽에는 우지나의 새 항구 내해의 파도도 조용하고 구래 군항은 가까워지고
19	고이 (己斐) 마쓰바라 (松原: 오사카부 중앙부의 시) 이쓰쿠시마 (厳島: 히로시마만 남서부섬) 미야지마 (宮島: 이쓰쿠시마의 별칭)	고이의 마쓰바라 이쓰카이치 어느새 지나 이쓰쿠시마 도리이를 정면으로 바라보는 미야지마 역에 도착했네
20	*	기적 울려 손님 기다리는 기선에 오르면 15분 벌써 여기구나 이치키시마 공주 거하시는 궁 있는 곳

번호	지 명	가 사
21	*	바다로 나간 회랑 널빤지 띄워 밀려오는 해수에 비치는 등롱 불빛 그림자는 별인가 바닷불인가 어화인가
22	*	모리 모토나리 이 섬에 성 쌓아 주군의 적 스에 하루카타 무찌른 것은 남겨둔 무사의 귀감일세
23	이와쿠니가와 (岩国川: 야마구치현 동쪽의 강) 긴타이쿄 (錦帯橋: 야마구치현 이와쿠니시를 관통하는 니시키가와에 놓인 다리)	이와쿠니가와 상류에 놓여진 다리는 주판의 구슬을 늘어놓은 것 같아 긴타이쿄라 부르네
24	야나이즈 (柳井津: 야마구치현 남동부 세토나이카이에 면한 시)	바람에 실 꼬는 야나이즈 항구에서 유명한 산물 감로 간장과 야나이지마 덧없는 세상의 소금 맛
25	미타지리 (三田尻) 바칸 (馬関: 시모노세키의 별칭)	나가는 배 들어오는 배 끊임없네 상업 번화 미타지리산요 선로 끝에서 바칸으로 연장시킨 기찻길
26	도쿠시마 (徳島: 시코쿠지방 동부의 현) 부젠 (豊前: 후쿠오카현 동부의 시) 모지 (門司: 후쿠오카현의 시)	잠시 후에 되돌아와 도쿠시마 항구 출항하여 20리 가면 부젠의 모지 항구 도착한다네
27	바칸 (馬関) 세토나이카이 (瀬戸内海)	건너편 물가는 바칸으로 해상 불과 30정 세토나이카이의 요충지 차지하며 모여드는 많은 배
28	겐카이나다 (玄海灘)	아침의 돛배 그림자 저녁연기 서북쪽 가리키며 가는 배는 새도 날지 않는다는 현해탄 건너가겠지
29	단노우라 (壇の浦: 야마구치현 시모노세키시의 하야토마노세토에 임한 해안)	가득차 끄는 해수도 하야토모의 좁은 해협이라고 불리는 이 바다는 겐페이 양쪽 호족의 옛 전장 단노우라가 바로 여기구나
30	바칸 (馬関)	세계에 그 이름 매우 높은 바칸조약 맺은 슌판로 터를 찾아 그 옛날 회고함도 정취 있구나
31	모지 (門司) 다이리노사토 (大里の里) 고쿠라 (小倉: 후쿠오카현 북동부 옛 도시명)	모지에서 시작한 규슈의 철도 선로 저 멀리 가면 다이리 마을 지나 여기를 고쿠라라 부르네

번호	지 명	가 사
32	조노 (城野) 유쿠하시 (行橋) 우노시마 (宇島) 나카쓰 (中津: 오이타현 북단의 도시)	여기에서 기차 갈아타고 동쪽 바닷가 따라 가면 조노 유쿠하시 우노시마 지나서 나카쓰에 이르겠지
33	분고 (豊後: 오이타현 대부분) 야바케이 (耶馬渓: 오이타현 북서부 야마쿠니가와 상류 중류 해안 약 50k의 경승지)	나카쓰는 분고의 번화지 라이산요의 붓에 의해 유명해진 야바케이를 보는 데는 길 멀지 않네
34	히코야마 (彦山: 후쿠오카현과 오이타현에 걸친 산) 우사 (宇佐: 오이타현 북부의 시) 야와타노미야 (八幡の宮: 후쿠오카현의 시)	흰 구름 걸린 히코야마를 오른쪽으로 보며 계속 가니 기차 우사에 멈췄네 야와타노미야 참배하고 오려무나
35	*	역사 읽어 누구나 아는 와케 기요마로가 신칙을 청해올린 우사노미야 공경하지 않는 이 세상에 없네
36	고쿠라 (小倉: 후쿠오카현 북동부 옛 도시명) 오리오 (折尾) 와카마쓰 (若松: 후쿠오카현의 시)	고쿠라에 또다시 되돌아 가면 오리오 좌우 와카마쓰 선과 노가타의 길 여기서 만났네
37	*	달리는 창가로 바라보는 바다 경치의 정취 물가에 조개 캐는 소녀 앞바다에 돛 달린 작은 배 있네
38	하코자키 (箱崎: 후쿠오카시 동구) 야와타 (八幡: 후쿠오카현의 시)	명성 자자한 하코자키의 소나무인가 마을 하나 수풀 희미하게 보이는 것 야와타의 신사이런가
39	아마노하시다테 (天橋立: 교토부 미야쓰시 미야쓰만의 모래톱, 일본 3경의 하나) 미호노우라 (三保の浦) 하코자키 (箱崎: 후쿠오카시 동구)	아마노하시다테 미호노우라 이 하코자키와 함께 3 마쓰바라라고 불리는 그 이름도 영원한 초봄의 색
40	하카타 (博多: 후쿠오카시 동반부의 지명) 후코오카노마치 (福岡の町: 후쿠오카현 북서부의 시)	직물 산지로 알려진 하카타는 구로다의 옛 성터 강 사이에 두고 후쿠오카 마을도 가까이 이어진다네
41	*	아직 하루 남았다 생각한 여행길 벌써 후쓰카이치 내려 보고 오자 소문으로 들은 사이후 궁에서 날아온 매화를

번호	지 명	가 사
42	다자이후 (大宰府: 후쿠오카시 중부의 시 옛 다자이후가 있었던 지역)	천년의 옛 다자이후 두었던 터가 여기 신사에 모신 간코 사적 이야기하자 자 오너라
43	*	다이고 치세 그 초기에 아쉽게도 사람이 질투하여 없는 죄 뒤집어쓰고 결국 좌천 정해졌다네
44	*	하늘보고 울어도 아무 말 없고 땅에 외쳐도 듣지 않네 눈물 삼키며 벽촌인 여기에서 세월을 보냈구나
45	*	몸 불행해도 잊을 수 없는 바다보다 깊은 천황의 은혜유품인 어의 아침마다 두 손으로 받들고 흘리는 눈물이어라
46	*	아아 당시 천황의 마음을 생각해 보면 어땠을까 앞 연못에서 잉어 부르는 소녀여 아이들이여 여행자여
47	*	한때 번창했던 도후로 자취 찾아 들어가면 풀잎 지나는 춘풍으로 나부끼는 제비꽃 셋 다섯
48	*	종소리 들으면 간코의 시로 만들어져 관음사 부처도 아네 천년까지도 끊임없는 원한의 세상이야기
49	도스 (鳥栖: 사가현 동부의 시) 나가사키 (長崎: 규슈지방 서부 현인 나가사키현 남부의 시) 구루메 (久留米: 후쿠오카현 남서부) 스이텐구 (水天宮: 후쿠오카현 구루메시에 있는 신사)	사이후 헤어져서 도스 역 나가사키행 갈림길 구루메는 아리마의 옛 도시 스이텐구도 가깝구나
50	다바루자카 (田原坂)	바로 그 서남전쟁으로 이름 알려진 다바루자카 보러가는 사람 고노하에서 내려 길 물어라 마을사람에
51	구마모토 (熊本: 규슈지방 중앙부의 구마모토현의 서부)	잠잘 틈도 없이 구마모토 시내 도착했네 우리 기차는 규슈 제일의 대도시 인구 5만 4천명

번호	지 명	가 사
52	구마모토 성 (熊本城)	구마모토 성은 서남전쟁으로 유명한 유례 없는 땅 호소카와 가문 유물로서 지금은 설치된 6사단
53	스이젠지코엔 (水前寺公園: 구마모토시 동부에 있는 공원) 니시키야마 (錦山) 혼묘지 (本妙寺: 구마모토시에 있는 니치렌종의 절)	마을 명소는 스이젠지 공원 깨끗하고 연못 넓네 궁은 단풍의 니시키야마 절은 법화의 혼묘지
54	하나오카야마 (花岡山) 아소산 (阿蘇山: 구미모토현 북동부 활화산)	명예의 꽃도 아름답게 핀 하나오카야마의 쇼콘샤 구름인가 안갠가 저녁하늘에 보이는 건 아소 먼 연기
55	시라카와 (白川: 후쿠오카현 남부의 시) 미도리가와 (緑川) 가와지리 (川尻) 우토노사토 (宇土の里: 구마모투현 서부 시)	지나는 시라카와 미도리가와 가와지리 가면 우토 마을 그 지방 유명한 시라누히 보이는 건 여기 바다라 들었네
56	미스미 (三角) 마쓰바세 (松橋) 야쓰시로 (八代: 구마모토현 중부)	선로 갈라지는 미스미 항구 드나드는 배 끊임없네 마쓰바세 지나 야쓰시로라고 듣는 것도 마음의 즐거움
57	구마노카와 (球磨の川: 구마가와 하구 도시) 아바쿠사나나 (天草灘)	남쪽은 구마노카와 강물 화살보다 빨리 흐르고 있네 서쪽은 아마쿠사 여울 바다 구름처럼 보이는 산도 없구나
58	도스 (鳥栖: 사가현 동부 시) 사가노마치 (佐賀の町: 사가현 남동부 시)	다시 돌아가는 도스 역 선로를 서쪽으로 갈아타고 가면 머지않아 사가 마을 성에는 남아있는 총알 흔적
59	다케오 (武雄: 사가현 서부 시) 아리타 (有田: 사가현 서부) 사세보 (佐世保: 나가사키현 북서부 항만도시)	피곤해 목욕하는 다케오 온천 선물은 아리타 도자기 돌아가는 바퀴 하이키에서 오른쪽으로 갈라지는 사세보 길
60	진제이 (鎮西: 규슈의 딴 이름) 오무라 (大村: 나가사키현 중부 오무라만에 임한 도시) 사세보 (佐世保) 진주후 (鎮守府)	진제이 최고 군항으로 그 이름 유명하여 오무라의 만을 차지하는 사세보에는 우리 해군 관청을 두었네

번호	지 명	가 사
61	하에자키 (南風崎) 가와타나 (川棚) 소노키 (彼杵) 마쓰바라 (松原)	남풍을 하에라고 하는 하에자키 지나 가와타나 다음은 소노기인가 마쓰바라 소나무 부는 바람도 한가롭구나
62	다이노우라 (鯛ノ浦: 지바현에 있는 해안) 이사하야노사토 (諫早の里: 나가사키현 남동부 시)	오른쪽 바라보이는 다이노우라 도미 잡는 배도 떠있네 이름 이사하야 마을 아니나 여행의 마음 힘차게 뛰네
63		고향소식 기키쓰라고 안심하는 사람의 오쿠사여 봄날 나가요의 즐거움도 미치노오가 제일이구나
64	나가사키 (長崎)	천대 팔천대 영원히 번창하는 천황치세는 나가사키 항구 활기찬 수많은 배 밤에는 환등의 아름다움
65	스와노야마 (諏訪の山: 나가노현 중부의 스와시의 산)	기차에서 내려 여행자 먼저 보러가는 곳 스와의 산 데라마치 지나 거류지로 들어가면 옛날 그리워지네
66	나가사키 (長崎)	우리 개항 이끈 네덜란드 배 모여든 항구는 바로 여기 나가사키 길이 잊지마오 국민들이여
67	아오모리 (青森)	앞에는 넓은 바다 끝없이 외국까지도 이어지겠지 뒤에는 철도 한 줄기 눈 깜짝할 사이구나 아오모리도
68	아라시야마 (嵐山: 교토시 서부의 산) 쓰쿠시가타 (筑紫潟: 규슈 북서부 나가노사가 후쿠오카 구마모토현에 둘러싸인 아리아케해의 별칭)	아침에는 꽃의 아라시야마 저녁에는 달의 쓰쿠시가타 거기도 즐겁고 여기도 좋아 자 보며 다니자 기차 친구

『지리교육 철도창가』 제3집 – 오슈(奧州)선·이와키(磐城)선

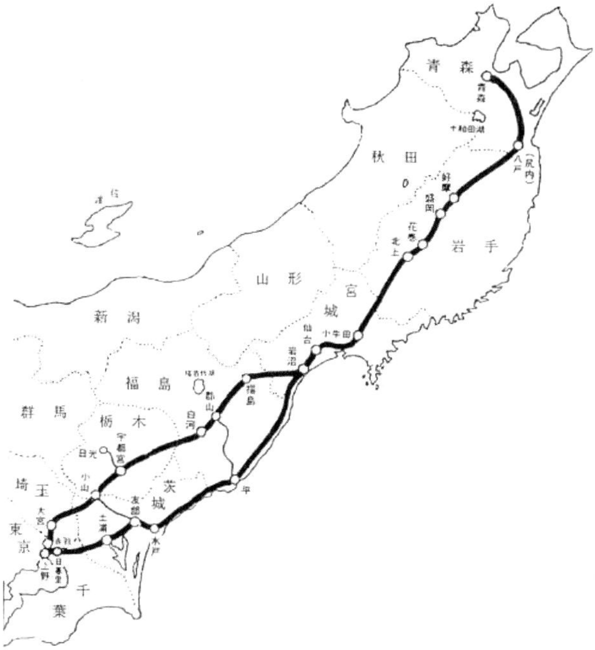

지도 3. 『지리교육 철도창가』 제3집-오슈선·이와키선

오슈선[22]·이와키선[23]을 중심으로 노래한 제3집에는 국토의 아름다움이나 국토 예찬 관련 내용이 두드러지게 많다. 전체적으로 보면 총 64개 절 중에서 27개 절(42.1%)이 위의 내용에 해당하며, 특히 변방이라 할 수 있는 도호쿠지역에 대한 철도 부설의 혜택을 20개 절(31.2%)에 걸쳐 묘사하고 있는 점이 눈에 띈다. 국가의 발전상 관련 내용의 경우는 8개 절(12.5%)로 1, 2집과 비슷한 분포를 보이고 있는 반면, 역사 및 천황 관련 내용의 경우는 다소 줄어든 5개 절(7.8%)에

그치고 있는데 이 또한 제3집이 다루고 있는 영역이 변방이라는 지역적 특성을 갖고 있기 때문인 것으로 이해할 수 있을 것이다.

구체적 내용으로 들어가 먼저 가장 많은 분포를 보이고 있는 국토의 아름다움과 국토 예찬 관련 내용을 살펴보면 다음과 같다.

> 닛코 보지 않고 좋다
> 말하지 말라는 속담도
> 깊이 깨닫게 하는 신사의 모습
> 꽃인가 단풍인가 금란인가
>
> 日光見ずは結構と いふなといひし諺も
> おもひしらるゝ宮の様 花か紅葉か金襴か <Ⅲ-12>

> 히와다 모토미야 니혼마쓰
> 아다치가하라의 구로즈카를
> 보러가는 사람은 내리라고
> 안내서에도 쓰여있네
>
> 日和田本宮二本松 安達が原の黒塚を
> 見にゆく人は下車せよと 案内記にもしるしたり <Ⅲ-21>

> 아타고야마 나무들 푸르고
> 히로세가와 물 하얗다
> 사쿠라가오카 공원
> 꽃도 새싹도 달도 눈도
>
> 愛宕の山の木々青く 広瀬の川の水白し
> 桜が岡の公園は 花も若葉も月雪も <Ⅲ-29>

> 다가의 비석 바로 가까운
> 이와키리 내려서 갈아타네
> 기차는 시오가마 지가노우라

자 배 가까이 대라 마쓰시마에

多賀の碑ほどちかき 岩切おりて乗りかふる
汽車は塩竈千賀の浦 いざ船よせよ松島に <Ⅲ-30>

영원한 천황치세 히사노하마
고누미가우라 파도 가깝고
다스려지는 나라 다이라마치
나라비가오카 경치도 좋구나

君が八千代の久の浜 木奴美が浦の波ちかく
をさまる国の平町 並が岡のけしきよし <Ⅲ-49>

에도 시대 도쇼구(東照宮)의 사찰로 발달하여 국립공원이 된 닛코 소개를 시작으로(<Ⅲ-12>), 귀녀의 전설로 유명한 구로즈카(黒塚), 귀신이 살고 있다고 전해지는 아다타라야마(安達太良山) 동쪽 기슭의 아다치가하라(安達が原), 과거 성곽도시였으며 아다타라야마 산기슭의 온천 등으로 유명한 니혼마쓰(二本松) 등, 후쿠시마현 이곳저곳의 명소를 소개하고 있다.(<Ⅲ-21>) 또한 센다이시의 아름다움을 그대로 묘사하고 있는 <Ⅲ-29>와, 일본 3경의 하나인 마쓰시마(松島)의 명승지 및 우타마쿠라(歌枕)로 유명한 시오가마(塩竈), 지가노우라(千賀の浦)의 마쓰시마만 해변도시를 소개하고 있다.(<Ⅲ-30>) 그런가 하면 <Ⅲ-49>에서는 히사노하마(久の浜)의 '히사(久)', 즉 영원함의 의미를 통해 천황치세의 영원함을 노래하며, 평안한 나라 '다이라마치(平町)', 그리고 천년의 고도 교토시에 있는 나라비가오카(並が岡)의 이름을 의식한 나라비가오카 지방을 노래한다. 그 외에도 와카의 명소로 유명한 명승지를 비롯하여(<Ⅲ-59>), 에도 시대부터 벚꽃의 명소로 유명한 공원(<Ⅲ-2>), 일본의 3대 공원의 하나인 가이라쿠엔이

조성되어있는 지역을 노래하며(<Ⅲ-8>), 7개의 온천지가 있는 시오바라(塩原) 온천과(<Ⅲ-15>), 탕치로 유명한 오슈 3대 온천의 하나인 이자카(飯坂) 온천을 소개하고 있다.(<Ⅲ-24>)

한편 제3집은 변경 지역에 속해 있는 영역을 다루고 있다는 특성으로 인해 근대적 교통수단인 철도의 혜택에 대한 내용이 많이 포함되어 있다.

기차는 연기 뿜어내며
지금 우에노 출발하네
갈 곳 어디런가 미치노쿠의
아오모리까지도 단숨에

汽車は烟を噴き立てゝ　今ぞ上野を出でゝゆく
ゆくへは何く陸奥の　青森までも一飛に <Ⅲ-1>

기운찬 호각소리 서두는 사람
기차 도착했네 아오모리에
옛날에는 육로 20일 거리
지금은 철도 하루 밤낮

勇む笛の音いそぐ人　汽車は着きけり青森に
むかしは陸路廿日道　今は鉄道一昼夜 <Ⅲ-40>

고마 가와구치 누마쿠나이
나카야마 고즈야 이치노헤
통과하는 대로 변해가는
그 지역 언어도 정취 있구나

好摩川口沼宮内　中山小鳥谷一の戸と
すぎゆくまゝに変りゆく　土地の言葉もおもしろや <Ⅲ-36>

그 옛날 도깨비가 사는 집으로
사람들 떨던 미치노쿠
끝까지 가 잠시 있다
오는 것이 진정 반가운 일이로구나

むかしは鬼の住家とて 人のおそれし陸奥の
はてまでゆきて時の間に かへる事こそめでたけれ <Ⅲ-63>

즉 도쿄 우에노를 출발한 기차가 향한 목적지는 변방이라 할 수 있는 미치노쿠(陸奥)의 끝 아오모리까지도 '단숨에' 갈 수 있다는 철도교통에 대한 탄성이 상징적으로 발현되어있는 <Ⅲ-1>를 시작으로, <Ⅲ-40>에서처럼 옛날 육로 20일 거리도 철도로는 하루면 족하다는 기차의 빠름을 노래하고 있다. 그런가 하면 <Ⅲ-36>의 경우는 아직은 미지의 세계일 수도 있는 구석구석의 지역을 통과하며 그 지역의 방언들을 통해 향토적 색채를 느끼게 하는 가사와, 옛날의 두려움의 공간이었던 미치노쿠까지도 '우리의 국토'로 확인되는 <Ⅲ-63>의 가사에로 근내 교통의 총아인 칠도에 대한 경단이 이어지고 있는 깃을 볼 수 있다.

다음은 국력의 발전상과 역사 관련 내용들이다. 우선 먼저 1868년 아이즈번(会津藩) 백호대가 관군과 싸웠던 유신의 옛 전쟁터를 노래하고(<Ⅲ-18>), 다테 마사무네(伊達正宗)의 거성의 터가 있는 도호쿠 제일의 도시인 센다이를 노래하는가 하면(<Ⅲ-27>), 미토 번주로서 유학을 장려하고 미나토가와에 난코(楠公)의 비를 건립하였던 도쿠가와 미쓰쿠니(徳川光国)의 공적을 기리며(<Ⅲ-55>), 존왕양이를 고취한 미토학(水戸学)의 중심지인 고도칸(弘道館)을 노래하고 있다.(<Ⅲ-56>)

그런가 하면 “보라 흰 돛 끊임없이 오르내리는 활기참을(みよや白帆の絶間なくのぼればくだる賑を)”(<Ⅲ-6>), “오가는 배 연기에도 나라의 번영 알려지네(ゆきかふ船の煙にも国のさかえは知られけり)”에서처럼(<Ⅲ-41>), 근대적 분주함과 역동성을 느끼게 하는 풍경들과, “시골인 도미오카 기도 히로노 넓디넓은 바다 보면서 가네(里の富岡木戸広野広き海原みつつゆく)”(<Ⅲ-47>), “도자기 산지로 전부터 들어온 소마시를 옆으로(陶器産地と兼ねて聞く相馬の町をひかへたり)”(<Ⅲ-45>), “아부쿠마가와의 매목도 센다이히라의 하카마 천도 모두 이 고장의 산물이라오(阿武隅川の埋木も仙台平の袴地も皆この土地の産物ぞ)”(<Ⅲ-28>), “하부타에 직물과 쇠 주전자는 도시의 산물로 알려졌네(羽二重おりと鉄瓶は市の産物と知られたり)”(<Ⅲ-35>) 등, 일본 최초의 제사공장이 세워진 도미오카(富岡) 소개를 시작으로 지역마다의 특산품을 소개하는 내용들을 노래하고 있다.

요컨대 제3집은 오슈선과 이와키선을 통과하는 지역마다의 고유한 향토의 풍경을 확인하면서, 그때까지 의식하지 못했던 ‘내 것’에 대한 지리적 경계를 보게 해주고 있다고 할 수 있다. 즉 그것은 처음 만나는 변경의 이질적 공간이 근대 일본의 영역 안으로 포섭되어가는 과정 그 자체였다고 할 수 있을 것이다.

표 20. 『지리교육 철도창가』 제3집-오슈선·이와키선

번호	지 명	가 사
1	우에노 (上野: 도쿄도 서부 지구의 이름) 미치노쿠노아오모리 (陸奥の青森: 도호쿠 지방 북부현)	기차는 연기 뿜어내며 지금 우에노 출발하네 갈 곳 어디련가 미치노쿠의 아오모리까지도 단숨에
2	오지 (王子: 도쿄도 북구) 아스카야마 (飛鳥山: 오지 산)	오지 도착해 바라보는 숲은 꽃구경했던 아스카야마 토기 던져 놀던 에도 명소 중의 하나
3	아카바네 (赤羽: 도쿄도 북구지명) 아라카와 (荒川: 관동 평야를 흐르는 강) 스미다 (墨田: 도쿄도 23구의 하나)	아카바네 지나 건너는 이름도 아라카와의 철교 그 상류는 지치부에서 출발 스미다가와 되네
4	우라와 (浦和: 사이타마현 남동부의 시) 오미야 (大宮: 사이타마현 남동부의 시)	우라와에 포구 없지만 오미야 역에 궁 있어 공원 넓고 연못 깊어 한여름도 덥지 않네
5	나카센도 (中山道: 5가도의 하나) 구키 (久喜: 사이타마현 동부의 시)	나카센도와 갈라져 가는구나 꽃 한창인 연못 밭 구키 구리하시 다리 만들어 건너는 것이 이것 도네가와
6	조시 (銚子: 지바현 동부의 시)	하류는 조시의 바다로 흘러가는 반도타로 명성도 높구나 보라 흰 돛 끊임없이 오르내리는 활기참을
7	고가 (古河): 관동지방 북동부 이바라키현 서단의 도시) 마마다 (間々田)	다음으로 오는 것 고가 마마다 양손 벌려 우리 기차를 만세라고 외치는 아이들 있네 생각하니 오늘은 일요일
8	오야마 (小山: 도치기현 남부의 시) 미토 (水戸: 이바라키현 중부의 시) 도모베 (友部) 유키 (結城: 이바라키현 서부 시) 이와세 (岩瀬)	오야마에서 내려 오른쪽으로 가는 미토 도모베 선로에 명주 산지인 유키 있네 벚꽃 명소인 이와세 있네
9	마에바시 (前橋: 군마현 남부의 시) 다카사키 (高崎: 군마현 남부의 시) 아시카가 (足利: 도치기현 남서부의 시) 기류 (桐生) 이세사키 (伊勢崎: 군마현 남동부시)	왼쪽으로 가면 마에바시를 지나 다카사키에 이른다네 아시카가 기류 이세사키는 명성 자자한 양잠지

번호	지 명	가 사
10	고가네이 (小金井: 동경도 중부 무사시노 대지에 있는 시) 이시바시 (石橋) 미야쓰즈미 (宮鼓) 우쓰노미야 (宇都宮: 도치기현 중앙부의 시)	금과 돌의 고가네이와 이시바시 지나 가을의 논을 서있구나 참새의 미야쓰즈미 우쓰노미야에도 도착했네
11	닛코 (日光: 도치기현 북서부의 시)	자 갈아타자 닛코 선로 여기에서 갈라지네 25마일 달려가면 한 시간 반에 도착한다네
12	닛코 (日光: 도치기현 북서부의 시)	닛코 보지 않아도 된다고 말하지 말라는 속담도 깊이 깨닫게 하는 신사의 모습 꽃인가 단풍인가 금란인가
13	도쇼구 (東照宮: 도쿠가와 이에야스를 모신 신사) 요메이몬 (陽明門: 닛코 도쇼구의 문)	도쇼구의 장려함도 3대 관청의 거대함도 보고 있는 사이에 하루 온종일 요메이몬은 이것인가
14	*	폭포는 화엄 소리 높이 크게 골짜기에 포효하네 우라미와 기리후리 저마다 구름에서 떨어지는 장대함
15	우쓰노미야 (宇都宮: 도치기현 중앙부의 시) 나스노 (那須野: 도치기현 북부 나스산맥 남쪽) 시오바라 (塩原: 도치기현 북서부 나스의 시)	되돌아가는 우쓰노미야 서두르니 벌써 니시나스노 여기서 가면 시오바라 온천 불과 5리 정도
16	셋쇼세키 (殺生石: 나스 온천 부근의 용암)	싸락눈 날리는 조리대 밭을 노래했던 옛 사냥터 들판 그저 보는 참억새 여랑화 살생석은 어느 쪽인가
17	나스노 (那須野) 구로이소 (黒磯: 도치기현 북부 나스노가하라 북부의 시) 구로타하라 (黒田原) 시라카와 (白河: 후쿠시마현 남부의 시)	히가시나스노 상쾌한 바람 부네 구로이소 구로타하라 여기는 어딘가 시라카와 성 저녁해는 그림자도 붉구나
18	아이즈 (会津: 후쿠시마현 서부 아이즈분지의 시)	가을바람 불면 읊었던 관문 옛터는 이곳 아이즈 병사를 관군이 물리쳤던 유신의 옛 전쟁터

번호	지 명	가 사
19	이즈미자키 (泉崎) 야부키 (矢吹) 스카가와 (須賀川) 고오리야마 (郡山)	바위의 새는 물 이즈미자키 야부키 스카가와 겨울 오고 맺히는 얼음 고오리야마 가까운 호수는 이나와시로
20	에치고 (越後: 니이가타현의 대부분) 간에쓰 (岩越) 와카마쓰 (若松: 후쿠오카현의 시) 아이즈 (会津)	여기서 시작 에치고까지 이어진 간에쓰 선로 있네 공사는 아직도 반 정도 지금은 와카마쓰 아이즈까지
21	히와다 (日和田) 모토미야 (本宮) 니혼마쓰 (二本松: 후쿠시마현 북부) 아다치가하라 (安達が原: 후쿠시마현 아다치군의 아다타라야마 동쪽 기슭의 평야) 구로즈카 (黒塚: 후쿠시마현 니혼마쓰시의 동쪽 아다치가하라에 있는 고적)	히와다 모토미야 니혼마쓰 아다치가하라의 구로즈카를 보러가는 사람은 내리라고 안내서에도 쓰여있네
22	마쓰가와 (松川) 후쿠시마 (福島: 동북지방 남부의 현)	마쓰가와 지나 터널을 나서면 다가오는 후쿠시마의 시가는 현청 소재지 이타쿠라 호족의 옛 시가
23	요네자와 (米沢: 야마가타현 남부의 시)	시노부모지즈리 인쇄 해내는 돌의 명소도 가깝고 요네자와행 철도는 이 도시에서 갈라지네
24	나가오카 (長岡: 니이가타현 중부) 이자카 (飯坂: 후쿠시마시 북부 스리카미가와에 면한 온천) 고스고 (越河) 시로이시 (白石: 미야기현 남서부 시로이시분지 남부의 시) 리쿠젠 (陸前: 미야기현과 이와테현 일부)	나가오카 내려서 이자카 탕치를 순회하는 사람도 있네 고스고 넘어서 시로이시는 어느새 리쿠젠 지방이라 듣네
25	아부쿠마가와 (阿武隈川: 후쿠시마, 도치기현의 경계에 있는 산맥에서 발원, 미야기현으로 들어와 센다이만으로 들어가는 강)	끝이 동쪽 바다로 들어가는 아부쿠마가와도 창문에서 가깝고 끝없이 창가 노랫소리 높여 춤추며 오는 즐거움이여
26	이와누마 (岩沼: 미야기현 남동부의 시)	이와누마 역의 활기참은 봄과 가을의 말 시장 천리 길 채찍질하여 나아가는 것은 누구인가 나라를 위해

번호	지 명	가 사
27	센다이 (仙台: 미야기현 중부의 시)	도호쿠 제일의 도시로 그 명성 자자한 센다이 시 다테 마사무네가 쌓은 성에 사단 놓여있네
28	아부쿠마가와 (阿武隈川)	아부쿠마가와의 매목도 센다이히라의 하카마 천도 모두 이 고장 산물이라오 보고가라 여기도 하루는
29	아타고노야마 (愛宕山) 히로세가와 (広瀬川)	아타고야마 나무들 푸르고 히로세가와 물 하얗다 사쿠라가오카 공원 꽃도 새싹도 달도 눈도
30	다가 (多賀: 시가현 동부 이누가미군의 시) 이와키리 (岩切) 시오가마 (塩釜: 미야기현 중부의 시) 지가노우라 (千賀浦: 미야기현 마쓰시마만 남서단 해변) 마쓰시마 (松島: 미야기현 마쓰시마만 내외에 산재한 260여개의 섬과 만안일대의 명승지)	다가의 비석 바로 가까운 이와키리 내려서 갈아타네 기차는 시오가마 지가노우라 자배 가까이 마쓰시마에
31	마쓰시마 (松島) 가시마다이 (鹿島台: 이바라키현 남동부 태평양에 임한 시) 고고타 (小牛田) 닛타 (新田)	기차 타도 마쓰시마 이야기로 떠들썩한 가시마다이 고고타는 신사 가깝고 닛타는 늪의 경치 좋구나
32	하나이즈미 (花泉) 이치노세키 (一関: 이와테현 남부 북상분지 남단의 시) 리쿠추 (陸中: 이와테현과 아키타현 일부)	물은 강여울의 돌 넘어서 흩어지는 파도의 하나이즈미 이치노세키에서 리쿠추라 들으면 남부의 옛 영지
33	고로모가와 (衣川: 이와테현 남부의 강) 히라이즈미 (平泉: 이와테현 남부 기타카미가와와 고로모가와 사이에 있는 시)	아베의 사다토 요시이에 전투 있었던 고로모가와 곤지키도를 볼 사람 여기서 내리자 히라이즈미
34	기타카미가와 (北上川) 모리오카 (盛岡: 이와테현 중부 기타카미분지의 북부 시)	통과하는 역은 일곱 여덟 산은 정취있고 들은 넓네 기타카미가와 오른쪽으로 도착하는 곳 어딘가 모리오카 시
35	이와테노야마 (岩手の山: 이와테현 모리오카시 북서쪽 화산)	하부타에 직물과 쇠 주전자는 도시의 산물로 알려졌네 이와테 산봉우리보다도 남부의 말의 명성 더 높네

번호	지 명	가 사
36	고마 (好摩) 가와구치 (川口) 누마쿠나이 (沼宮内) 나카야마 (中山) 고즈야 (小鳥谷) 이치노헤 (一戶)	고마 가와구치 누마쿠나이 나카야마 고즈야 이치노헤 통과하는 대로 변해가는 그 지역 언어도 정취있구나
37	시리우치 (尻内) 후루마키 (古間木) 미치노쿠 (陸奥)	시리우치 넘으면 떼 지어 노는 방목 말의 후루마키 오늘이구나 처음으로 미치노쿠의 바다란 이것인가 저 배는
38	핫코다산 (八甲田山: 아오모리현 중부 화산군)	노헤치 만 왼쪽에 서있는 갑은 여름 숙박 멈추지 않는 기차 잘 나가고 핫코다산도 맞이하네
39	유노시마 (湯の島)	둔치에 가까운 유노시마를 보며 빠져나가는 터널 앞은 들판인가 포구인가 포구 경치의 맑은 모습
40	아오모리 (青森: 동북지방 북부현인 아오모리현의 시)	기운찬 호각소리 서두는 사람 기차 도착했네 아오모리에 옛날에는 육로 20일 거리 지금은 철도 하루 밤낮
41	쓰가루 (津軽: 아오모리현 서반부의 호칭) 하코다테 (函館: 홋카이도 오시마반도 남단 하코다테만의 동쪽 시)	쓰가루의 세토를 중앙으로 하코다테까지는 24리 오가는 배 연기에도 나라의 번영 알려지네
42	히로사키 (弘前: 아오모리현 남서부 쓰가루 평야의 중심도시) 쓰가루후지 (津軽富士: 아오모리현 히로사키시의 북서에 솟아있는 원추상의 이와키산의 별칭)	기차로 갈아타 히로사키에서 노는 것도 여행의 즐거움 가게에 진열된 건 쓰가루누리 하늘에 서있는 건 쓰가루후지(이와키산의 별칭)
43	센다이 (仙台) 이와누마 (岩沼: 미야기현 남동부의 시)	귀가 길은 선로를 바꾸어 해변을 따라 나아가려고 센다이 지나 말 시장인 이와누마에서 헤어져가네
44	이와키 (磐城: 미야기현 남부) 히타치 (常陸: 이바라키현 대부분)	길은 이와키를 가로질러 히타치에 놓인 이와키 선 전망 끝없는 넓은 바다는 아메리카까지 이어지겠지
45	오다 (小田) 나카무라 (中村) 소마 (相馬: 후쿠시마현 북동부의 시)	바다와 잠시 멀어져가는 오다 숲의 나카무라는 도자기 산지로 전부터 들어온 소마시를 옆으로

번호	지 명	가 사
46	나카무라 (中村) 마노가와 (真野川) 닛타가와 (新田川) 하라노마치 (原町)	나카무라를 나와 통과하는 강은 마노가와 닛타가와 하라노마치에서 걸어서 묘견보살 참배도 해보자
47	나미에 (浪江) 나가쓰카 (長塚) 도미오카 (富岡: 군마현 남서부시) 기도 (木戸) 히로노 (広野)	나미에 파도치는 벼이삭 나가쓰카 지나 풍성하구나 시골인 도미오카 기도 히로노 넓디넓은 바다 보면서 가네
48	*	가끔 빠져나가는 터널 나와 바라보는 해안 파도 바위에 쉬고 있는 갈매기 있고 앞바다에 건너는 백범 있네
49	히사노하마 (久之浜) 고누미가우라 (木奴美が浦) 다이라마치 (平町) 나라비가오카 (並が岡)	영원한 천황치세 히사노하마 고누미가우라 파도 가깝고 다스려지는 나라 다이라마치 나라비가오카 경치도 좋구나
50	쓰즈라유모토 (綴湯本) 이즈미 (泉)	쓰즈라유모토를 뒤로하고 가는구나 이즈미 역 옆을 안내표시 문자를 보면 고나하마까지 거리는 1리
51	나코소노세키 (勿来の関)	길 좁을 정도로 떨어지는 꽃보다 세상에 향기로운 이름 남긴 하치만 다로의 노래 유적지 나코소노세키도 보고 가야지
52	히라카타 (平潟)	세키모토에서 내려 히라카타 항구에 묵은 사람도 있네 바위 가운뎃길 헤쳐나가 물가 치는 파도소리도 들으며
53	이소하라 (磯原) 다카하기 (高萩: 이바라키현 북동부 태평양에 면한 시)	만나 헤어지고 헤어져 또 만나는 바다와 물가 소나무 이소하라 지나 다카하기에서 빌리자 객지의 깊은 잠
54	스케가와 (助川) 시모마고 (下孫) 미토 (水戸)	스케가와 향해 바닷물 맞으러 가라 시모마고 손자도 자식도 역부 소리에 놀라니 어느새 미토에 왔구나
55	미토 (水戸)	세 귀족 가문 중에 근왕의 그 이름 알려진 미토 번 잊지 마라 의공 선택한 대일본사의 그 공적

번호	지 명	가 사
56	고도칸 (弘道館: 미토시에 있는 번교)	문무의 길을 넓힌 고도칸 옛터 물으면 남은 천 그루 매화 향기는 눈 밑에서 향기풍기네
57	오야마 (小山) 이시오카 (石岡: 이바라키현 중부의 시) 시즈쿠 (志筑)	동행하는 여행의 도모베에서 헤어지는 길은 오야마 선 이시오카에서 노래로 읊는 시즈쿠 다이도 그리 멀지 않네
58	쓰치우라 (土浦: 이바라키현 남부 가스미가우라 서안의 시) 가스미가우라 (霞ケ浦)	이어서 오는 쓰치우라 물가를 잠기게 하는 호수는 가스미가우라 이름도 유명하고 기선 호각소리 끝없네
59	쓰쿠바산 (筑波山: 이바라키현 쓰쿠바군의 구 지명)	구모이 하늘에 귀 두 개 세운 망아지 같고 보이는 높은 봉우리는 남체 여체 솟아 있는 쓰쿠바 산
60	히타치 (常陸: 지금의 이바라키현) 도네 (利根: 관동평야를 흐르는 강 도네가와)	산봉우리 오르면 지도 하나 펼쳐진 듯 모두 보이네 히타치 지방 여기 저기 도네가와 물결 끝까지도
61	마쓰도 (松戸: 지바현 북서부의 시) 고우노다이 (国府の台)	마쓰도에서 내려 고우다이 가면 1리도 못 되는 거리 마마노테코나 흔적이라는 절도 호수도 남아있네
62	다바타 (田端)	수레바퀴 회전 신속하게 센주오하시 오른쪽으로 보고 구슬 팔찌 다리 끝없이 다시 돌아가는 다바타 역
63	미치노쿠 (陸奥)	그 옛날 도깨비 사는 집으로 사람들 떨던 미치노쿠 끝까지 가 잠시 있다 오는 것 진정 반가운 일이로구나
64	우에노 (上野)	축하하라 사람들 철도 개통되던 때 만날 수 있는 몸을 우에노 산도 울릴 때까지 철도창가 노랫소리 높여

『지리교육 철도창가』 제4집 – 호쿠리쿠(北陸) 지방

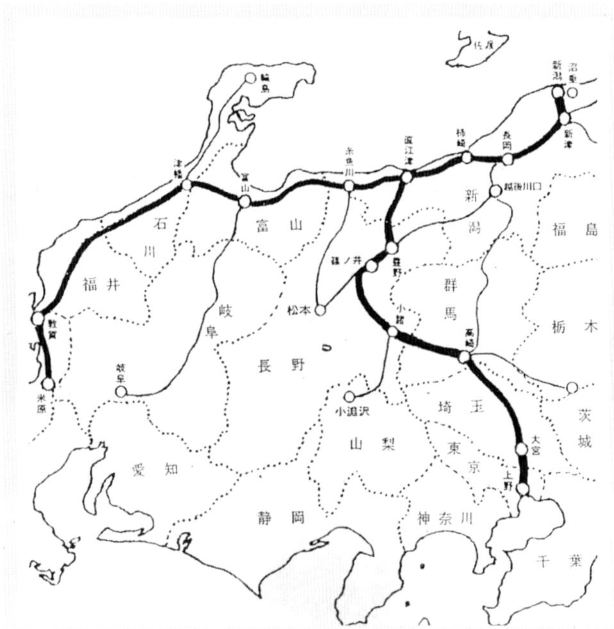

지도 4. 『지리교육 철도창가』 제4집-호쿠리쿠 지방

제4집은 호쿠리쿠 지방[24]을 중심으로 한 철도창가로 총 72개 절로 이루어져 있다. 전체 내용을 분류해 보면 철도 노선을 따라 이어지는 국토의 명소·경승지 등의 풍경을 설득력 있게 묘사한 내용이 총 72개 절 중 27개 절로 37.5%를 나타낸다. 또한 국가 산업의 발전상과 근대화되어가는 도시의 경관을 노래한 것은 17개 절로 23.6%의 분포도를 보이고 있으며, 철도 예찬을 읽어낼 수 있는 가사도 17개 절인 23.6%를 차지하고 있다. 반면 제3집과 마찬가지로 그 다루고 있는 영역이 변방에 속한다는 특성 상 역사와 관련된 내용이나 인물 등에 대해서는 9개 절(12.5%)로 비교적 적게 다루어져 있다. 제4집의 구체적 내

용에 관하여 살펴보면 우선 가장 많이 다루고 있는 문화유적·명소·공원 등, 국토 관련 내용은 다음과 같다.

오미야 내려서 8, 9정 거리
가면 히카와 공원지
정원은 반딧불로 유명하고
신사는 무사시 이치노미야

大宮おりて八九町 ゆけば氷川の公園地
園は蛍に名も高く 宮は武蔵の一の宮 <Ⅳ-7>

다카사키 출발하여 안나카
다음은 이소베 온천장
뒤쪽을 흐르는 건 우스히가와
앞에 서있는 건 묘기산

高崎いでゝ安中の つぎは磯部の温泉場
うしろをゆくは碓氷川 まへに立てるは妙義山 <Ⅳ-16>

기차 창문 따라 서북으로
가면서 바라보는 야히코야마
신사는 국폐중사로
참배하는 남녀 사계절 끝없네

汽車の窓より西北に ゆくゆく望む弥彦山
宮は国弊中社にて 参詣男女四時たえず <Ⅳ-38>

봄은 하쿠산 공원지
하나의 향기를 풍기는 매화 벚꽃
여름은 시원한 히요리야마
도미 낚는 배도 바로 눈앞

春は白山公園地 一つににほふ梅桜

夏は涼しき日和山 鯛つる舟も目の前に <Ⅳ-45>

약으로 유명한 도야마 시는
진쓰가와의 동쪽 해안
멀리 바라다보는 다테야마는
직립 9천 9백 척

薬に名ある富山市は 神通川の東岸
はるかに望む立山は 直立九千九百尺 <Ⅳ-51>

그 명성 유명한 겐로쿠 공원은
미토 오카야마 함께
손꼽히는 우리나라
3대 공원 하나

名も兼六の公園は 水戸岡山と諸共に
かぞへられたる吾国の 三公園の其一つ <Ⅳ-57>

위의 노랫말 중에서 <Ⅳ-7>, <Ⅳ-38>, <Ⅳ-45>, <Ⅳ-57>은 공원 관련 내용으로, 특히 미토의 가이라쿠엔·오카야마의 고라쿠엔과 함께 일본 3대 공원의 하나로 그 명성이 자자한 겐로쿠엔과, 국정공원으로 지정되어있는 야히코야마(弥彦山) 및 하쿠산(白山)의 풍경을 묘사하고 있다. 또한 후지산·하쿠산과 함께 일본 3대 신령의 산의 하나로 그 웅장한 자태를 뽐내는 산 다테야마(立山)와, 시암 괴석으로 그 명성을 자랑하는 묘기산(妙義山)의 풍광을 <Ⅳ-16>, <Ⅳ-17>에서 노래하고 있다.

그런가 하면 예로부터 와카의 소재가 되었던 명승지로서 국토의 아름다운 경관을 소지하고 있는 하루나산(榛名山)(<Ⅳ-13>)과 아사마야마(浅間山) (<Ⅳ-21>)를 소개하기도 한다.

새잎 단풍 좋다고 들은
이카호 온천 하루나산
다카사키에서도 그리 멀지 않은
피서하러 사람들 가는 곳

若葉紅葉によしときく 伊香保の温泉榛名山
高崎よりも程ちかし 避暑にも人のゆくところ <Ⅳ-13>

여름 더위도 잊혀져가는
여행의 산기슭 가루이자와
어느덧 시나노 길 표시
보이는 아사마의 저녁연기

夏のあつさもわすれゆく 旅のたもとの軽井沢
はや信濃路のしるしとて 見ゆる浅間の夕煙 <Ⅳ-21>

한편 "나가노에 보이는 큰 절은 이것이요 시나노의 젠코지(長野に見ゆる大寺は是ぞしなのゝ善光寺)"(<Ⅳ-29>), "구름에 솟은 동상은 서남전쟁의 기념비구나(雲にそびゆる銅像は西南役の紀念碑よ)"(<Ⅳ-58>), "고대의 혈거인 옛터 보는 것도 배움의 하나(古代穴居の人のあと見るも学びの一つなり)"(<Ⅳ-8>)에서처럼 역사성을 내포하고 있는 그 지역의 문화 유적지를 소개하고 있으며, 그 외에도 <Ⅳ-31>, <Ⅳ-32>에서처럼 눈이 많은 지역으로서의 향토적 경관을 노래하기도 한다.

다음은 총 72개 절 중 19개 절로 26.4%의 분포를 나타내는 철도 예찬 관련 내용이다.

어느새 신마치 구라가노도
눈 깜짝할 사이 지나쳐 버리고

이제는 조슈 다카사키의
번화한 거리에 닿았네

はや新町も倉賀野も またゝくひまに行きすぎて
今ぞ上州高崎の 繁華の町につきにける <Ⅳ-11>

후에 돌아보는 마쓰이다
소나무 녹음도 그늘 사라지고
어느덧 요코카와 도착했네
내려요 사람들 물 마시러

あとに見かへる松井田の 松のみどりもかげきえて
はや横川につきにけり おりよ人々水のみに <Ⅳ-18>

우에다를 뒤로 달려가는
기차 사카키에 벌써 도착
강 저편에 바라다 보이는
산은 오바스테쓰키미도

上田をあとにはしりゆく 汽車は坂城に早つきぬ
川のあなたにながめやる 山は姥捨月見堂 <Ⅳ-25>

오도로 사바에를 뒤로 하고
다케후 사바나미 달려가네
기차는 지금 이마조에
도착해 히우치 성도 보았네

大土呂鯖江あとにして 武生鯖波はしりゆく
汽車は今こそ今庄に つきて燧の城も見つ <Ⅳ-64>

즉 '어느새(はや)', '눈 깜짝할 사이(またゝくひまに)', '벌써(早)', '달려간다(はしりゆく)' 등과 같이 기차의 위력이라 할 수 있는 속도감을 표상하는 단어를 사용하거나, "도요노 무레 가시와바라에 가면 다구치 벌써 에치고(豊野と牟礼と柏原ゆけば田口は早越後)"(<Ⅳ-31>), "쓰바타 나나오 그 사이 지나는 역은 여덟 아홉 개(津幡七尾の其間すぎゆく駅は八九個所)"(<Ⅳ-54>)에서처럼 지역 명을 차례로 거론하는 방식을 통해 이동의 빠르기를 느끼게 하는 효과도 연출하고 있다. 이러한 빠르기에 대한 표현은 "기차 생기고 나서 좁아진 나라 안(おもへば汽車のできてより狭くなりたる国の内)"(<Ⅳ-72>)이라는 노랫말을 통해 극대화된다. 이와 같은 철도의 최고의 위력이라 할 수 있는 속도감 이 외에도 철도 건설과 관련된 기술적 근대성을 엿볼 수 있는 노랫말로는 <Ⅳ-19>의 아프트식 철도에 대한 내용이다. 두 개의 레일 중앙에 톱니 궤도를 부설하고 이것에 동력차의 기어를 맞물리게 하여 가파른 경사면을 오르게 만든 톱니바퀴 식 철도에 대해 경탄하고 있으며, 빠져나오는 터널 길이에 대한 놀라움을 표현하거나(<Ⅳ-20>), 요네야마(米山)를 지나는 터널이 여덟 개나 되며(<Ⅳ-35>), 이와 같은 근대 교통의 총아 철도가 국토의 구석구석에 부설되어 있음을 연상시키는 내용(<Ⅳ-50>) 등을 통해 폐쇄적이었던 지역들이 철도와 함께 근대 일본의 공간, 즉 일본이라는 지리적 신체로 재편성되어가는 과정을 보여주고 있다.

다음으로는 전체 23.6%를 차지하고 있는 국력과 산업 발전상 및 근대화 모습 관련 내용의 노래들이다.

> 보아라 오지의 제지공장
> 벌써 창문 가까이 왔다네
> 만들어내는 종이 해마다 불어나는
> 국가의 부도 얼마인가
>
> 見よや王子の製紙場 はや窓ちかく来りたり

すきだす紙の年にます 国家の富もいくばくぞ <Ⅳ-3>

선로 갈라져 마에바시
그쪽으로 가면 직물과
제사의 기술로 유명한
기류 아시카가 멀지 않네

線路わかれて前橋の かたにすゝめば織物と
製糸のわざに名も高き 桐生足利とほからず <Ⅳ-15>

멀리 바라다 보이는 하늘의 오미가와
내려서는 해수욕도 하자
석유 나오는 가시와자키
여기서 바다와 갈라져 간다네

みわたす空の青海川 おりては汐もあみつべし
石油のいづる柏崎 これより海とわかれゆく <Ⅳ-36>

야스다 기타조 라이고지
궁 안을 지나 나가오카
마을은 유명한 번화 지역
제유 연기 하늘에 가득하네

安田北条来迎寺 宮内すぎて長岡の
町は名だたる繁花の地 製油の烟そらにみつ <Ⅳ-37>

미쿠니 항 바다로 들어오는
히노가와 넘어 후쿠이 역
여기서 짜내는 하부타에는
수출 수량도 수천만

三国港の海にいる 日野川こえて福井駅
こゝに織り出す羽二重は 輸出の高も数千万 <Ⅳ-63>

위의 가사에서 알 수 있는 것처럼 제지공장, 제사공장, 일본 유전개발의 발상지, 원유의 가공과 정제를 비롯한 우수한 견직물 수출까지 국가 산업의 발전상을 유감없이 소개하는가 하면, “건널 수 있는 다리 세어보니 거의 200개나 있더라(わたせる橋をかぞふればおよそ二百もありとかや)”(<Ⅳ-44>), “과연 5대항의 하나구나 세대 수만 여의 대도시(げにも五港の一つとて戸数万余の大都会)”(<Ⅳ-46>), “백만 석의 성이 있던 도시 역시나 활기찬 도시 모습(百万石の城下とてさすが賑ふ町のさま)”(<Ⅳ-56>), “항구 활기찬 나오에쓰에 도착해 첫눈에 반한 바다의 얼굴(港にぎはふ直江津につきて見そむる海のかほ)”(<Ⅳ-33>) 등, 근대화된 도시의 역동적인 모습을 표상하는 항목들이 노랫말의 내용을 이루고 있다. 그 외에도 역사적 사실을 노래하거나(<Ⅳ-28, 48, 53>), “11년의 천황 행차 날 황공하옵게도…(十一年の御幸の日かたじけなくも).”(<Ⅳ-41>)의 경우처럼 1878년 8월 30일부터 72일간의 일정으로 호쿠리쿠 도카이도의 세 번째 천황 순행을 기념하는 내용까지 소개되고 있다.

요컨대 제4집의 중심 영역인 호쿠리쿠 지방은 총 72개 절의 철도창가를 통해 그 폐쇄성이 균열되면서 근대 일본으로서의 근대적 공간의 틀 안으로 재구축되어갔다고 할 수 있겠다.

표 21. 『지리교육 철도창가』 제4집-호쿠리쿠 지방

번호	지 명	가 사
1	우에노 (上野: 도쿄도 서부 지구의 이름) 다바타 (田端)	바퀴의 울림 피리소리 되돌아보는 자취 사라져가네 우에노 숲의 새벽달 다바타는 이슬도 아직 차갑구나
2	스와 (諏訪の台: 나가노현 중부의 시) 도칸야마 (道灌山: 도쿄의 닛포리부터 다하타에 이어지는 대지)	올려다보는 물가 스와노다이 그것에 이어진 가을밤은 도칸야마 벌레소리 여기까지 바람이 보내겠지
3	오지 (王子: 도쿄도 북구 내 지역 이름)	보아라 오지의 제지공장 벌써 창문 가까이 왔다네 만들어내는 종이 해마다 불어나는 국가 부도 얼마인가
4	아스카야마 (飛鳥山: 도쿄도 북구 오지의 작은 산) 다키노가와 (滝の川: 도쿄도 북구)	봄은 벚꽃의 아스카야마 가을은 단풍의 다키노가와 운동회 깃발 세워 달리는 생도들의 씩씩함
5	아카바네 (赤羽: 도쿄도 북구 지명) 시나가와 (品川: 도쿄도 23구의 하나)	머지않아 도착하는 아카바네 시나가와행 갈아타는 곳 메지로 메구로의 부동명왕도 들르자 지나가는 길에
6	와라비 (蕨: 사이타마현 남부의 시) 우라와 (浦和: 사이타마현 남동부의 시) 쓰키노미야 (調の宮) 사이타마현 (埼玉県: 관동지방 현)	와라비 지나면 우라와로 그 공원은 쓰키노미야 사이타마 현의 현청도 이 지역에 두었구나
7	오미야 (大宮: 사이타마현 남동부의 시) 히카와신사 (氷川: 사이타마현 오미야시에 있는 신사)	오미야 내려서 8, 9정 거리 가면 히카와 공원지 정원은 반딧불로 유명하고 신사는 무사시 이치노미야
8	아게오 (上尾: 사이타마현 동부의 시) 오케가와 (桶川: 사이타마현 중부의 시) 고노스 (鴻の巣: 사이타마현 북동부 오미야 대지 북쪽 시) 요시미(吉見)	아게오 오케가와 고노스 가까운 요시미 백 개 구멍은 고대의 혈거인 옛터 보는 것도 배움의 하나
9	후키아게 (吹上) 구마가야 (熊谷: 사이타마현 북부)	후키아게 지나서 건너다보는 구마가야 둑의 만발한 꽃지로 나오자네 태어난 마을 이름 지금도 전해지네

번호	지 명	가 사
10	후카야 (深谷: 사이타마현 북부의 시) 혼조 (本庄: 사이타마현 북부 도네가와 오른쪽 시) 진보하라 (神保原) 지치부 (秩父: 사이타마현 서부의 시) 오미야 (大宮: 사이타마현 남동부의 시)	후카야 혼조 진보하라 왼쪽에 구름 사이로 보이는 지치부의 산기슭인 오미야까지는 마차도 있네
11	신마치 (新町: 오사카시 서구 신마치다리의 서쪽에 있는 유곽) 구라가노 (倉賀野) 조슈 (上州: 고즈케의 별칭) 다카사키 (高崎: 군마현 남부의 시)	어느새 신마치 구라가노도 눈 깜짝할 사이 지나쳐 버리고 이제는 조슈 다카사키의 번화한 거리에 닿았네
12	마에바시 (前橋: 군마현 남부의 시) 군마현 (群馬県) 고즈케 (上野: 지금의 군마현)	거리의 동북 마에바시로 기차로 가면 15분 군마 현청 소재지 고즈케 제일의 대도시
13	이카호 (伊香保: 군마현 하루나산 동쪽의 온천마을) 하루나산 (榛名山: 군마현 중부에 있는 복식성층 화산) 다카사키 (高崎: 군마현 남부의 시)	새잎 단풍 좋다고 들은 이카호 온천 하루나산 다카사키에서도 그리 멀지 않은 피서하러 사람들 가는 곳
14	*	멀리 보이는 곳까지 파랗게 어린잎 파도치는 뽕나무 밭 산골까지 양잠이 발전된 모습의 다망함
15	마에바시 (前橋: 군마현 남부의 시) 기류 (桐生: 군마현 남동부의 시) 아시카가 (足利: 관동지방 북부현인 도치기현 남서부의 시)	선로 갈라져 마에바시 그쪽으로 가면 직물과 제사의 기술로 유명한 기류 아시카가 멀지 않네
16	안나카 (安中: 군마현 남서부의 시) 이소베 (磯部) 우스이가와 (碓氷川) 묘기산 (妙義山: 군마현 남서부)	다카사키 출발하여 안나카 다음은 이소베 온천장 뒤쪽을 흐르는 건 우스이가와 앞에 서있는 건 묘기산
17	*	창인가 검인가 톱인가 사자인가 맹호인가 독수리인가 허공에 서있는 바위 모습 석조문 높게 구름을 찌르네
18	마쓰이다 (松井田: 군마현 우스이군의 마을) 요코카와 (横川)	후에 돌아보는 마쓰이다 소나무 녹음도 그늘 사라지고 어느덧 요코카와 도착했네 내려요 사람들 물 마시러

번호	지 명	가 사
19	우스이도게 (碓氷峠: 군마현 우스이군과 나가노현 기타사쿠군과의 경계에 있는 고개)	여기서는 그 유명한 우스이도게의 아프트식 철도 톱니바퀴 붙여 오르내리는 장치 더 나은 종류 없다네
20	*	빠져 나가는 터널 26개 등불 흐려 낮에도 어둡네 나가면 천지 맑게 개고 얼굴에 불어오는 바람의 상쾌함
21	가루이자와 (軽井沢: 나가노현 동부 기타사쿠군에 있는 피서지) 시나노 (信濃: 지금의 나가노현) 아사마 (浅間: 나가노, 군마 양현에 걸쳐있는 3중식 활화산)	여름 더위도 잊혀져가는 여행의 산기슭 가루이자와 어느덧 시나노 길 표시 보이는 아사마의 저녁연기
22	*	내려가는 길에는 갈림길의 들판이란 광야 있네 도라지 솔새 여랑화 가을 여행길은 정취있구나
23	미요타 (御代田) 고모로 (小諸: 나가노현 동부 아사마야마 남서 기슭의 산) 지쿠마가와 (千曲川: 나가노현 북동부 강) 다테시나야마 (立科山: 나가노현 중부의 화산) 에치고 (越後: 니이가타현 대부분)	미요타 고모로 지나가면 왼쪽에 흐르는 지쿠마가와 다테시나야마를 흘러 나가 마지막에 에치고의 바다로 들어가네
24	스와 (諏訪: 나가노현 중부의 시) 오야 (大屋) 와다토게 (和田峠: 나가노현 치이사가타군과 스와군의 경계에 있는 고개)	스와 호수를 볼 사람은 오야에서 내려 와다토게 넘으면 5리 거리구나 산에는 말도 가마도 있네
25	우에다 (上田: 나가노현 중부 우에다분지의 중심도시) 사카키 (坂城) 오바스테쓰키미도 (姥捨月見堂)	우에다 뒤로 하고 달려가는 기차 사카키에 벌써 도착 강 저편에 바라다 보이는 산은 오바스테쓰키미도
26	*	논 마다 달의 풍경도 보고 가면 좋으련만 가을 이라면 구름을 머리에 인 간무리키산은 왼쪽에 솟아있네

번호	지 명	가 사
27	야시로 (屋代) 시노노이 (篠井: 나가노시 남서부의 지명) 지쿠마 (千曲: 나가노현 북동부 흐르는 강) 사이카와 (犀川: 나가노시 부근에서 치쿠마가와로 흐르는 강) 가와나카시마 (川中島: 나가노시 남부 지쿠마가와와 사이카와의 합류점 부근 지역)	야시로 시노노이 지나서 건너는 지쿠마와 사이카와 그 사이 토지 옛 부터 가와나카시마라 사람들 부르네
28	*	여기서 용호의 싸움에 도전했던 두 사람의 영웅도 생각해보면 지금은 꿈의 자취 울부짖는 것은 물소리뿐
29	나가노 (長野) 젠코지 (善光寺: 나가노시에 있는 단립종교법인)	나가노에 보이는 큰 절은 이것이요 시나노의 젠코지 옛날에는 혼다 요시미쓰가 주었던 부처라던가
30	도가쿠시야마 (戸隠山: 나가노현 북부 신에쓰 국경 부근의 산) 이즈나노하라 (飯綱の原: 나가노시의 북서쪽에 있는 산)	여기에 머무를 짬 있으며 도가쿠시야마에 올라보렴 이즈나노하라의 두견새 우는 첫 울음소리도 들으면서
31	도요노 (豊野) 무레 (牟礼) 가시와바라 (柏原) 다구치 (田口) 에치고 (越後) 다카다 (高田: 니이가타현 남서부 조에쓰시 남부의 지역)	도요노 무레 가시와바라에 가면 다구치 벌써 에치고 처마까지 눈 내려 쌓인다고 들었던 다카다는 여기인가
32	*	눈에 표시로 장대 세우고 길 가르쳐주던 곳도 이 근처 눈보라 속에 묻히는 걱정은 어찌 하려나 겨울 여행
33	나오에쓰 (直江津: 니이가타현 남서부 조에쓰시 북부를 차지하는 임해 지역)	항구 활기찬 나오에쓰 도착해 첫눈에 반한 바다 얼굴 산에만 익숙했던 눈에 또 앞바다의 백범이 신기하구나
34	가스가 (春日: 후쿠오카현 북서부 후쿠오카 남쪽의 시) 신덴 (新田) 사이가타 (犀潟) 가키자키 (柿崎)	가스가 신덴 사이가타를 지나면 다가오는 가키자키 마지못해 찻집은 신란이 하룻밤 묵었던 자취라 들었네

번호	지 명	가 사
35	하치사키 (鉢崎) 요네야마 (米山: 니이가타현 중부, 가시와사키시와 가키자키시와의 경계에 있는 산) 사도 (佐渡: 호쿠리쿠지방 북쪽 일본해 최대 섬)	하치사키 지나 요네야마를 빠져나오는 터널 일곱 여덟 나가면 넓은 바다 사도 지방까지 흐림도 없네
36	오미가와 (青海川) 가시와자키 (柏崎: 니이가타현 중부 일본해에 면해있는 시)	멀리 보이는 하늘의 오미가와 내려서는 해수욕도 하자 석유 나오는 가시와자키 여기서 바다와 갈라져 간다네
37	야스다 (安田) 기타조 라이교지 (北条来迎寺) 나가오카 (長岡: 니이가타현 중부 시나노가와 강의 중류 오른쪽가의 상공업도시)	야스다 기타조 라이교지 궁 안을 지나 나가오카 마을은 유명한 번화 지역 제유 연기 하늘에 가득하네
38	야히코야마 (弥彦山: 니이가타현 중부 에치고, 히라노 서쪽 끝 일본해안에 있는 화산)	기차 창문따라 서북으로 가면서 바라보는 야히코야마 신사는 국폐중사로 참배하는 남녀 사계절 끝없네
39	야히코 (弥彦) 산조 (三条: 니이가타현 중부의 시)	야히코 가려면 산조에서 내리라고 사람들 가르쳐 주네 이몸 아무것 원치 않고 비옵기는 다만 천황치세 위해
40	가모 (加茂: 니이가타현 중부 시나노가와 지류의 가모천에 면한 시) 야시로다 (矢代田) 가나즈 (金津)	가모에는 가모노미야 있고 나무사이로 도리이 매우 정갈하네 야시로다 역 가까이에는 가나즈 폭포소리 드높구나
41	*	11년의 천황 행차 날 황공하옵게도 자동차를 멈추셨던 소나무 그늘은 지금 이 마을에 무성하구나
42	니이쓰 (新津: 니이가타현 중부의 시) 아키바 (秋葉山) 가메다쓰신지 (亀田痛心寺) 눗타리 (沼垂)	단풍은 니이쓰 아키바야마 벚꽃은 가메다쓰신지 잊지마라 수하물 우산 가방 어느덧 여기구나 눗타리는
43	시나노가와 (信濃川: 나가노, 니이가타 양현에 걸쳐있는 강)	내리면 건너는 시나노가와 놓여 있는 다리는 만대의 이름도 천황의 치세 영원히 길이는 사백 수십 간

번호	지 명	가 사
44	니가타시 (新潟市: 니이가타현 중부의 시)	강 저 건너는 니가타 시 배 오가는 물 소식 좋고 건널 수 있는 다리 세어보니 거의 200개나 있더라
45	하쿠산 (白山: 이시카와, 기후 양현에 걸쳐있는 성층화산) 히요리야마 (日和山)	봄은 하쿠산 공원지 하나의 향기를 풍기는 매화 벚꽃 여름은 시원한 히요리야마 도미 낚는 배도 바로 눈앞
46	*	기선 연기 바다 물들이고 상점가 처마는 햇빛 가리네 과연 5대항의 하나구나 세대 수 만 여의 대도시
47	니가타 (新潟: 니이가타현 중부에 있는 항만도시) 사도 (佐渡: 호쿠리쿠지방 북쪽 일본해 최대의 섬, 니이가타현에 속함)	니가타 항구를 출항하여 해상 불과 18리 사도에 유명한 광산 보고 돌아가는 것도 유익하네
48	마노야마 (真野の山)	사도에는 마노야마 산속깊이 준토쿠인의 능 있네 소나무 바람 몸에 스미고 옷소매 적시지 않는 자 없네
49	나오에쓰 (直江津: 니이가타현 남서부 조에쓰시 북부를 차지하는 임해지역) 엣추 (越中: 중부지방 일본해 측에 있는 도야마현) 후시키 (伏木. 도야미현 디기오카시외 외 항구)	뱃길 편한 나오에쓰로 돌아와 물으면 엣추의 후시키에 오가는 기선 있네 자 갈아타고 바다 건너자
50	도야마 (富山: 중부지방 일본해 측의 현) 엣추 (越中) 가가 (加賀: 지금의 이시카와현 남부) 에치젠 (越前: 지금의 후쿠이현 동부)	도야마는 엣추 번화지 여기서 시작하는 철도는 가가 에치젠 가로지르며 도카이도와 만나네
51	진즈가와 (神通川: 도야마현 중앙부를 흐르는 강) 다테야마 (立山: 도야마현 남동부 북알프스 북서단에 이어진 연봉)	약으로 유명한 도야마 시는 진즈가와 동쪽 해안 멀리 바라다보는 다테야마는 직립 9천 9백 척
52	다카오카 (高岡: 도야마현 북서부 시) 후쿠오카 (福岡: 후쿠오카현 북서부의 시) 이스루기 (石動) 쓰바타 (津幡) 나나오 (七尾: 이시카와현 북부의 시)	상업 번화한 다카오카를 지나 후쿠오카 이스루기 다음에 오는 것 쓰바타 역 나나오 가려면 갈아타세요

번호	지 명	가 사
53	가가 (加賀: 이시카와현 남서단의 시) 엣추 (越中: 지금의 도야마현) 구리카라산 (俱梨伽羅山)	가가 엣추 경계 있는 구리카라야마는 요시나카가 오백 마리 소에 횃불 달고 헤이케 공격했던 옛 전쟁터
54	쓰바타 (津幡) 나나오 (七尾: 이시카와현 북부의 시) 오치 (邑智)	쓰바타 나나오 그 사이 지나는 역은 여덟 아홉 개 오치 만의 푸른 파도에 노 젓는 배도 부럽구나
55	나나오 (七尾: 이시카와현 북부의 시) 노토 (能登: 지금의 이시카와현 북부) 와쿠라 (輪倉: 이시카와현 나나오만에 위치한 온천지)	나나오는 노토 제일의 도시 만이 넓고 배도 많네 가까운 와쿠라 온천 도시 깨끗해 손님 끊이지 않네
56	쓰바타 (津幡) 가나자와 (金沢: 이시카와현 중부의 시)	쓰바타로 돌아가 갈아타고 가면 가나자와 역 백만 석의 성 있던 도시라 역시나 활기찬 도시 모습
57	겐로쿠 (兼六) 미토 (水戸: 이바라키현 중부의 시) 오카야마 (岡山: 중부지방 오카야마현 남부의 시)	그 명성 유명한 겐로쿠 공원은 미토 오카야마 함께 손꼽히는 우리나라 3대 공원 하나
58	*	버드나무 푸르며 꽃 붉고 떨어지는 폭포물 희구나 구름에 솟은 동상은 서남전쟁의 기념비구나
59	*	제9사단도 현청도 모두 이 도시에 모여 있고 해외까지 널리 알려진 그 산물은 구타니 도자기
60	맛토 (松任: 이시카와현 중부 가나자와, 히라노에 있는 시) 미카와 (美川)	맛토 미카와 지나 건너는 데토리 상류에 늘 눈 쌓인 하쿠산 구름 사이로 높이 솟아있네
61	고마쓰 (小松: 이시카와현 남부의 시) 아타카가와 (安宅川: 이시카와현 고마쓰시 서부 일본해 연안의 지역)	고마쓰 북쪽에 소리높이 흐르는 물 아타카가와 아타카 관문 어디쯤인가 물으면 거센 바람 대답하겠지
62	다이쇼지 (大聖寺: 이시카와현 가가시의 중심가)	오리타쿠시바의 이부리 다리 무사가 지녔던 다이쇼지 마음의 호소로기 지나면 시작하는 가나쓰 맞이하네

번호	지 명	가 사
63	미쿠니 (三国: 후쿠이현 북부 구즈류가와 하구에 있는 항구) 히노가와 (日の川: 가가현 남동부) 후쿠이 (福井: 후쿠이현 북동부에 있는 시)	미쿠니 항 바다로 들어오는 히노가와 넘어 후쿠이 역 여기서 짜내는 하부타에는 수출 수량도 수천만
64	사바에 (鯖江: 후쿠이현 중부 시) 다케후 (武生: 후쿠이현 중부 시)	오도로 사바에를 뒤로 하고 다케후 사바나 미 달려가네 기차는 지금 이마조에 도착해 히우치 성도 보았네
65	스이즈 (杉津)	바다 전경 뛰어난 스이즈를 출발하여 터널에 들어서면 신비롭구나 어느새 날은 저물어 어두워지네
66	쓰루가 (駿河: 후쿠이현 남부 쓰루가만에 면한 항만도시) 게히 (気比:)	쓰루가는 참으로 좋은 항구 내려서 보렴 유명한 곳을 게히 소나무 벌판 게히 바다 관폐대사 게히 신사
67	*	몸을 근왕에게 바친 고운사이의 비석 물으면 소나무 그늘 가리키며 저것이라 아이들은 가르쳐 주네
68	오미 (近江: 지금의 시가현) 시즈가타케 (賤ケ岳: 시가현 북부 비와호 북부의 동쪽 연안에 있는 산)	히키다 야나가세 나카노고 지나는 창가로 올려다보면 산은 오미 시즈가타케 일곱 화살 이름도 유명하구나
69	*	호타이고 냉성 막았던 구쓰와 숲은 나무의 근본인 지장과 함께 사람들 아네 기차 운행 기다려요 잠시
70	나가하마 (長浜: 시가현 북동부 비와호의 북동 연안에 있는 도시) 오쓰 (大津: 시가현의 현청소재지)	평직비단 산지 나가하마에 나아와 바라보는 비와 호수 오쓰에 오가는 작은 수증기 연기 뿜으며 사람 기다리네
71	마이바라 (米原: 시가현 비와호 동쪽) 이부키 (伊吹: 시가현 북동부 이부키야마 서쪽 기슭 지역)	역부 소리에 놀라 잠깨니 마이바라에 도착한 기차 빠르기 되돌아보는 이부키 구름 짙구나
72	신바시 (新橋: 도쿄도 미나토구 신바시역을 중심으로하는 미나토구 북동부 지역)	생각해보면 기차 생기고 나서 좁아진 나라 안 출발했던 우에노 길 바꾸어 자 돌아가자 신바시로

『지리교육 철도창가』 제5집

— 간사이(関西)·산구(参宮)·난카이(南海) 각선

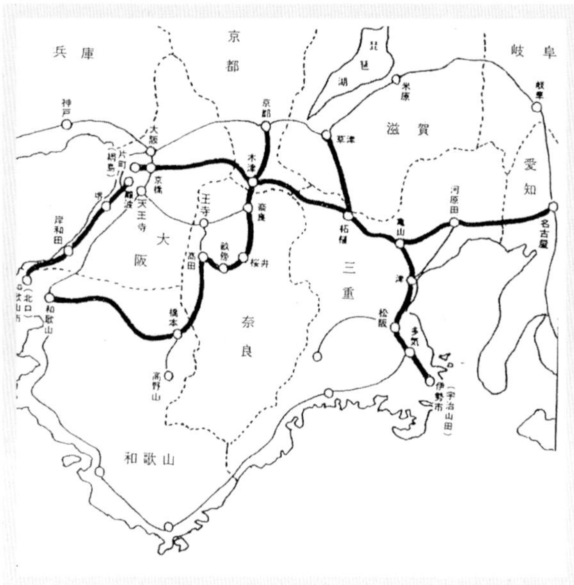

지도 5. 『지리교육 철도창가』 제5집-간사이·산구·난카이 각선

제5집은 간사이[25]·산구[26]·난카이[27] 각선의 루트를 따라 그려지는 일본의 풍경을 총 64개 절의 내용으로 엮어낸 창가집이다. 전체적 내용을 분류해 보았을 때 5집의 경우는 문화유산·명승고적·와카 소재로서의 우타마쿠라 등, 국토 예찬 관련 내용이 34개 절(53.1%)을 차지하고 있다. 그런가 하면 국력 및 산업 발전상을 노래한 내용은 2%에도 미치지 못하고 있는 반면, 역사 관련 내용 및 천황 관련 내용의 경우는 다소 많은 14개 절인 21.9%의 분포를 보여주고 있다. 철도와 관련해서는 12개 절(18.7%)에 걸쳐 노래하고 있으며, 그 외 3개절이 더해져 구성되어 있다.

위의 전체적 내용의 분포도의 현상은 제5집이 보유하고 있는 지역의 특성에서 비롯된 것으로 해석할 수 있는데, 즉 천년의 고도로서의 교토를 비롯하여 나라, 그리고 이세신궁에 참배하러 가는 길을 따라 그려지고 있는 풍경들은 역사의 흔적을 느끼기에 충분하다 하겠다. 특히 천황 관련 역사를 소재로 다룬 내용들을 비교적 많이 다루고 있는데 몇 가지 예를 제시하면 다음과 같다.

강 저쪽을 바라보며 가는
가사기야마는 겐코의
황거 터라 들었으니
내리는 것 눈물인가 소나기인가

川のあなたにながめゆく 笠置の山は元弘の
宮居の跡と聞くからに ふるは涙か村雨か <Ⅴ-10>

마을 사당에서 모시는
신은 유키 무네히로라고
들었던 남조 충의 무사
지킬까 지금도 천황치세를

町の社に祭らるゝ 神は結城の宗広と
きこえし南朝忠義の士 まもるか今も君が代を <Ⅴ-20>

우네비 산기슭 가시하라에
처음으로 수도 정하셨던
위광도 높은 천황의
무덤 숭배하라 사람들아

畝傍の麓橿原に 始めて都したまひし
御威も高き大君が 御陵をがめ人々よ <Ⅴ-38>

신조 고세를 지나
와키가미 가면 진무 천황
나라를 아키쓰시마라 하셨던
호호마언덕 우러러 보네

新庄御所を打ちすぎて 掖上ゆけば神武帝
国を蜻蛉と宣ひし 謙間の丘ぞ仰がる <Ⅴ-41>

아아 잠시 동안 남조의
임시 황국이 되었던
요시미즈인의 달그림자
흐린가 지금도 밤마다

あはれ暫は南朝の 仮の皇居となりたりし
吉水院の月のかげ 曇るか今も夜な夜なは <Ⅴ-47>

가마쿠라 말기 천황 친정을 주장하였던 고다이고(後醍醐)천황이 가마쿠라 막부를 무너뜨리고 궁성 귀족(公家)정권의 회복을 꾀한 정변이었던 겐코의 난(元弘の乱: 1331)을 회상하고(<Ⅴ-10>), 남북조 시대의 무장이었던 유키 무네히로(結城宗広)의 천황에 대한 충의를 노래하며(<Ⅴ-20>), 기기(記紀)전승의 가시하라(橿原)궁의 옛 터로 역대 천황과 황후의 무덤 등, 사적이 많이 있는 가시하라시를 소개하고 있다.(<Ⅴ-38>) 뿐만 아니라 기기(記紀) 전설상의 초대 천황인 진무천황이 가시하라궁에서 즉위하고 나라의 이름을 아키쓰시마(蜻蛉島)(일본의 미칭)라 했다는 전설과(<Ⅴ-41>), 나라현 긴푸센지(金峰山寺)에 있는 고다이고천황의 임시 거처였던 요시미즈인(吉水院)을 소개하고 있다.(<Ⅴ-47>)

그런가 하면 일본 황실의 조상신인 아마테라스 오미카미를 모신 이세신궁을 노래하기도 한다.

이세의 외궁 계시는
야마다에 기차 도착했네
참배 서둘러라 친구여
이스즈가와에 몸 씻고

伊勢の外宮のおはします 山田に汽車は着きにけり
参詣いそげ吾友よ 五十鈴の川に御祓して <Ⅴ-25>

이스즈가와의 우지 다리
건너면 여기구나 아마테라스
황대신궁 있는 곳
치기 높게 서 계시네

五十鈴の川の宇治橋を わたればこゝぞ天照す
皇大神の宮どころ 千木たかしりて立ち給ふ <Ⅴ-26>

가미지야마 나무들 푸르고
미모스소가와 물 맑구나
천황 위광 없어지지 않는 천대 걸쳐
떠오르는 아침 해와 함께

神路の山の木々あをく 御裳濯川の水きよし
御威は尽きじ千代かけて いづる朝日ともろともに <Ⅴ-27>

이세 신궁의 신성한 지역을 흘러 들어가는 이스즈가와(五十鈴川)에서 몸을 정결히 하고, 오곡의 신인 도요우케노 오카미(豊受大神)를 모신 이세의 외궁에 참배하기를 권면하거나(<Ⅴ-25>), 아마테라스 오미카미를 모신 이세신궁의 웅장함을 연상시키는 가사 내용(<Ⅴ-26>), 그리고 미모스소가와노스에(御裳濯川の末), 즉 아마테라스

오미카미의 자손인 천황의 황통이 영원무궁하기를 바라는 내용을 노골적으로 제시하고 있다.(< V-27 >)

다음은 5집에서 가장 많은 분포도를 갖고 있는 가사 내용 중에서 우타마쿠라의 명소 및 국토 예찬의 내용을 갖고 있는 노래를 몇 구절 살펴보고자 한다.

교토 거리에서 유명한
역은 다마미즈 우지 고하타
사사키시로의 선진으로
알려진 강도 건너네

京都の道に名を得たる 駅は玉水宇治木幡
佐々木四郎の先陣に 知られし川もわたるなり <V-8>

달은 오바스테 스마 아카시
꽃은 미요시의 아라시야마
천하제일 매화나무 숲이라
들었던 명소가 이 산일세

月は姥捨須磨明石 花はみよしの嵐山
天下一つの梅林と きこえし名所は此山ぞ <V-13>

스즈카야마 터널
지나면 어느새 이세 지방
후데스테야마 풍경
보아라 세키에서 기차 내려서

鈴鹿の山のトンネルを くぐれば早も伊勢の国
筆捨山の風景を 見よや関より汽車おりて <V-15>

하행 길 다시 밟으며
보네 후타미의 두 개 바위

그림으로 본 모습 그대로
서있는 것도 그립네 넓은 바다에

下りは道を踏みかへて 見るや二見の二つ岩
画に見しまゝの姿にて 立つもなつかし海原に <V-29>

여기서 내려 그리 멀지 않은
하세의 관음 엎드려 절하고
유랴쿠 천황 아사쿠라
궁 유적도 찾아보자

こゝよりおりて程ちかき 長谷の観音ふし拝み
雄略帝が朝倉の 宮の遺跡もたづねみん <V-34>

사쿠라이 출발하여 우리 기차는
우네비 미미나시 가구야마
삼발이 솥 닮은 세 산을
차례로 보며 지금 가네

桜井いでてわが汽車は 畝傍耳無香山の
鼎に似たる二山を 前後に見つゝ今ぞゆく <V-37>

다시 건너는 기노카와
상류 멀리 구름 이 외에
서있는 것 꽃이 좋은 요시노야마
보고 올텐데 봄이라면

ふたゝび渡る紀の川の 水上とほく雲ならで
立てるは花のよしの山 見て来んものを春ならば <V-46>

간무(桓武)천황 이후 1869년 도쿄로의 천도까지 천여 년의 수도였던 교토시는 그만큼 황실과 관계가 깊이 연관되어 있으며, 전통문화와 예술뿐만 아니라 신사와 절이 많은 종교적 색채가 짙은 도시이다.

그 중에서 <V-8>의 노래 속에 나오는 다마미즈(玉水)는 우타마쿠라로서 유명한 6개의 다마가와(玉川) 중의 하나로, 교토부 쓰즈키군(綴喜郡) 이노테(井手)에 있는 다마가와이다. 또한 교토시 남부에 있는 우지(宇治)는 헤이안 시대 귀족들의 별장지로 유명했으며, 가마쿠라 초기 무사였던 사사키 시로(佐々木四郎)가 1184년 우지가와(宇治川) 전투에서 앞장서서 나가 싸웠다는 사실(史実)을 노랫말로 소개하고 있다. 그런가 하면 <V-13>은 자연의 경치가 매우 뛰어나 아카시라는 별칭과 함께 달의 명소로 이름을 높이고 있는 스마와, 벚꽃과 단풍의 명소이자 우타마쿠라로 유명한 아라시야마(嵐山)를 노래하고 있다.<V-15>는 웅장한 스즈카(鈴鹿)산맥을 터널을 지나 신의 도시로 불리는 이세로 들어와 도호쿠 교통의 요충지였던 스즈카노세키(鈴鹿の関)라는 관문에서 내려 후데스테야마(筆捨山)의 경관을 바라보기를 권하는 내용의 노래이다. 다음으로는 미에현에 있는 일출로 유명한 후타미노우라(二見の浦)에 대한 내용이다. 특히 이곳은 두 개의 바위가 부부처럼 나란히 하고 있는 '부부바위'로 유명한 곳으로, 그림으로만 보았던 풍경에 대한 감탄을 노래로 표현하고 있다.(<V-29>) 그 외에도 고대의 도성지였으며 벚꽃의 명소이자 우타마쿠라로서의 아름다움을 지니고 있는 유랴쿠(雄略: 기기에 기록된 5세기 후반의 천황)천황궁인 아사쿠라노미야(朝倉宮)와 나미키노미야(列城宮)를 <V-34>와 <V-35>에 걸쳐서 소개하기도 하며, 이어서 남조의 소재지로 많은 사적과 벚꽃의 명소로 최고의 이름을 높이고 있는 요시노야마(吉野山)(<V-46>), 그리고 야마토(大和)의 3대 산으로서 우타마쿠라로 유명한 미미나시야마(耳成山)·우네비야마(畝傍山) 그리고 가구야마(香具山)를 소개하고 있다.(<V-37>)

달리면 다가오는 쓰노마치는
산구 철도 기점의 땅
走ればきたる津の町は 参宮鉄道起点の地 <V-19>

어느새 멀어지는 나라
오비토케데라도 스쳐지나
はや遠ざかる奈良の町 帯解寺も打ちすぎて <V-31>

지금은 신록 사쿠라이에
도착한 기차의 빠르기
今は青葉の桜井に 着きたる汽車の速さ <V-33>

그 외에도 위의 가사 내용처럼 근대적 속도감에 대한 정서를 노래한 내용뿐만 아니라 '다카다와 헤어져 오른쪽으로 가와치로 달리는 선로(高田わかれて右ゆけば河内に走る線路)'(<V-39>) 등과 같이 국토를 따라 이어지는 철도의 연결성을 엿볼 수 있는 노랫말도 다수 포함되어있다.

이와 같이 제5집은 다루고 있는 루트의 지역성으로 인해 역사적 사실(史実)이나 천황 관련 내용 및 문화 유적과 고적 등을 다룬 내용이 75%에 해당하는 48개절에 이른다. 따라서 결과적으로 보았을 때 제5집의 경우는 근대적 풍경을 생산해내기보다는 그 속에서 국가의 전통적 지리정보를 재 기억시키는 순기능적 역할을 하였다고 볼 수 있으며, 그것은 국민들에 대한 국가신체의 정체성을 내면화시키는 작업을 의미하는 것이라고 할 수 있을 것이다.

표 22. 『지리교육 철도창가』 제5집 - 간사이·산구·난카이 각선

번호	지 명	가 사
1	이세 (伊勢: 미에현의 시) 야마토 (大和: 지금의 나라현) 아미지마 (網島: 오사카시 도시마구에 있는 지역)	기차 의지하여 다짐하네 이세와 야마토의 지방 순회 아미지마 출발하여 간사이의 선로를 여행의 시작으로
2	*	조폐국 아침벚꽃 사쿠라노미야에서 맞는 시원한 저녁바람 여운을 자취로 돌아가보면 성의 천수도 희미해져 가네
3	하나텐 (放出) 도쿠안스미노도 (徳庵住の道) 이코마야마 (生駒山: 나라현과 오사카부 경계에 있는 산)	피는구나 유채씨 하나텐도 지나서 도쿠안스미 거리 창가에서 가까운 이코마야마 손에 쥘 듯 솟아있네
4	시조나와테 (四条畷: 오사카부 동부의 시)	시조나와테에서 올려다보는 쇼난코 신사 있는 곳 흐름도 맑은 기쿠스이 깃발 바람 지금도 향기 풍기고
5	사쿠라이 (桜井: 나라현의 시)	마음의 꽃도 사쿠라이의 아버지 유훈을 깊이 새겨 되돌아가지 않은 무사 전사의 흔적도 이 땅 이구나
6	이모리야마 (飯盛山: 오사카부 다이토시 이코마산지 북부의 산) 호시다 (星田) 쓰다 (津田)	이모리야마를 뒤로 하고 호시다 지나면 쓰다 마을 구라지의 복숭아 색 짙고 겐지의 폭포소리 높네
7	호소노 (祝園) 신키즈 (新木津) 교토 (京都) 나라 (奈良: 나라현 북부 나라분지의 북동부의 시)	하하소 숲이라 노래로 읊는 호소노 지나 신키즈의 왼쪽은 교토 오른쪽은 나라 나라는 돌아가는 길로 남겨 두세요
8	교토 (京都) 다마미즈 (玉水: 교토부 쓰즈키군 이노테 지역에 있던 이노테의 다마가와) 우지 (宇治: 교토부 남부의 시) 고하타 (木幡)	교토거리에서 유명한 역은 다마미즈 우지 고하타 사사키 시로의 선진으로 알려진 강도 건너네
9	구니노미야코 (共仁の都) 가모 (加茂: 교토부 남부 소라쿠군에 있는 지역) 기즈가와 (木津川)	구니의 수도 옛터라 들은 가모를 출발하면 왼쪽에는 기즈가와 하얗게 흐르네 바랜 천과 같이

번호	지 명	가 사
10	가사기 (笠置: 교토부 남부 소라쿠군에 있는 지역)	강 저쪽을 바라보며 가는 가사기야마는 겐코의 황거 터라 들었으니 내리는 것 눈물인가 소나기인가
11	오카와라 (大河原: 교토 가모가와의 자갈밭)	물을 떠나 6자 높이를 건너는 철교 지나면 여기네 오카와라 강가 자갈밭 바위 멋진 모습
12	우에노 (上野: 미에현 서부의 시) 이가 (伊賀: 지금의 미에현 서부)	우에노는 이가의 도시 봄에는 여기서 기차에서 내려 그림자도 아련한 쓰키가세 매화 구경하는 이 많네
13	오바스테 (姥捨) 스마 (須磨: 고베시 남서부의 해안지) 아카시 (明石: 효고현 남부의 시) 아라시야마 (嵐山: 교토시 서부에 있는 산)	달은 우바스테 스마 아카시 꽃은 미요시 아라시야마 천하제일 매화나무 숲이라 들었던 명소가 이 산일세
14	이가 (伊賀) 사나구 (佐那具) 쓰게 (柘植) 구사쓰 (草津: 시가현 남부의 시)	이가 도자기 나오는 사나구 지역 바쇼 태어난 쓰게 역 선로 왼쪽으로 나뉘지면 헤매지 않는 길 구사쓰까지
15	스즈카노야마 (鈴鹿の山: 미에현 북부의 시) 이세노쿠니 (伊勢の国: 지금의 미에현) 후데스테야마 (筆捨山)	스즈카야마 터널 지나면 어느새 이세 지방 후데스테야마 풍경 보아라 세키에서 기차 내려서
16	아이치 (愛知: 중부지방 태평양측 서부의 시) 오사카 (逢坂) 스즈카 (鈴鹿: 미에현 북부의 시)	아이치 오사카 스즈카는 세 개의 관소로 불렸던 옛 터는 모르지만 세키의 지장보살 오랜 절이네
17	가메야마 (亀山: 미에현 북부의 시) 오와리 (尾張: 지금의 아이치현 서부) 욧카이치 (四日市: 미에현 북부 이세만 서안에 면한 시)	바위에서 노는 가메야마 왼쪽은 오와리 나고야 선 그 길을 통과하는 욧카이치 배의 연기 끊임없네
18	구와나마치 (桑名町: 미에현 북동부의 시) 나가시마 (長島) 이비가와 (揖斐川: 기후현 서부를 흘러 이세만으로 흐르는 강) 기소가와 (木曾川: 나가노, 기후, 아이치, 미에의 4개의 현을 흐르는 강)	반코 도자기와 대합으로 그 이름 알려진 구와나 도시 태양도 나가시마 서쪽 동쪽 이비와 기소 강 길구나
19	가메야마 (亀山) 쓰노마치 (津の町: 미에현의 시)	가메야마 성을 뒤로 하고 잇신덴도 한 순간 달리면 다가오는 쓰노마치는 산구 철도 기점의 땅

번호	지 명	가 사
20	유키 (結城: 이바라키현 서부의 시)	마을 사당에서 모시는 신은 유키 무네히로라고 들었던 남조 충의 무사 지킬까 지금도 천황치세를
21	아코기가우라 (阿漕が浦: 미에현 쓰시의 해변) 구모즈가와 (雲出川)	아코기가우라에 당기는 그물 이름도 다카차야의 구모즈가와 건너며 바라보는 복숭아 한창인 때 어떠할까
22	마쓰사카 (松阪: 미에현 중부의 시)	목면 산지인 마쓰사카는 모토오리 옹의 무덤 있는 곳 국학계 권위자로 공경하지 않는 사람 세상에 없다네
23	다마루 (田丸) 사이구무라 (斎宮村)	다마루 역에서 멀지 않은 사이구무라는 사이 왕이 옛날에 내려와 이 지방에서 사셨던 궁궐의 흔적
24	미야가와 (宮川: 기이산지에서 발원, 북동쪽을 흘러 이세진구 근처를 흐름)	울려 퍼지는 미야가와 둑에 벚꽃이 한창 구름인가 안갠가 흰 눈인가 향기 없는 색 파도도 없구나
25	이세 (伊勢) 야마다 (山田) 이스즈노가와 (五十鈴の川: 미에현 이세시를 흐르는 강)	이세의 외궁 계시는 야마다에 기차 도착했네 참배 서둘러라 친구여 이스즈가와에 몸 씻고
26	이스즈노가와 (五十鈴の川) 우지하시 (宇治橋: 미에현 이세시 우지에 황태신궁의 경내에 놓인 이스즈가와 다리)	이스즈노가와의 우지 다리 건너면 여기구나 아마테라스 황대신궁 있는 곳 치기 높게서 계시네
27	미모스소가와 (御裳濯川: 이스즈가와의 별칭)	가미지야마 나무들 푸르고 미모스소가와 물 맑구나 천황 위광 없어지지 않는 천대 걸쳐 떠오르는 아침 해와 함께
28	이세 (伊勢) 시마 (志摩: 지금의 미에현 동부) 아사마야마 (朝熊山: 미에현 이세시 동부에 있는 산)	이세와 시마에 걸쳐서 구모이에 서있는 아사마야마 오르면 후지 높은 봉우리까지 서로 답할 수 있을 정도로
29	*	하행 길 다시 밟으며 보네 후타미의 두 개 바위 그림으로 본 모습 그대로 서있는 것 그립네 넓은 바다에
30	가모 (加茂: 교토부 남부 소라쿠군의 지역) 나라 (奈良: 나라현 북부 나라분지 북동부의 시)	이제야 반갑게 신사참배 마치고 유적으로 돌아가네 기차는 가모에서 갈아타고 나라 수도를 둘러보자

번호	지 명	가 사
31	오비토케데라 (帯解寺) 후루노카와 (布留の川)	어느새 멀어지는 나라 오비토케데라도 스쳐지나 건너는 물길은 후루노카와 이소노카미라는 곳은 여기구나
32	단바이치 (丹波市: 지금의 교토부) 후루노야시로 (布留の社)	궁궐 흔적 가르쳐 달라 해도 답 없는 신분 낮은 이가 돌아가는 그쪽 단바이치 후루의 신사에 길 가깝네
33	미와 (三輪) 사쿠라이 (桜井: 오사카부 북동부 미시마군 시마모토초의 지명)	미와 삼나무 숲 차마 지나칠 수 없어 우는가 옛 두견새 지금은 신록의 사쿠라이에 도착한 기차의 빠르기
34	하세 (長谷: 나라현 사쿠라이시 한 지역) 아사쿠라노미야 (朝倉の宮: 나라현 사쿠라이시 하세에 있던 유랴쿠천황의 궁)	여기 내려 그리 멀지 않은 하세 관음 엎드려 절하고 유랴쿠 천황의 아사쿠라 궁의 유적도 찾아보자
35	하쓰세 (初瀬: 나라현 사쿠라이시 한 지역)	하쓰세 가로수의 신사 터 방문하려니 날은 저물어 하쓰세가와 저녁 파도에 부는구나 하쓰세 거센 산바람
36	도우노미네 (多武の峰)	찾아가는 명소 즐거움에 무심결에 오른 도우 봉우리 봉우리에 빛나는 가마타리 신사 주변 꽃 많구나
37	사쿠라이 (桜井) 우네비야마 (畝傍山: 나라분지 남부 지명) 미미나시야마 (耳無山: 나라현 가시하라시 동쪽에 고립된 작은 산) 가구야마 (香山)	사쿠라이 출발한 우리 기차는 우네비 미미나시 가구야마 삼발이 솥 닮은 세 산을 차례로 보며 지금 가네
38	우네비 (畝傍) 가시하라 (橿原: 나라현 중부 나라분지 남부의 시)	우네비 산기슭 가시하라에 처음으로 수도 정하셨던 위광도 높은 천황의 무덤 숭배하라 사람들아
39	다카다 (高田: 니이가타현 남서부 조에쓰시 남부 지역) 가와치 (川内: 지금의 오사카부 동쪽) 가시와라 (柏原: 오사카부 중앙부 동단의 시) 도묘지 (道明寺: 오사카부 후지이테라시에 있는 진언종의 여승 절)	다카다와 헤어져 오른쪽으로 가와치로 달리는 선로 있네 길 지나는 가시와라의 유명한 절은 도묘지
40	가쓰라기야마 (葛城山: 나라현 고세시 나라분지 남서부 일대의 옛 지명) 곤고산 (金剛山: 오사카부 나라현에 걸쳐 있는 금강산지의 최고령)	오른쪽 창문으로 바라다보는 가쓰라기야마 남쪽에는 난씨의 성으로 이름 높였던 곤고산도 이어지네

번호	지 명	가 사
41	신조 (新庄: 야마가타현 북동부의 시) 고세 (御所: 나라현 서부 오사카부에 접한 시) 와키가미 (掖上)	신조 고세를 지나 와키가미 가면 진무천황 나라를 아키쓰시마라 하셨던 호호마언덕 우러러보네
42	난와 (南和) 기와 (紀和) 고조 (五条: 나라현 서부 요시노가와에 면한 시) 스다 (隅田) 기이 (紀伊: 지금의 와카야마현)	끝나면 시작되는 철도의 난와와 기와의 이어지는 곳 고조 지나면 스다에서 기이의 경계로 들어선다네
43	하시모토 (橋本: 와카야마현 북동부의 시) 기노카와 (紀ノ川: 나라현 중앙부 와카야마현 북부를 서쪽으로 흘러 기이상수도로 흐르는 강) 구도야마 (九度山: 오카야마현 이도군 지역) 고야 (高野: 와카야마현 북동부에 있는 1000m 전후 높이의 산에 둘러싸인 진언종의 영지)	눈 깜짝할 새 하시모토라 외치는 역부에게 길 물으면 기노카와 건너 구도야마 지나 3리라네 고야까지
44	*	홍법대사 이 산을 개척하였던 때부터 천여 년 쓰르라미 울리는 골당 주변 여름에도 바람 차갑구나
45	*	나무 그늘 어둑한 후도자카 저녁이슬 많은 뇨닌도 보면 마음도 저절로 더러운 속세 떠나네
46	기노카와 (紀ノ川) 요시노야마 (よしの山)	다시 건너는 기노카와 상류 멀리 구름 이외에 서있는 것 꽃이 좋은 요시노야마 보고 올 텐데 봄이라면
47	요시미즈인 (吉水院: 나라현 긴푸센지의 승방)	아아 잠시 동안 남조의 임시 황국이 되었던 요시미즈인의 달그림자 흐린가 지금도 밤마다
48	뇨이린도 (如意輪堂: 나라현 요시노군 요시노초에 있는 정토종 절)	밤에 애달픈 부엉이 울음소리보다 더 몸에 스미는 것 뇨이린도 보물 창고에 남아 있는 화살촉 문자 흔적
49	고카와 (粉河: 와카야마현 나가군 고카와초의 고카와 관음종 본산) 후나토 (船戸) 다이 (田井) 와카야마 (和歌山: 와카야마현 북서부의 시)	부모의 자비 고카와에서 또 타는 기차는 기와 선 후나토 다이노세 지나서 와카야마 보였던 기쁨이여

번호	지 명	가 사
50	기노카와 (紀ノ川) 와카야마 (和歌山) 히노쿠마 (日前: 와카야마시 아키즈키에 있는 원 관폐대사) 구니카카스진구 (国懸神宮) 나구사야마 (名草山)	기노카와 입구의 와카야마는 남해 제일의 도시로 신사는 히노쿠마 구니카카스 여행의 마음 나구사야마
51	기미이데라 (紀三井寺: 와카야마시 나구사야마 산에 있는 구세 관음종의 절) 와카노우라 (和歌浦: 와카야마시 남부에 있는 만안 일대)	기미이데라에서 바라보면 와카노우라 파도 조용하고 저어가는 어부 낚시 배는 떠있는 나뭇잎인가 조릿대잎인가
52	다마쓰시마 (玉津島: 와카야마시 와카노우라에 있는 작은 섬) 도마가시마 (苫が島)	아시베 갈대의 저녁바람에 떨어지는 이슬 다마쓰시마 도마가시마에는 등대의 빛으로 밝은 아름답구나
53	아리타무라 (有田村: 와카야마현 북부의 시) 도조지 (道成寺: 와카야마현 히다카군에 있는 천태종 절) 기슈 (紀州: 지금의 와카야마현)	귤 나오는 아리타 마을 종으로 유명한 도조지 기슈 명소는 많지만 길이 먼 것을 어찌할까
54	*	뒤돌아보는 자취에 남아 있는 성의 천수의 흰 벽은 우거진 소나무 사이로 언제까지 나를 배웅하려나
55	후케히 (深日)	북쪽 입구 나와 달려가는 남해선 길 가는 중에 창문에 익숙한 아침 바람 후케히는 여기구나 어느덧
56	오자키 (尾崎) 혼간지 (本願寺) 다루이 (樽井) 쓰쓰지야마 (躑躅山)	오자키에 세운 혼간지 다루이에 가까운 쓰쓰지야마 멈추지 말고 와서 보자 봄 깊어 꽃 아름답게 필 때는
57	사노 (佐野: 와카야마현 지명) 아리도시 (蟻通)	사노의 마쓰바라 쓰라유키의 노래로 알려진 아리도시 개미 마음은 아니나 이루어지는 소원은 기차의 은혜
58	가이즈카 (貝塚: 오사카부 남서부 오사카만안의 시) 기시와다 (岸和田: 오사카부 남부의 시) 오쓰 (大津: 시가현의 시) 시노다 (信太: 오사카부 센보쿠군의 옛 이름, 지금의 이즈미시에 속함)	가이즈카에 온 보람 있게 어느덧 기시와다의 성터 여기는 오쓰 그럼 안녕 내려 시노다 구스노키도 보자

번호	지 명	가 사
59	하마데라 (浜寺: 오사카부 사카이시 남부의 한 지역)	가게지야소데라고 읊었던 유명한 다카시가하마 파도 다가오는 하마데라 뒤로 보며 가면 항구 벌써 눈앞에
60	아와지시마 (淡路島: 세토내해의 동부에 있는 최대의 섬, 효고현에 속함)	사카이 바닷가 풍경에 여행의 마음도 사로잡혀 기차 출발도 잊었구나 희미한 것은 저것인가 아와지시마
61	*	융단 칼의 명산물에 마음 남기고 또 오기를 앞바다에 도미 낚는 꽃피는 봄 물가에 배 젓는 달의 가을
62	야마토가와 (大和川: 나라현 북부에서 오사카부의 중앙을 지나 사카이시에서 오사카만으로 유입하는 강) 스미요시 (住吉: 오사카시 남부의 스미요시구에서 사카이시 북부에 걸친 지명)	소철로 유명한 고사 이야기 계속 들으며 야마토가와 건너면 거기 스미요시 소나무도 등롱도 가까이 지나네
63	오노 (小野) 아베노 (阿倍野: 오사카시 남부 지역)	먼 고향 오노의 저녁 세찬 바람 부네 아베노의 소나무 그늘 아키이에 부자의 신사 있네 충사 흔적 어느 쪽인가
64	덴가차야 (天下茶屋: 오사카시 니시나리구 지명) 난바 (難波: 오사카시 중앙구 도톤보리 이남, 나니와구의 북부에 이르는 일대의 범칭)	태평성대 치세의 덴가차야 요란하지 않은 파도 난바 역 기운 솟아 출발하는 여행자의 마음은 뒤에 남아도

이데올로기화된 지리적 신체

이 장에서는 『지리교육 철도창가』 전 5집의 가사 분석 내용의 양상을 토대로 하여 이데올로기적 공간 생산의 문제를 고찰하고자 한다. 즉 공간은 사회적으로 만들어지는 것이라는 전제를 바탕에 두고 메이지의 공간이 지리적 신체로서의 균질 공간으로 재조립되어가는 과정을, 역사를 통한 공간의 재창출과, 국토 예찬을 통한 공간의 재창출 및 국력 표상을 통한 공간의 재창출로 크게 나누어 고찰 분석해 보고자 한다. 이와 같은 고찰 과정은 국민을 하나로 집중시키는 이데올로기화된 내부의 탄생을 확인할 수 있는 근거를 제공할 것이다.

역사를 통한 공간의 재창출

역사를 통해 창출되는 공간은 지리적 영역 위에서의 영토성 뿐만 아니라 지리적 신체, 즉 국가로서의 이데올로기적 공간이라는 특성을 함유하는 것으로 알려지고 있다. 다시 말해 공간에 경험 되어진 역사적 사실을 기억시키며, 그 공간과 역사의 결합을 통해 형성된 공간의 정체성은 국민들의 국토(국가) 의식을 민족의 정체성으로 치환시키는 자양분의 역할을 한다고 보는 것이다. 『지리교육 철도창가』의 경우에서도 이와 같은 공간의 역사성을 주제로 하는 내용을 통해 역사와의 결합에 의해 생성된 공간을 많이 제공하고 있으며, 그 분포도는 다음과 같다.

표 23. 역사성 관련 내용 분포

	중심지역	출제 수/전체 수	백분율
제1집	도카이도선	14/66	21.2%
제2집	산요·규슈	18/68	26.4%
제3집	오슈·이와키선	5/64	7.8%
제4집	호쿠리쿠 지방	9/72	12.5%
제5집	간사이·산구·난카이 각선	14/64	21.9%

우선 먼저 가장 적은 분포를 보이는 제3집의 경우는 그 중심 지역이 오슈·이와키 지방으로, 변방이라 할 수 있는 도호쿠지역이 중심을 이룬다. 총 64개 절 중에서 5개 절로 전 5개집 가운데 가장 적은 수를 싣고 있는데, 그 내용을 살펴보면 센다이시 아오바야마(青葉山)에 있

는 다테 마사무네가 쌓은 거성을 노래하거나, 헤이안 시대의 호족인 아베 사다토(安部貞任)와 미나모토 요시이에(源義家)의 전투 장소인 고로모가와(衣川)를 노래하고 있는 것을 볼 수 있다. 그런가 하면 미토학의 중심지로서 존왕양이를 고취하며 문무의 길을 넓힌 고도칸 등, 그 지역의 역사성을 상기시키며 국민들의 기억을 국가로 환원시키고 있다.

『지리교육 철도창가』 전 5집 중 가장 많은 내용을 담고 있는 것은 산요·규슈 중심의 제2집으로, 지금의 오카야마현·효고(兵庫)현·히로시마현 ·야마구치현 그리고 규슈 지역을 통과하며 그 경계 안에서 일어났던 많은 역사 속 이야기를 창가 속에서 재생산하고 있는 것을 볼 수 있다. 헤이안 시대의 무장이었던 다이라노 아쓰모리(平敦盛)를 만나고, 주군의 적인 스에 하루카타를 무찌른 모리 모토나리를 만나며, 헤이안 귀족 학자로 학문의 신으로 받들어지고 있는 스가와라 미치자네를 통해 다이고 천황을 향한 충군의 마음을 고취하고 있다. 그런가 하면 최초의 사족 반란인 사가(佐賀)의 난을 새삼 되새기며, 청일전쟁 시의 대본영이었던 공간을 통해 천황의 은혜를, 그리고 청일전쟁의 승리로 맺은 바칸조약의 장소를 칭송한다. 그런가 하면 구스노키 마사시게 부자의 결별의 사적을 통해 충군애국을 다지며, 겐코 황거의 옛터에서 고다이고천황을 기억케 한다. 천황치세 지키는 남조의 충신 유키 무네히로를 칭송하고, 나라의 기원을 세운 진무천황과 신의 도시 이세라는 공간을 통해 태양신인 아마테라스 오미카미의 자손인 천황의 황통을 확인시키는 등, 간사이·산구·난카이 각선을 통과하며 재생되는 역사의 파편들을 창가를 통해 국민들에게 기억시키고 있다고 할 수 있다.

요컨대 『지리교육 철도창가』는 이렇게 묻혀 있던 전국의 역사적 공간 속의 풍경들을 새롭게 구성함으로써 국민들의 기억을 하나로 환기시키는 효과를 유도하였으며, 이는 결국 국민들에게 '우리'라는 동일성 획득의 기회를 부여함으로써 민족적 정체성을 습득시키는 중요한 기능적 역할을 담당하였다고 하겠다.

국토 예찬을 통한 공간의 재창출

『지리교육 철도창가』 전 5집에 나타나는 대체적인 풍경은 대부분이 문화 유적지로서의 명승고적, 즉 우타마쿠라 관련 내용들로서 전통과 자연 풍광에 대한 예찬으로 이루어져 있다. 이는 전 국토에 걸쳐 부설된 철도망의 확장으로 묻혀있던 장소의 가시화가 이루어지고 그 공간 속에서 발견되는 기존의 전통적 풍경들은 국민이 함께 느낄 수 있는 '하나의 시선'을 통해, 다시 말하면 나 개인의 풍경이 아닌 '우리'의 풍경을 만들어내는 이데올로기적인 '새로운 시선'을 통해 그 지역을 표상하는 근대적 풍경으로 재현되기 때문인 것으로 해석할 수 있을 것이다. 결국 이때의 전통적 풍경의 고유성은 균질화된 국민적 풍경으로 변환되면서 '우리 일본'으로 재생산되는 것이다.

실제로 『지리교육 철도창가』 전 5집의 가사 내용 중에서 국토 예찬과 관련된 내용을 살펴보면 위에서 언급한 바와 같이 지리적 신체, 즉 '근대적 공간으로서의 일본'이 창출되는 과정을 제공하고 있다고 할 수 있다. 그러한 생산적 공간을 제공하는 내용들을 살펴보면 다음 표와 같다.

표 24. 국토 예찬 관련 내용 분포

	중심지역	출제 수/전체 수	백분율
제1집	도카이도선	32/66	48.4%
제2집	산요·규슈	31/68	45.5%
제3집	오슈·이와키선	27/64	42.1%
제4집	호쿠리쿠 지방	27/72	37.5%
제5집	간사이·산구·난카이 각선	34/64	53.1%

국토 예찬 관련 내용의 경우는 5집이 대체적으로 비슷한 분포를 나타내고 있으나 그 중에서 가장 많은 수를 차지하고 있는 것은 53.1%라는 수치를 나타내는 제5집이다. 제5집은 간사이·산구·난카이 각선을 따라 그려지고 있는 일본의 풍경을 노래하고 있는데, 전체 64개 절 중에서 34개 절이 이에 해당된다고 하겠다. 손에 쥘 듯 가까이 솟아있는 이코마야마(生駒山)와 우타마쿠라로 유명한 이노테 다마가와, 헤이안 시대 귀족들의 별장지를 노래하고, 달의 명소 스마와 벚꽃 및 단풍의 명소 아라시야마를 칭송하고 있다. 웅장함과 힘을 표상하는 스즈카산맥과 신의 도시 이세를 통과하며 '우리 국토'의 신성성을 노래한다. 일출과 부부바위로 이름 높은 후타미노우라와 벚꽃의 명소이자 우타마쿠라로 유명한 아사쿠라노미야·나미키노미야·요시노야마를 노래하고, 야마토 3대 산이며 우타마쿠라인 미미나시야마·우네비야마·가구야마를 자랑한다. 그런가 하면 수험도의 신성한 장소로서의 곤고산(金剛山)과, 기미이데라(紀三井寺)·도조지(道成寺)·뇨닌도(女人堂)·히노쿠마진구(日前神宮) 등의 신사와 절의 전통적 풍경은 창가가 제공하는 지리적 정보를 통해 국민들에게 유통됨으로써 근대적 풍경으로 치환되고 있다고 할 수 있다.

제3집(42.1%)과 제4집(37.5%)의 경우는 그 중심지역이 지금의 후쿠시마현·미야기(宮城)현·아오모리현의 도호쿠지역과, 니가타(新潟)현·도야마(富山)현·이시카와(石川)현·후쿠이(福井)현 등으로 변방 지역이라 할 수 있는 영역이 이에 속한다. 이들의 분포도는 전 5집중에서 가장 낮은 수치를 소유하지만 영역의 지리적 특성을 고려해 보았을 때 그 차지하는 비율은 결코 낮다고 볼 수 없다.

내용상으로는 에도 시대부터 벚꽃의 명소였던 아스카야마(飛鳥山)와 국립공원 닛코를 노래하거나, 일본 3경의 하나인 마쓰시마의 명승지와 우타마쿠라의 명소인 시오가마(塩釜)·지가노우라(千賀浦)·쓰쿠바산(筑波山)·하루나산 등을 노래하고 있다. 또한 이자카·이카호(伊香保)·이소베(磯部) 등의 온천을 노래하며, 특히 히카와(氷川)공원지·하쿠산국립공원지·야히코야마국립공원지·3대 정원의 하나인 겐로쿠엔공원 등, 공원을 정책적으로 조성함으로써 국민들의 국토 경관에 대한 자긍심을 고양시키기도 한다.

이렇듯 『지리교육 철도창가』는 철도 연선을 주축으로 이어지는 전통적 명승고적의 자취를 일본 고유의 풍경으로써 발견해내고 재배지하여 근대적 시각이 요구하는 새로운 풍경, 즉 균질화된 국민적 풍경으로 거듭나게 하는 기제적 역할을 하였다. 또한 이는 국가의 전통적 지리 정보를 국민들에게 환기시킴으로써 국민들로 하여금 지리적 신체에 대한 정체성과 그 공간에 귀속되는 소속감을 갖도록 하는 역할까지 담당하였던 것이다.

국력 표상을 통한 공간의 재창출

일본의 철도는 근대 국가 형성을 위한 산업 구조의 변화 속에서 그 원동력의 역할을 수행하며 '일본 발견'이라는 상황의 연출과 함께 전국적 철도망을 구축하였다. 노선을 따라 관련 지역을 통과하고, 그럼으로써 그 지역의 발전을 유발하는 철도의 개통은 일본의 전근대적 공간을 부국강병을 지향하는 근대적 국가 공간으로 그 질적 변화를 만들어갔다. 즉 철도로 이어지는 지역들은 공간적 폐쇄성이 해체되고, 그럼으로써 지역 간의 접근성이 향상되면서 생산적이고도 역동적인 공간으로 바뀌어 갔던 것이다. 이렇게 형성된 근대 공간으로서의 국가 공간은 『지리교육 철도창가』를 통해 국민적 공유[28]가 이루어졌다.

표 25. 국력표상 및 철도 관련 내용 분포

	중심지역	출제 수/전체 수	백분율
제1집	도카이도선	11+5/66	24.2%
제2집	산요·규슈	8+9/68	25%
제3집	오슈·이와키선	8+20/64	43.7%
제4집	호쿠리쿠 지방	17+17/72	47.2%
제5집	간사이·산구·난카이 각선	1+12/64	20.3%

(출제 수: 국력 표상의 내용+철도 관련 내용)

『지리교육 철도창가』 내용 분석 중에서 부국강병을 향한 국력과 국가 산업의 발전상을 노래하거나, 근대 문명의 표상으로서의 철도 예찬 관련 내용의 분포는 위의 표에서도 알 수 있는 것처럼 총 334개 절 중에서 108개 절에 해당하는 32.3%를 차지한다. 이 수치는 가장 많은 부분을 차지하는 국토 예찬 관련 내용 다음으로 큰 수치이다. 그 중에서 47.2%로서 호쿠리쿠 지역을 노래한 제4집의 내용을 간략히 살펴보면 다음과 같다.

먼저 오지(王子)의 제지공장을 지나면서 해마다 성장하는 국력을 칭송하고, 예로부터 해륙 교통의 요충지로 중요한 역할을 해왔던 나오에쓰(直江津)항구의 활기찬 모습과 일본 유전 개발의 발상지인 가시와자키(柏崎)를 노래하고 있다. 뿐만 아니라 나가오카(長岡)를 지나면서는 제유 연기로 휩싸인 상공업 도시의 면모를, 금·은 산출로 에도시대부터 유명한 사도(佐渡)광산과, 교통의 요지이자 상공업 도시로서 자리 잡고 있는 다카오카(高岡)를 통해 근대화를 향한 상업 교통의 발전상을 노래하고 있다. 그런가 하면 '어느새', '눈 깜짝할 사이에', '달려가는 기차', '벌써 도착' 등의 수사를 통해 근대적 속도감을 노래하며, 아프트식 철도, 터널 길이에 대한 감탄, 전국토를 커버하고 있는 철도망 등, 철도 도입에 따른 근대화된 모습을 노래한다.

43.7%의 분포를 보이고 있는 제3집의 경우, 그 중에서도 특히 철도의 혜택에 대한 내용이 20개 절에 달하고 있는데, 우에노를 출발한 기차는 도호쿠지방 끝인 미치노쿠의 아오모리까지도 단숨에 갈 수 있다고 노래하면서, 25마일도 기차로 달리면 한 시간 반 만에 도착할 수 있고, 옛날 육로로 20일 거리가 지금은 철도로 하루 밤낮이면 가능하다는 내용을 노래하고 있다. 그런가 하면 미치노쿠의 구석구석을 연결시키는 철도의 선들이 이어지는가 하면 새로운 철도 부설 공사가 아직 계속되고 있는 광경도 근대적 풍경의 하나로서 제시되고 있다.

그 외 거의 비슷한 분포도를 갖고 있는 제1집(24.2%), 제2집(25%), 제5집(20.3%)을 살펴보면 제1집에서는 요코하마역에서 느끼는 항구의 검은 연기, 요코스카(横須賀)항의 군함의 장대함, 우쓰노야마(宇津山)의 터널, 전근대적 시간감각을 균열시키는 근대적 속도감의 표현들, 그리고 상업 번영의 오사카와 고베항의 수많은 기선들을 통해 국력을 확인하며, 문명의 이기인 철도의 공덕을 예찬하고 있다.

제2집에서는 끊임없이 드나드는 배들로 상업이 번창한 미타지리와 국제 무역항 나가사키의 역동적 풍경을 노래하고 외국으로까지 이어지는 국력의 발전 모습을 국민들에게 각성시키고 있다고 할 수 있다. 그런가 하면 노선을 따라 이어지는 지역 명을 나열함으로써 거리감을 압축시키고 있으며 이는 전근대적 속도감을 파괴한다. 제5집의 경우도 마찬가지로 달리면 다가오고, 어느덧 멀어지는가 하면 눈 깜짝할 사이에 도착하는 기차의 속도를 노래하며, 여기에 계속 빠르게 이동하는 지역 명을 거론함으로써 그 속도감의 분위기를 배가시킨다.

즉 제1집에서 제5집까지의 국력 표상 및 철도 관련 내용은 결국 부국강병을 지향하는 근대적 국가 공간으로 그 질적 변화를 추구하는 메이지 정부의 의도의 양상을 보여주고 있다. 그리고 이러한 질적 변화를 통해 생산되는 공간은 근대 국가 형성에 있어서 간과할 수 없는 '지리적 신체(=국가)'의 중요한 부분을 담당하면서, 국민들의 국가에 대한 자긍심 함양과 민족의식의 고취, 즉 국민적 일체성 의식의 생산을 촉진시켰던 것이다.

이데올로기와 공간의 국민화

이상으로 『지리교육 철도창가』 전 5집의 가사 분석을 통해서 메이지 정부의 근대 국민국가 창출 구상의 하나인 근대 공간으로서의 '지리적 신체 만들기' 과정을 살펴보았다.

근대 이전까지의 불명료했던 일본의 지리적 공간은 메이지 정부의 제국헌법을 통해 국토의 경계를 명확히 하였는데, 그와 함께 공간적 경계성에 대해 갖고 있던 민중의 전근대적 의식을 계몽시키기 위해 메이지 정부는 구상책으로 천황의 가시화를 위한 의도적이고도 정책적인 국가 행사인 전국 순행을 실시하였다. 그리고 그 순행 코스는 그대로 '우리 국가'라는 지리적 신체를 만들어내면서 그 안의 내부를 균질화된 영역으로 만들어갔다. 한편 때를 같이하여 발달한 철도는 이렇게 균질화 되어가는 국토가 국가의 신체임을 민중들에게 체득시키는 도구가 되어 국민국가 일본의 영토적 경계성을 명확히 하는 중요한 역할을 담당하였던 것이다.

실제로 『지리교육 철도창가』의 가사 내용을 분석한 결과를 통해 거의 전 국토에 철도망을 구축함으로써 생산되는 근대적 공간, 즉 국가의 신체를 확인할 수 있었는데, 이 작업은 전 5집 총 334개 절의 가사 내용을 같은 유형의 범주에 들어가는 내용끼리 크게 셋으로 나누어 이루어졌으며 그 결과는 다음과 같다.

우선 먼저 역사를 통해 창출되는 공간의 경우는 그 공간에 경험되어진 역사적 사실과 결합함으로써 생성되었으며, 이러한 역사 관련 공간은 국민들의 국가 의식을 민족의 정체성으로 치환시키는 자양분이 되었다. 즉 물리적 공간으로서의 영토성 뿐만이 아니라 국가라는 이데올로기적 공간을 생산해내었던 것이다. 『지리교육 철도창가』 안에서는 총 334개 절 중 60개 절에 해당하는 18%가 이에 해당하며, 그 중에서 제2집의 경우는 전 다섯 개집 가운데 가장 많은 18개 절로 26.4%를 차지하고 있다. 무명의 장소로 전국에 흩어져 묻혀있던 역사적 풍경들을 창가의 노랫말 안에 새롭게 배치시킴으로써 국민들의 기억을 환기시켜 하나의 집합체로써의 민족적 정체성을 습득시키는 효과를 유도해 내고자 했다.

두 번째로 문화 유적지로서의 명승고적 관련 내용 및 자연 풍광에 대한 예찬을 통해 창출되는 공간은 『지리교육 철도창가』 제1집에서 제5집까지 적게는 37.5%에서 많게는 53.1%를 차지하며, 전체적 비율로 보았을 때 총 334개 절 중 151개 절에 해당하는 45.2%의 분포도를 보여주고 있다. 이와 같은 수치는 잊혀져있던 장소들이 철도망의 확장으로 가시화되고, 그 공간 속에서 발견되는 기존의 전통적 풍경들은 그 지역을 균질화시키는 국민적 풍경으로 재생산되었음을 표상하는 바로미터이며 그러한 과정을 제공한 것이 바로 『지리교육 철도창가』였다.

마지막으로 국력 표상을 통해 창출되는 공간의 경우도 국민국가 형성을 위한 산업 구조의 변화 속에서 그 원동력의 역할을 주도한 철도가 전국적으로 개통되면서 이루어졌다고 할 수 있다. 즉 전근대적 공간을 부국강병을 지향하는 근대적 공간으로 질적 변화를 유발시킨 철도 개통은 지역 간의 폐쇄성을 접근성으로 대체시키고, 그럼으로써 그 공간을 역동적이고도 생산적 공간으로 변화시켰다. 이러한 변화를 국민들이 함께 공유할 수 있었던 것은 바로 전 국토를 커버하고 있던 『지리교육 철도창가』의 노래를 통해 자국의 근대화 모습을 확인할 수 있었기 때문이라 하겠다. 실제로 국력 표상 및 철도 예찬 관련 가사의 분포도를 보면 총 334개 절 중 108개 절에 해당하는 32.3%가 이에 포함된다. 그 중에서도 다소 변방 지역을 다루고 있는 제3집과 제4집의 높은 수치는 '일본 발견'이라는 상황을 연출하는 철도의 혜택에 대한 예찬의 표상이며, 이러한 국가 공간의 질적 변화를 통해 창출되는 공간은 바로 국민국가 일본의 '지리적 신체(=국가)'의 중요한 한 영역을 담당하였다고 할 수 있겠다.

요컨대 『지리교육 철도창가』는 역사와 국토 예찬, 그리고 국력의 표상을 통해 창출되는 공간들이 제공하는 국가에 대한 정체성과 소속감, 더 나아가 국민적 일체성 의식을 국민들에게 주입시키는 기제적 역할을 하면서 근대 국민국가 메이지의 지리적 신체로서의 근대적 공간을 구축해 갔던 것이다.

5

‘의식창가’를 통한 국가관 만들기

축일대제일 의식창가 탄생

이 장에서는 메이지 초기의 학교 행사에 초점을 맞추어 학교 행사가 국가적 행사인 <축일대제일 의식> 안으로 포섭되어가는 과정을 살펴본다. 이를 위해 학교 행사로서의 <축일대제일 의식>과 <소학교 축일대제일 의식규정> 과정, 그리고 <축일대제일 가사 및 악보>의 제정에 따른 의식창가 탄생까지, 그 과정을 다루고자 한다.

메이지 초기 학교 행사와 축제일 의식

메이지 초기의 학교 행사는 학교의 연중행사와 각종 의식, 작업, 사무, 신년식, 개학식 등이 넓은 의미 안에서 다루어졌다. 축제일 의식도 학교 행사 안에 포함되어 있었지만 완전한 형태를 갖춘 행사는 아니었으며, 1887년 이후에 제도화된 국가적 의식과는 커다란 차이가 있었다. 축제일 의식은 신년·기원절·천장절을 가리키는데, 이러한 날에는 특별한 행사 없이 지나가 버리거나 혹은 신사에서 참배가 행해지기도 하였으며 학교는 휴교가 일반적인 모습이었다. 이와 같은 상황 속에서 1879년에 공포된 <교학에 관한 성지>(이하 교학성지)[1]

는 그 이전까지의 메이지 정부의 교육 정책적 방향을 뚜렷하게 변화시키는 단초 역할을 하였다.

> 교학의 요점은 인의충효를 명확히 하여 지식 재예를 깊이 연구하고 이로서 인도를 다하는 것은 우리 선조 훈국전의 취지, 상하 일반의 가르치는 바이다. (중략) 따라서 이제부터 이후 시조가 되는 조상의 훈전에 기초하여 오로지 인의충효를 명확히 하고 도덕의 학문은 공자를 중심으로 하며, 사람들은 성실 품행을 존중하고, 그러한 다음 각 과의 학문은 그 재기에 따라 더욱더 증진하며, 도덕재예, 근본을 완전히 갖추어 대중 지정의 교학 천하에 널리 알리는 것은 우리나라 독립의 정신에 있어서 천하에 부끄러움이 없음이다. (하략)[2]

앞에서 서술한 바와 같이 <학제>기에 초등학교의 국가 축제일 의식은 그다지 중요시되지 않았다. 그러나 서구화 정책 하에서의 1877년 전후의 불안한 사회적 현상들, 즉 민중의 지조 개정 반대 봉기, 자유민권운동의 격화, 서남전쟁의 발발과 국고의 군비 초과 상태 등, 국가적 혼란 상태를 타개하기 위한 방책으로 메이지 정부는 교육의 정비에 몰입하였다. 그리고 이는 일본 교육 정책의 노선을 바꾸게 한 <교학성지>의 모습으로 표출되었다. 즉 메이지 천황이 직접 황국사상에 기초한 교육으로의 전환을 요구한 이것은 교육 정책에서의 '구화'에서 '회귀'로의 코스 전환의 발로였다. 또한 1880년 <개정 교육령> 발포에 따라 그 전까지 지방에 위임되어있던 교육이 국가 통제를 받게 되고, 그 다음해에는 <학교 교칙강령>에 의해 초등학교 과정과 교육내용 및 교수 요지가 정부에 의해 정해지면서, 교육의 중앙집권화 강도의 수위가 한층 높아지게 되었다. 그리고 이는 '메이지 국민 만들기'의 국가적 장치인 '교육칙어'의 탄생으로까지 이어졌다. 결국 <교학성지>로 시작된 이 일련의 과정들로 인해 권력 공간으로서의 '학교' 안에서는 유교주의적 황국사상의 근본 의식인 인의충효의 정신을 깊이 체득시키기 위한 구체적 방책들이 실시되었으며, 그 최고의 아파레이유(장치)가 학교 행사로서의 '축제일 의식'의 탄생이었던 것이다.

축제일에 관한 규정이 제도권 속에 최초로 나타나는 것은 1881년 5월의 <소학교 교칙강령> 제7조에서이다. 여기에 '소학교에서는 일요일, 하계·동계·휴업일 및 대제일, 축일 등을 제외하고는 수업을 해야 한다'[3]고 규정하고 있다. 즉 이 강령을 통해 메이지 초기의 학교 의식의 형태는 1887년 이후의 국가 축제일 의식과는 다른, 그저 '휴일'로서의 성격을 가지고 있었다는 것을 알 수 있다. 이렇게 그동안 휴일에 지나지 않았던 국가 축제일이 학교의 중요한 교육 활동의 하나로서 학교 행사 안으로 강제되어가는 제도적 단초가 된 것이 바로 <교학성지>이었던 것이다.

오늘날 일본에서 국가가 정한 경축일에 해당하는 국가 축제일은 그 원형이 거의 1873년에 제정된 것들이다. 그것은 천황을 앞세워 정권을 잡았던 메이지 정부가 국가 통합 의식을 주입시키기 위해 제정일치(祭政一致)를 내세우며 '의식 만들기'에 집중한 결과였다.[4] 이들 대부분의 의식들은 그 내용이 천황의 탄생, 천황의 신적 권위 표상, 천황에 의한 건국의 경축 그리고 회상 등의 천황 관련 내용들인데, 결국 이러한 내용은 축제일 의식이 천황제 사상을 주입시키기 위한 콘텍스트였음을 입증해주는 것이라 하겠다.

축제일 의식 속의 '어진(御眞影)'과 '칙어봉독'

1880년을 넘어서까지도 학교 의식은 근세적 내용이나 형식이 남아있어 데라코야(寺子屋)나 시주쿠(私塾) 등에서 행해졌던 모습으로 지속되고 있었다. 그러나 1887년에 들어서면서 '어진'과 '칙어봉독'으로 표상되는 축일대제일 의식으로 인해 그와 같은 모습은 학교 행사 속에서 사라지게 된다.[5] 축제일 의식은 교사와 학생 모두를 참여시키는 학교의 교육적 행사였다. 특히 의식이 감성을 연마하여 공동 일치적인 감정을 육성하는데 유용하다는 독일 교육학의 이론[6]에 힘입은 메이지 정부는 축제일 의식을 천황제 국가 지배의 정당성과 국가 통합을 위한 최고의 장치로 여겼다. 그리고 이러한 축제일 의식을 아동들에게 주입시키기 위한 구체적 방법으로서 '어진'과 '칙어봉독'을 의식의 중심에 두었다. 그리고 이러한 의식의 모습으로 포장시킨 천황을 그 주인공으로 하는 종교적 '예배 의식'[7]이었던 축제일 의식은 영국 언어학자인 B.H.챔버렌(Basil Hall Chamberlain)[8]의 언급처럼 '미카도 숭배'[9] 그 자체였으며, '어진' 하사라는 구체적 방법을 제시함으로서 아동들에게 천황의 우상화를 각인시켜 갔다.[10] 천황의 분신으로 여겨졌던 '어진'을 하사한 것은 1887년경부터 부현립(府県立) 학교를 대상으로 시작되었다. 초등학교에는 1888년 말부터 그 하사가 실시되기 시작하였으며, 1891년 <축일대제일 의식 규정>에 의해 그 절정을 이루게 된다.[11]

한편 메이지 정부의 교육에 대한 '구화'에서 '회귀'로의 코스 전환 정책은 그 성과물로서 '메이지 국민(=신민) 만들기'의 국가적 장치인 '교육칙어'를 탄생시켰다. 그리고 이것은 제국헌법 체제가 성립하는 1890년을 전후로 권력 측으로부터 학교에 강제된 학교 행사인 축일대제일 의식에 전격 투입되었다. 즉 '교육칙어'는 단순히 발포된 것에 그치지 않고 그 등본을 만들어 그것을 약 3만 관공사립 학교에 신속하게 배포하였으며, 칙어등본을 하부 받은 지방관 및 학교에서는 엄숙하고도 장중하게 삼가 받들어 읽는 '봉독식'을 거행하도록 강제되었다. 봉독식은 3대절, 칙어 발포 기념일, 졸업식, 학교 창립기념일 그리고 매월 일정한 날(주로 30일이었음) 등에 시행하도록 지시되었으며[12] 구체적인 세부사항까지 매뉴얼화 되었는데, 이는 축제일 의식의 전국적 균질화와 통합화를 이루는 계기가 되었음을 시사해 준다.

어진은 '교육칙어' 정신을 아동들에게 주입시키기 위한 도구였다. 그리고 '칙어봉독'과 '어진의 배례'가 하나의 세트가 되어 '의식(儀式)'의 중추적 시공간을 형성하였다. 이는 제국 신민의 자질을 근본부터 제조해나간다는 확실한 장치가 되었으며, 그렇게 아동들의 의식(意識)은 메이지 공권력에 의해 폭력적으로 만들어져갔다.

이와 같이 메이지 정부는 천황의 초상 사진인 '어진'과 '칙어봉독'으로 점철된 축일대제일 의식을 통해 천황이 바로 메이지 국가인 도식하에서 충성심의 집중화, 즉 메이지적 이데올로기를 적극적으로 구축해 갔던 것이다.

〈소학교 축일대제일 의식 규정〉에 따른 의식창가 탄생

축제일 의식은 '교육칙어' 발포(1890년 10월 30일) 후 전국적 규모로 보급되었다. 그 후 약 8개월 후인 1891년 6월 17일에 <소학교 축일대제일 의식 규정>(문부성 발령 제4호)이 공포되었으며, 이는 그때까지 임의로 실시되고 있었던 축제일 의식을 학교 행사로 정착시키는 역할을 한 공식적인 제도였다. 물론 축제일에 관한 제도화의 시작은

1881년 5월의 <소학교 교칙 강령>안에서 다루고 있음은 앞에서도 언급한 바 있다. 그러나 그럼에도 불구하고 1880년대 전후에는 아동들의 의식 참여에 대한 의무화가 학교 행사로서의 축제일 의식 속에서 일반적으로 시행되고 있었던 것은 아니다. 요컨대 <소학교 축일대제일 의식 규정>은 학교 행사로서의 축제일 의식을 실제적으로 의무화시키는 계기가 되었으며, 따라서 이 의식 규정은 바로 천황의 권위를 의식을 통해 아동들에게 각인시키는 '힘의 제도'였던 것이다.

<소학교 축일대제일 의식 규정>은 전체 8조로 이루어져 있다. 특히 제1조에서는 초등학교에서의 축제일 의식의 구체적 방식을 규정하고 있는데, 그 주된 내용은 다음과 같다.

> 1890년 10월 칙령 제215호 소학교령 제15조에 기초하여 소학교에 있어서의 축일 대제일의 의식에 관한 규정을 마련한 것 다음 적은 것과 같다.
> (중략)
> 제1조 기원절, 천장절, 원시제, 신상제 및 신상제 날에 대해서는 학교장, 교원 및 생도 일동 식장에 모여 다음의 의식을 거행한다.
> 1. 학교장, 교원 및 생도 천황폐하 및 황후폐하의 어진에 대해 삼가 최고의 경례를 행하고 동시에 양 폐하의 만세를 봉축한다. 단, 아직 어진을 배대하지 못한 학교에 대해서는 본문 전 단계의 의식을 생략한다.
> 2. 학교장 혹은 교원, 교육에 관한 칙어를 봉독한다.
> 3. 학교장 혹은 교원, 정중하게 교육에 관한 칙어에 기초하여 성의 있는 곳은 훈화하며 또 역대 천황의 성덕 홍업을 말하고 또는 축일대제일의 유래에 상응하는 연설을 행하며 충군애국의 지기를 함양시키는 것에 힘쓴다.
> 4. 학교장 교원 및 생도, 그 축일대제일에 어울리는 창가를 합창한다.[13]

위의 내용을 통해 의식에 대한 일종의 기준 성립과, 그것이 전국적으로 매뉴얼화가 이루어지게 됐음을 짐작할 수 있다. 그 매뉴얼화된 의식 내용의 순서는 먼저 어진에 대한 최고 경례와 양 폐하의 만세 봉축, 그리고 교육칙어 봉독과, 이어서 교장의 칙어에 대한 훈화, 각각의 축제일에 대한 연설 후, 그 축제일과 관련하여 창가를 제창하는 것으로 이루어져 있다. 이렇게 메이지 정부는 의식을 규정함으로써 천황의 통치 및 우상화를 보다 직접적이고도 적극적으로 아동들에게 교육하고자 하였다. 그리고 특히 아동들의 의식에 대한 감동을 심화시키고 그 분위기를 고조시키는 효과를 연출하기 위해 창가 제창이 도입되었는데, 이러한 음악적 실천 행동은 아동들로 하여금 자연스럽게 동질적 의식을 공유하게 하는 구조를 부여하는 장치로 작동하였으며 아동들이 성인이 된 후 국가적 이데올로기의 내면화를 구축해 가는 자양분으로 이어졌다. 그러나 이렇게 축제일 의식 안에서 창가의 역할이 집중되는 부분이 컸음에도 불구하고, 실천과정에 있어서는 그 적절한 창가가 확정되어있지 않은 상태였을 뿐만 아니라, 그 시점에서 아직 창가 수업이 이루어지지 않고 있는 학교도 존재했다는 문제점을 안고 있었다. 메이지 정부는 이러한 문제점을 해결하기 위해, 의식 규정 공포 후 약 4개월이 경과한 1891년 10월 8일 <소학교에서 축일대제일 의식을 행할 때 창가용으로 제공할 가사 및 악보 찬정 건>에 대해 훈령을 발포[14]하게 된다. 그 안에는 기존의 관제창가집 안에 들어있는 곡 중에서 13곡[15]을 선정하고 있는데, 이는 '그에 상응하는 창가'의 가사와 악보를 정하여 분포할 때까지 사용하도록 한 임시적 방편이었다. 이후 1893년 8월 <축일대제일 가사 및 악보>를 통해 정식으로 창가를 선정, 공포하였으며 그럼으로써 8곡의 '의식창가'가 탄생하게 된다. 이는 ① 기미가요(君が代), ② 칙어봉답(勅語奉答), ③ 1월 1일(一月一日), ④ 원시제(元始祭), ⑤ 기원절(紀元節), ⑥ 신상제(神嘗祭), ⑦ 천장절(天長節), ⑧ 신상제(新嘗祭)의 순서로 열거되어 발포되었으며 이 8개의 의식창가는 천황에 대한 넘쳐나는 충군애국 이데올로기의 기운을 노랫말 속에서 최대한 고양시키는 것들이었다. 그리고 그 권력적 힘은 아동들의 감성을 공명시켜 아동들을 메이지의 권력 체계 속으로 끌어들였는데, 이와 같은 구조는 정치학에서 말하고 있는 '미란다(miranda) 개념'과 그 맥을 같이하는 구조라고 할 수 있겠다.

의식의 규정은 아동들을 완벽하게 통제하기 위한 제도화였다. 즉 획일화와 통일화라는 전국적 매뉴얼화가 이루어지는 가운데, '어진'에 의한 천황의 우상화와 '칙어등본의 하부'에 의한 충군애국 이념의 이식, 그 모든 것을 고취시키는 도구로서의 8곡의 '의식창가'까지, <소학교 축일대제일 의식 규정>은 근대 권력 장치의 하나인 '학교' 안에서 메이지 정부가 구축하고자 했던 메이지적 이데올로기를 아동들에게 뿌리내리게 하는 강력한 권력 그 자체였던 것이다.

축일대제일 의식을 통한 교화 장치

축일대제일 의식 속에서의 의식창가는 아동들에게 메이지적 이데올로기를 체득시키기 위해 필요했던 모든 것들이 내면화 될 수 있도록 아동들의 감성을 건드림으로써 그 작용을 한층 더 고취시키는 역할을 수행하였다.

이 장에서는 8곡의 의식창가 속에 함축되어 있는 메이지적 이데올로기의 표상에 대한 양상을 가사와 선율의 분석을 통해 좀 더 구체적으로 살펴보고자 한다.

가사 속의 메이지적 이데올로기

■ 기미가요(君が代/고대 가요)

> 천황의 치세는 천년만년 작은 돌이 큰 바위 되어 이끼가 낄 때까지
> 君が代はちよにやちよにさゞれいしの巖となりてこけのむすまで。[16]

메이지 헌법 하에서 천황의 치세를 영원히 바라는 의미로 해석되어 불러온 이 노래는 그 원 출처인 『고킨슈(古今集)』 안에서 'わが君(우리 님)はちよにやちよにさゞれいしの巖となりてこけのむすまで'라고 되어 있는 가사 내용을 '君が代(천황치세)はちよにやちよにさゞれいしの巖となりてこけのむすまで'로 고쳐 만든 노래이다. '기미가요'는 의식(儀式)의 제2의 주인공으로서의 위치를 부여받으면서 의식 안에서 독특한 분위기를 만들어냈다. 그것은 '일동 기립'이라는 신체에 대한 하나의 행동패턴의 제시와 함께 그 집단 속에서 한사람도 흐트러져서는 안 되는 보이지 않는 신체적 구속과 의식의 통제였으며 그 속에서 아동들은 엄숙히 '기미가요'를 부르도록 요구되었다. 그리고 이와 같은 '장'의 엄격한 분위기는 그 자체로 아동들을 통제하는 권력이 되었던 것이다.

기미가요는 당시 '국가(国歌)'로서 제정한다는 법적 근거는 없었다. 그러나 어진에 대한 최고의 경례와 양 폐하의 만세 봉축 후 이어서 제창된 기미가요는 그 자체로서 준 국가적 대우를 받았다고 할 수 있다. 또한 '천황의 다스림이 천년만년 작은 돌이 커다란 바위가 되고,

또 그 바위에 이끼가 낄 때까지'라는 시간성을 초월한 영원불멸의 천황을 칭송하는 내용의 이 노래가 의식 때마다 아동들에게 반복적으로 불러짐으로써, 현인신 천황을 주인공으로 하는 메이지적 이데올로기가 아동들에게 자연스럽게 수용되는 메커니즘으로 작동하였다고 할 수 있겠다.

이와 같이 '기미가요'는 학교 의식에서는 없어서는 안 될 중요한 위치 속에서 의식이나 황실·국가적 행사는 물론, 학교 내의 자치적 행사 때에도 빠짐없이 반복적으로 불러진 노래였다.

■ 칙어봉답(勅語奉答/가쓰 야스요시勝安芳 작사)

그지없이 황송한 천황 말할 수 없이 고귀한 천황
말할 수 없이 고귀하고 황송하게도 하사해주신 천황의 말씀
이 경사스러운 일본의 나라 교육의 토대가 되네
이 경사스러운 일본의 백성 교육의 귀감이 되네
그지없이 황송한 천황의 말씀대로 힘써
말할 수 없이 고귀한 천황의 성심에 보답하세

あやに畏き天皇のあやに尊き天皇の
あやに尊く畏くも下し賜へり大勅語
是ぞめでたき日の本の国の教の基なる
是ぞめでたき日の本の人の教の鑑なる
あやに畏き天皇の勅語のまゝに勤みて
あやに尊き天皇の大御心に答へまつらむ

메이지 정부는 기미가요와 칙어봉답을 매우 중시하여 모든 의식에서 반드시 부르도록 하였다. 교장 선생님의 교육칙어 봉독 시, 아동들은 일제히 머리 숙여 정중히 들어야 했으며, 뒤이어 칙어봉답 노래를

엄숙히 제창함으로 의식의 중요성을 고조시켰다. 이 노래는 황국 신민으로서 지켜야 할 덕목, 즉 천황에 대한 충군애국을 시작으로, 부모에 대한 효, 침략 전쟁에서의 천황께 목숨 바침, 천황에 대한 신민으로서의 절대 복종과 무조건적 충성 등의 내용을 골자로 하는 천황의 '말씀'을, '황공하게도 천황께서 친히 내려주신 말씀이니 이를 잘 지키고 힘써 그지없이 고귀한 천황의 성심에 보답해 올려야 한다'는 화답 형식의 노래이다. 결국 전 국민의 신민화를 위한 국민 교육의 결정체, 즉 '교육칙어'의 위상을 드높이고 있는 노래라는 것을 알 수 있다.

■ 1월 1일(一月一日/센게 다카토미千家尊福 작사)

[1]한 해의 첫 명절로서 한없는 세상의 경사스러움을
집집마다 송죽 세워 축하하는 오늘이야말로 즐겁구나

[2]설날의 아침 해 밝고 다스려진 천황 치세 오늘 아침 하늘
천황의 음덕에 비교하며 우러러보는 것이야말로 존귀하구나

[1]年のはじめの例とて終なき世のめでたさを
松竹たてゝ門ごとにいはふ今日こそたのしけれ

[2]初日のひかりあきらけく治まる御代の今朝のそら
君がみかげに比へつゝ仰ぎ見るこそたふとけれ

1월 1일은 시호하이(四方拝)라 하여 정월 초하룻날 이른 아침에 거행되는 궁중 행사이다. 천황이 사방의 신에게 나라의 태평함과 국민 생활의 평안, 그리고 풍년을 기원하는 황실 제사를 말한다. 천황가의 황실 의식에 맞추어 설정한 국가 축제일 중의 하나인 이날, 국민들은 의복 단정히 하고 마음을 정결케 하여 천황 폐하가 계시는 궁궐을 향해 태평무사한 천황 다스리시는 시대에 입은 '넓고 큰 은덕'에 감사

하였다. 가사의 내용처럼 'あきらけく治まる御代', 즉 '명백하게 다스려지는 성스런 시대'로서 나라가 태평하게 다스려지고 있는 것은 그 모두가 천황 폐하의 '큰 덕' 때문이라는 메시지를 담고 있다. 1월 1일은 메이지 시대가 되어 3대절의 하나가 되었다.

■ 원시제(元始祭/스즈키 시게네鈴木重嶺 작사)

천황의 계승 끝이 없고 황위의 증거 움직임 없으며
한 해를 시작하며 천황신 받들어 모시는 것이야말로 황송하구나
사방의 민초들 따르며 화창한 하늘을 우러러 보네
풍요와 영화 솟는 태양의 깃발 세워 축하하지 않는 집 없구나

天津日嗣の際限なく天津璽の動きなく
年のはじめに皇神を祭りますこそかしこけれ
四方の民くさうち靡き長閑けき空をうち仰ぎ
豊栄のぼる日の御旗たてゝ祝はゝぬ家ぞなき

원시제는 『고지키(古事記)』에 유래하는 천손이 강림한 것을 축하하던 제사로, 연초에 하늘의 신령과 땅의 신령 그리고 역대 천황의 혼령에 제사를 지내는 황실의 제례였다. 이것이 <축일대제일 의식 규정>으로 인해 국민 전체가 함께 지내는 국민의 제례로 바뀌어 학교의 의식 행사 안에서 그 정착을 시도하게 된다. 이 노래의 가사 중, 제1행의 '천황의 계승 끝이 없고 황위의 증거 움직임 없으며'의 경우, '천황의 계승(天津日嗣)'에서 '아마쓰(天津)'는 천상 세계를 의미하는 것으로, 결국 '아마쓰히쓰기'는 태양신이며 일본 황실의 조상신인 '아마테라스 오미카미'의 계통을 계승한다는 의미로 해석할 수 있다. 또한 '황위의 증거(天津璽)'는 천황 계승의 표시로서, '거울(八咫鏡)' '검

(草薙の剣)' 그리고 '곡옥(八尺瓊の勾玉)'의 3종 신기를 의미한다. 즉 이와 같은 일본 황위의 시초를 축하하는 원시제날에 온 '신민'이 천자이신 천황의 큰 은혜 때문에 태평성대를 누리므로, 기뻐하며 일장기 깃발을 집집마다 세워 번영하는 천황의 치세를 축하해야 한다고 역설(力說)하고 있는 것이다.

■ **기원절(紀元節/다카사키 마사카제高崎正風 작사)**

1구름에 우뚝 솟은 다카치호 높은 산봉우리 재넘이에 풀도 나무도
나부끼며 엎드려 천황 다스리는 시대 우러러보는 오늘이야말로 즐겁구나

2넓은 바다를 이루는 하니야스 연못 표면보다 더욱 더 넓은
은혜의 파도를 받은 세상을 우러러보는 오늘이야말로 즐겁구나

3천황 계승의 옥좌 천대만대에 흔들림 없네
근본을 정하신 그 신을 우러러보는 오늘이야말로 즐겁구나

4하늘에 빛나는 태양 아래 수많은 나라에 없는 일일세
나라의 기둥 세우신 세상을 우러러보는 오늘이야말로 즐겁구나

1雲に聳ゆる高千穂の高根おろしに草も木も
なびきふしけん大御世をあふぐ今日こそたのしけれ

2海原なせる埴安の池のおもより猶ひろき
めぐみの波に浴みし世をあふぐけふこそたのしけれ

3天津ひつぎの高みくら千代よろづよに動きなき
もとゐ定めしそのかみを仰ぐけふこそたのしけれ

4空にかゞやく日のもとの万の国にたぐひなき
国の御柱たてし世をあふぐけふこそたのしけれ

일본의 3대 축일의 하나인 기원절의 시작은 1872년 기기 전설상의 초대 천황으로 전해 내려오는 진무천황의 즉위 날을 설정하여 축일로

정한 것으로, 일본이라는 나라의 시작을 알리는 날이다. 가사는 '일본의 천황은 태양신의 자손으로 천만년 지나도 황통은 변함이 없으며, 또한 천황은 온 세계에 유일한 존재인데 이날이 바로 그 훌륭한 천황의 기원의 날이므로 진실로 기쁜 날'이라는 내용을 담고 있다. 물론 현 일본 헌법 하에서는 수용 불가능한 내용들이다. 예를 들어 '풀도 나무도 복종하여 엎드려(草も木もなびきふしけん)'의 의미는 일본 국민, 즉 신민(民草)도 천황을 향해 초목처럼 복종하여 엎드리는 존재로 여겨졌음을 의미하고 있다. 매년 2월 11일 전국의 학교에서 교사와 학생들이 강당에 모인 가운데 천황의 분신인 초상 사진 '어진' 앞에서 이 노래가 불러졌다. 특히 1887년경부터 어진 배부가 시작되고 그 다음해인 1888년부터는 초등학교로의 하부가 시작되었으므로, 이 의식창가는 1888년 2월 11일 기원절을 기점으로 하여 전국적으로 확대되어갔음을 짐작할 수 있다. 기원절은 2차 세계대전 후 폐지되었지만, 1966년부터 '건국 기념일'이라는 새로운 이름으로 부활되어 국가 축일로서 지금도 시행되고 있다.

■ 신상제(神嘗祭/기무라 마사코토木村正辞 작사)

이스즈궁 앞에서 올해 가을의 첫 벼이삭 신주 비단 바치고
축복하는 아침의 아침햇살과 나부끼는 깃발도 빛나니
활기찬 치세야말로 축하하라

五十鈴の宮の大前に今年の秋の懸税御酒御帛をたてまつり
祝ふあしたの朝日かげ靡く御旗もかゞやきて
賑ふ御代こそめでたけれ

신상제(간나메사이)는 천황이 매년 10월 17일에 거행하는 추수 감

사를 위한 황실 행사이다. 햅쌀로 빚은 술과 여러 음식들을 일본 황실의 선조인 아마테라스 오미카미를 모신 신궁인 이세진구(伊勢神宮)에 바치는 제례로서, 이 신궁에서 행해지는 가장 중요한 제사이다. 창가의 가사는 종교적 색채를 강하게 띠고 있다. 즉 일본 황실의 조상신을 모시고 있는 이세진구의 별칭인 '이스즈 진구(五十鈴の宮)', 신께 바치는 첫 벼이삭을 의미하는 '가케치카라(懸税)', 신께 바치는 술 '미키(御酒)', 신에게 올리는 비단 '미테구라(御帛)' 등의 어휘들을 사용하여 천황가의 신성성을 드높이고 있으며, 이러한 신의 나라의 치세야말로 경사스럽다는 내용을 표상하고 있는 노래라고 하겠다.

■ **천장절(天長節/구로카와 마요리黒川真頼 작사)**

오늘의 길일은 천황 폐하가 탄생하신 길일일세
경사스런 오늘은 위광이 비치는 길일일세
널리 빛나는 천황의 치세를 축하하라 모든 사람들 다같이
두루 은혜 받은 천황의 치세를 축하하라 모든 사람들 다같이

今日の吉き日は大君のうまれたまひし吉き日なり
今日の吉き日は御ひかりのさし出たまひし吉き日なり
ひかり遍き君が代をいはへ諸人もろともに
めぐみ遍き君が代をいはへ諸人もろともに

일본의 3대절의 하나인 천장절은 제2차 세계 대전 전의 천황 생일을 축하하는 의식이었다. 즉 메이지 시대에는 11월 3일, 다이쇼(大正) 시대에는 10월 31일, 쇼와(昭和) 시대에는 4월 29일이 천장절의 날이었다. 이 날 학교에서는 교장 및 교사, 학생들이 모두 모여 이 노래를 부르며 천황의 생일을 전국적으로 경축하였다. 노래의 내용은 '오늘은

황공하기 그지없는 우리 천황의 탄생 날이기에, 더없이 고맙고 경사스러운 날이다. 우리 신민이 태어나 안락하게 생활할 수 있는 것은 신민에게 크신 은혜를 베푸시는 천황이 탄생하셨기 때문이며, 만약 태어나시지 않았더라면 그 크신 은혜를 베푸시지 못했을 것이므로, 우리 신민은 마땅히 그 탄생을 축하해야 하는 것'이라는 메시지를 담고 있다. 결국 천장절은 천황에 대한 충군애국의 뜻과 기개를 고무하기 위해서 행해져야 하는 의식이었으며, 위의 창가를 부름으로써 그와 같은 의식의 감정이 고조될 수 있었다. 천장절은 제2차 세계 대전 후 천황 생일로 개칭되어 국민의 축일로서 오늘날까지 계속되고 있다. 4월 29일은 쇼와천황 생일이었으나, 천황 서거 후인 1989년부터 녹색의 날(미도리노히緑の日)로 개칭되어 국민 축일의 하나가 되었다. 현 일왕의 생일은 12월 23일이다.

■ 신상제(新嘗祭/고나카무라 기요노리小中村清矩 작사)

백성 태평하라고 지내는 2월 기년제 효험 있도다
많은 논에 나부끼는 잘 익어 고개 숙인 벼 아름답구나
신께 바치는 음식 지어 올리는 신상제 존귀하구나

民やすかれと二月の祈年祭験あり
千町の小田にうち靡く垂穂の稲の美いね
御食につくりたてまつる新嘗祭尊しや

천황은 고대로부터 현재에 이르기까지 국가 제사장이라는 성격을 소지하고 있는데, 신상제(니나메사이)는 바로 이러한 천황의 종교적 권위를 상징적으로 나타내는 제례이다. 신상제는 1945년 이후 국민 축일의 하나인 '근로 감사의 날'로 명칭이 바뀌었지만, 원래는 매년 11

월 23일에 천황이 햇곡식을 천지의 여러 신에게 바치고 제주(천황)가 신령과 대좌하여 음식을 먹음으로 천황의 영력을 소생시킨다는 의식으로서 친히 먹기도 하는 황실 제사의 하나다. 1868년 11월 메이지 정부는 신상제를 지낸 후에 '황국의 쌀은 아마테라스 오미카미가 내린 것이다'[17]로 시작되는 포고문을 발포하였다. 즉 벼농사의 풍년을 기원하는 제사에 역대 천황의 신령들을 위한 제사라는 성격을 가미함으로써 천황의 신성성을 그들의 조상신으로까지 소급하고 있음을 알 수 있는 내용이다. 이러한 신성한 날에 심오한 뜻을 음미하며 전국적으로 이 노래가 불러졌던 것이다.

이상의 8곡의 의식창가는 전 곡이 천황과 직접적으로 관련되는 내용들이다. 천황 탄생을 경축하는 내용, 천황의 신적 권위를 표상하는 내용, 태양신인 아마테라스 오미카미의 자손인 진무천황에 의한 건국 경축, 황실의 신성성 관련 어휘, 천황치세의 영원성 등, 천황을 현인신으로 만들어내는 '교화 장치'였던 것이다. 뿐만 아니라 어휘의 수준도 아동들이 이해하고 수용하기에 적절한 수준에서 벗어나고 있는데, 이는 당시 메이지 정부의 아동에 대한 인식이 전근대적 사고인 성인 중심주의 아동관적 틀 안에 머물러 있었음을 말해주는 척도라고 할 수 있을 것이다.

선율 속의 메이지적 이데올로기

세계적 지휘자인 레너드 번스타인(Leonard Bernstein)은 '음악은 은유적 언어'[18]라고 정의한 바 있다. 이 말은 음악은 음악적 구조의 기본 원리를 통해 말하고자 하는 것이 무엇인지를 표현할 수 있는 힘을 갖고 있다는 의미일 것이다. 특히 개인의 감정과 생각의 표출 도구로서, 나아가 집단의 감정, 시대의 감정, 즉 이데올로기의 전달 도구로서의 역할까지도 감당해낸다. 그 가장 대표적인 예가 '국가(国歌)'라고 할 수 있는데, 그것은 국가의 가치나 국가의 전통의 상징, 그리고 그 집단에 속해 있는 일원으로서의 소속감을 강하게 주입시킬 수 있는 표상 그 자체이기 때문이다. 뿐만 아니라 음악의 기능면에서 가장 오랜 역사를 보여주고 있는 종교 및 모든 의례로서의 축제 상황에서 음악은 내재된 음악적 언어로 의식의 가치를 고양시켜 왔음은 이미 아는 바이다. 그런 의미에서 의식창가의 선율 속에 내재된 음악적 언어를 분석하는 일은 메이지 시대의 국가적 가치 및 이데올로기와의 연관성을 파악할 수 있는 방법 중의 하나라고 할 수 있을 것이다.

■ 기미가요(君が代/하야시 히로모리林広守 작곡)

악보 15. 기미가요

이 곡은 공식적으로는 하야시 히로모리(林広守) 작곡으로 되어 있으나, 아악과의 영인(伶人)이었던 오쿠 요시이사(奥好義)·하야시 히로스에(林広秀) 공동 작곡에 이어, 독일인 프란츠 에케르트(Franz Eckert: 1852~1916)의 편곡으로 완성된 창가이다. 일본의 전통 음계의 하나인 율선법을 사용하고 있는데, 이는 일본 전통 음악인 아악 선법의 하나로서, 우아하고 무게감 있는 분위기를 잘 표현해주는 선법이다. 속도는 모데라토의 빠르기로 1번 부르는데 38초 정도가 걸리므로 학교 의식에서는 2번 반복하여 부르도록 하였다고 한다. 자유 형식을 취하고 있으며, 리듬 면에서는 4분음표가 곡의 전체를 아우르고 있어 아악 스타일의 장엄함과 그윽함을 느끼게 하는 선율임을 알 수 있다.

■ 칙어봉답(勅語奉答/고야마 사쿠노스케小山作之助 작곡)

악보 16. 칙어봉답

서양의 7음계를 사용한 라장조의 노래이며 거의 4분음표로 이루어진 a b c d 형식의 노래이다. 선율의 진행은 상행 진행으로 시작하여 하행 진행으로의 변화가 반복적으로 이루어진 구조이다. 또한 3, 4소절에서 약간의 수평 진행을 보이다가 다시 5소절 째에 상행 진행과 하행 진행 구조로 변화되고, 끝부분에서는 순차 상행 진행함으로써 마지막 가사를 강조해주는 힘 있는 진행으로 마치고 있다.

이러한 진행 구조는 이 노래의 가사가 주고자 하는 메시지를 한층 더 고조화 시키는 배치라고 해석할 수 있으며, 여기에 제창이라는 음악적 실천 행동을 더함으로써 아동들에게 그 메시지의 임팩트를 극대화 시키고자 하였다.

■ 1월 1일(一月一日/우에 사네미치上真行 작곡)

악보 17. 1월 1일

1月 1日은 4분의 4박자 라장조, a a' b a" 형식의 노래로, 주제인 첫 소절 첫마디의 ♩ ♩ ♩의 리듬이 1, 2, 4소절에서 반복됨으로써 곡에 통일성을 주고 있는 구조이다. 클라이맥스인 3소절에서는 선율이 약간 변화되지만, 각 소절이 똑같은 리듬과 동일한 선율로 이루어진 비교적 안정된 멜로디의 노래이다.

■ 원시제(元始祭/시바 후지쓰네芝葛鎭 작곡)

악보 18. 원시제

이 창가는 민요음계와 율음계가 혼합되어 이루어진 노래이다. 4분의 4박자이며 중심 리듬으로서 4분음표가 주를 이룬다. 또한 주제인 첫 소절 둘째마디의 ♩ ♩ ♩ ♩의 리듬이 3 소절까지 2번씩 배치되어

6번 반복되면서 곡의 통일성을 주고 있다. 이와 같은 구조는 안정적이기는 하지만 다소 지루함을 줄 수가 있는데, 여기에서는 한 옥타브의 음역을 사용함으로써 그 지루함을 보완하고자 하였다.

■ 기원절(紀元節/이자와 슈지伊沢修二 작곡)

악보 19. 기원절

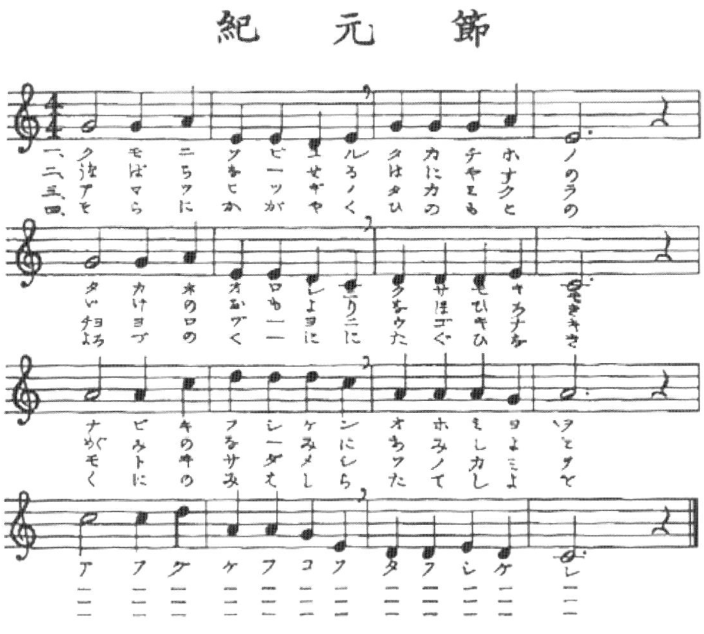

'도레미솔라'의 5음을 사용한 요나누키 장음계인 이 창가는 4분의 4박자로 된 율음계의 노래로 a a' b c 형식으로 배치되어있다. 이 곡은 4개의 소절이 모두 동일한 리듬으로 이루어져 있어 단조로움을 느낄 수 있는 배치이나, 3번째 소절에서 선율을 상행 진행시킴으로 클라이맥스를 이끌어내려는 시도를 보인다. 그러나 전체적인 곡의 흐름으로

보았을 때, 4분음표의 나열이 주를 이루는 약간의 단조로움을 느끼게 하는 노래라고 할 수 있다.

■ 신상제(神嘗祭/쓰지 다카미치辻高節 작곡)

악보 20. 신상제(간나메사이)

이 곡은 4분의 4박자이며 6소절로 이루어진 율음계·민요음계의 혼합형 창가이다. 의식용 창가답게 4분음표의 리듬이 노래 전체를 지배하면서 일정한 템포를 유지하고 있으며, 이와 같은 고정적 리듬은 단조로움에서 벗어날 수는 없으나, 안정감과 함께 약간의 엄숙한 음악적 감정을 기대할 수 있는 배열이라고 할 수 있겠다. 선율 면에서는 현대음악으로는 다소 생소한 진행을 사용하고 있지만, 율음계에

민요음계가 혼합됨으로서 이곡의 전체적인 분위기를 이끌어간다고 하겠다.

■ 천장절(天長節/오쿠 요시이사奧好義 작곡)

악보 21. 천장절

천장절 노래는 서양 7음계로 이루어진 라장조 창가이다. 4분의 4박자 a b c d 형식을 취하고 있으며, 주제 리듬인 ♩♩♩리듬이 반복되면서 안정감을 주는 구조이다. 선율 면에서는 반복이 거의 보이지 않아 다소 난해한 느낌을 주기도 하지만 리듬의 반복으로 곡의 통일성이 확보되고 있다. 또한 부점 리듬감을 주는 ♩.♪♩♩식의 리듬의 사용으로 다른 의식창가보다 약간의 변화를 느끼게 하는 밝은 노래라

고 볼 수 있다.

■ 신상제(新嘗祭/쓰지 다카미치辻高節 작곡)

악보 22. 신상제(니나메사이)

이 창가는 민요선법과 율선법이 혼합된 음계로 이루어진 곡이다. 이와 같은 혼합음계를, 민요에 주로 사용되는 선법과 아악이나 민속 예술 등에 사용되는 선법의 혼합 형태로 풀이한다면 이 곡의 선율은 일본의 민요적 전통 가락에 아악풍의 장엄함과 우아함이 가미된 전통을 살린 선율로 해석할 수 있다. 이곡도 마찬가지로 4분의 4박자로 4분음표의 나열이 주를 이루는 노래이다. 따라서 단조로움을 피할 수 없으나, 한 옥타브의 음역을 사용함으로서 그 단조로움을 보완해주고

있다.

이상으로 8곡의 선율을 살펴보았다. 음악의 구조적 요소들, 즉 선율·리듬·음계·박자·화성 등의 배치구조는 음악에 내재되어있는 메시지 전달을 위해 기호로서 작동한다고 할 수 있다. 이와 같은 의미를 부여하면서 위의 8곡에 대한 음악적 구조의 분석 내용을 간략히 정리하면 <표 26>과 같으며, 다음과 같이 요약할 수 있다.

표 26. '의식창가'의 음악적 구조 분석 일람표

번호	곡명	음계	박자	중심리듬	변형리듬
1	기미가요 (君が代)	율음계	4/4	♩ ♩ ♩ ♩/ ♩ ♩ 𝅗𝅥	♩ ♩ ♩ ♫/ ♩ ♩ ♩ ♩
2	칙어봉답 (勅語奉答)	라장조	4/4	𝅗𝅥 ♩ ♩/ ♩. ♪ ♩ ♩/ ♩ ♩ ♩ ♩/ 𝅗𝅥 ♩§	𝅗𝅥 ♩ ♩/ ♩ ♩ ♩ ♩/ ♩ ♩ ♩ ♩/ 𝅗𝅥.§
3	1월1일 (一月一日)	라장조	4/4	𝅗𝅥 ♩ ♩/ ♩. ♪ ♩ ♩/ ♩ ♩ ♩. ♪/ 𝅗𝅥.§	♩ ♩ ♩ ♩/ 𝅗𝅥 ♩ ♩/ ♩ ♩ ♩. ♪/ 𝅗𝅥.§
4	원시제 (元始祭)	혼합음계	4/4	𝅗𝅥 ♩ ♩/ ♩ ♩ ♩ ♩/ ♩ ♩ ♩ ♩/ 𝅗𝅥§	♩ ♩ ♩ ♩/ 𝅗𝅥 ♩ ♩/ ♩ ♩ ♩ ♩/ 𝅗𝅥.§
5	기원절 (紀元節)	요나누키 음계	4/4	𝅗𝅥 ♩ ♩/ ♩ ♩ ♩ ♩/ ♩ ♩ ♩ ♩/ 𝅗𝅥.§	*
6	신상제 (神嘗祭)	혼합음계	4/4	♩ ♩ ♩ ♩/ ♩ ♩ 𝅗𝅥/ ♩ ♩ ♩ ♩/ 𝅗𝅥.§	𝅗𝅥 ♩ ♩/ 𝅗𝅥 ♩ ♩/ ♩ ♩ ♩ ♩/ 𝅗𝅥.§
7	천장절 (天長節)	라장조	4/4	𝅗𝅥 ♩ ♩/ ♩. ♪ ♩ ♩/ ♩. ♪ ♩ ♩/ 𝅗𝅥 ♩§	𝅗𝅥 ♩ ♩/ ♩ ♩ ♩ ♩/ ♩ ♩ ♩. ♪/ 𝅗𝅥.§
8	신상제 (新嘗祭)	혼합음계	4/4	♩ ♩ ♩ ♩/ ♩ ♩ 𝅗𝅥/ ♩ ♩ ♩ ♩/ 𝅗𝅥.§	𝅗𝅥 ♩ ♩/ ♩ ♩ ♩ ♩/ ♩ ♩ ♩ ♩/ 𝅗𝅥.§

첫째, 곡 전체가 4분의 4박자이다.

둘째, 기미가요, 원시제, 신상제(神嘗祭), 신상제(新嘗祭)의 4곡은 전통적 선율인 아악 선법을 이용해 만든 노래이다.

셋째, 중심리듬과 변형리듬과의 차이가 희미하며, 따라서 다소 단조로움을 느끼게 하지만 반면 안정감을 주고 있다.

넷째, 4분음표의 사용이 대부분을 차지하기 때문에 모든 곡에 있어서 큰 차이가 없어 각 노래마다의 변별이 쉽지가 않다.

요컨대 8곡의 의식 창가에 배치되어있는 음악의 구조적 요소들을 통해 읽어낼 수 있는 것은 그 요소들의 변화를 최소한으로 제한시킴으로써 의식에 필요한 장엄함과 엄숙함을 고양시키고자 하였다는 점이다. 더욱이 전 곡이 전통적 선율이라는 음악적 이데올로기의 틀을 사용하고 있는데, 이는 국가의 전통과 가치의 상징적 메시지를 강열하게 주입시키는 장치로서의 역할로 파악할 수 있다.

이데올로기로서의 '기미가요'

의식창가는 아동들에게 메이지적 이데올로기를 뿌리내리게 하는 씨앗과도 같은 음악이었다. 특히 학교라는 국민 통합 장치 안에서 '축일대제일 의식'을 통해 불러지는 환경은 위의 사실에 더욱 힘을 실어주고 있다. 그 중의 하나로서 905년 다이고(醍醐)천황의 명령으로 기노 쓰라유키(紀貫之) 등 4명이 칙찬한 일본 최초 칙찬 와카집인 『고킨와카슈(古今和歌集)』에 수록된 작자 불명의 와카의 가사를 인용하고, 여기에 3개의 선율이 만들어져 존재해온 것이 창가 '기미가요'이다. 메이지 정부는 근대화의 프로세스의 하나로 양악으로 불리는 '새로운

음(新音)'을 여러 영역에 적극적으로 도입하여 활성화시켰다. 그것은 주로 천황의 행차나 외국 귀빈을 맞이하는 외교 행사, 궁중에서의 의식용으로, 서양식 군대 훈련을 위한 군악용으로, 학교에서의 의식 등, 권력적 영역에서였으며 그 대표적이라 할 수 있는 '음'이 바로 기미가요였다.

이 장에서는 이러한 '기미가요'의 3개의 존재[19]에 대해 그 형성 경로 및 역할을 메이지라는 시간에 한정하여 살펴보며, 특히 메이지적 이데올로기와의 연계성 속에서 기미가요가 이데올로기화 되어가는 과정을 고찰하고자 한다.

펜턴의 '기미가요'

악보 23. 펜턴 작곡의 '기미가요'

3개의 선율 중 최초의 기미가요였던 이 곡은 영국 군악대장이었던 펜턴[20]에 의해 탄생되었다. 메이지 초부터 일본의 영토 안에는 외국의 군대가 주둔하고 있었으며 주로 영국과 프랑스의 군대였다. 군대에는 군악대가 필수였기 때문에 일본군대도 군악대를 만들게 되었으며 그

첫 시도가 사쓰마(薩摩)번에서였다. 1869년 요코하마에 주둔하고 있던 영국군의 군악대장 펜턴은 사쓰마번 고적대에 군악을 가르치고 있었을 때 일본에 국가가 없음을 알게 된다. 펜턴은 당시 사쓰마번 포대장이었던 오야마 이와오(大山巖)에게 국가의 필요성 및 국가제정을 건의하였으며[21] 그렇게 시작된 것이 기미가요 작성의 시발점이다. 비와우타(琵琶歌) 호라이산(蓬莱山) 1절의 선율을 듣고 그것을 악보로 적은 것을 펜턴이 양악으로 편곡함으로써 탄생한 이 선율은 해군에서 예식의 음악으로 연주되었다. 그러나 일본 전통시인 와카의 가사에 맞춰진 펜턴의 서양적 선율은 서로 조화를 이루지 못하면서 결국 폐지되기에 이른다.

펜턴 작곡의 기미가요는 바장조의 4분의 4박자 노래이다. 전체적으로 2분음표를 사용한 단순한 선율이지만, 한 옥타브를 넘어서는 9도의 음역을 사용함으로써 그 단순한 부분을 보완해주는 구조로 이루어져 있다.

오쿠 요시이사(奥好義)·하야시 히로스에(林広秀)의 '기미가요'

악보 24. 오쿠 요시이사·하야시 히로스에 공동 작곡 '기미가요'

그 후 1880년 1월 해군성은 기미가요의 악보를 짓도록 궁내성에 의뢰하였으며, 그렇게 하여 궁내성 아악과로 모여진 곡들은 나카무라 스케쓰네(中村祐庸), 하야시 히로모리, 그리고 펜턴의 후임이었던 해군 군악교사 프란츠 에케르트의 3인에 의해 심사가 이루어졌다. 그리고 그 중에서 선택된 오쿠 요시이사와 하야시 히로스에 공동 작곡의 기미가요는 에케르트의 손에 의해 편곡되어 그 해 11월 3일 천장절 축하연에서 초연되었으며, 이후 천황에 대한 취주악용의 '예식 곡' 개념으로 천황의 존재를 알리는 장치적 역할을 하며 연주되었다. 이 기미가요는 1893년 8월 축일대제일 의식창가에 공식적으로 채택되면서 준 국가용으로 기능하게 되었으며 이후 1977년 7월에 초·중학교 학습지도요령을 통해, 1978년 8월에는 고등학교 학습지도요령을 통해 국가로 제정, 1999년 8월 '국기·국가법제화'에 의해 '기미가요'는 명실공히 일본의 정식 국가가 되었다. 아악조 선율의 이 노래는 천황 예식곡으로서 군대라는 한정된 공간에서 주로 연주 되었지만, '교육칙어'가 발포된 1890년을 기점으로 그 제한적 공간은 균열되고, 대신하여 학교라는 공간 안에서 축일대제일 의식을 통해 아동들에 의해 전국적으로 확산되었다.

이 곡의 선율에 대해서는 앞에서도 언급한 바와 같이 4분의 4박자의 율선법의 노래이다. 다소 익숙하지 않은 선율이지만, 일본적 분위기를 잘 나타내는 일본 전통 음악인 아악 선법의 곡답게 장엄한 느낌을 주고 있으며, 4분음표가 곡 전체를 아우름으로써 안정감 있게 그 분위기를 상승시키고 있다.

창가로서의 ‘기미가요’

악보 25. 찬송가 선율의 ‘기미가요’

한편 1881년에 출간된 일본 최초 근대 음악 교과서인 『소학창가집』 초편 제23단원에 또 한편의 기미가요가 게재되어있다. 고용 외국인 교사였던 메이슨이 일본에 오기 전에 편집한 찬송가집에 게재되어있던 찬송가에 가사를 붙이는 형식으로 만들어진 이 노래는 위의 두 곡의 가사 내용의 1절 마지막 부분에 ‘영원히 변함없고 끝도 없으리(うごきなく常磐かきわにかぎりもあらじ)’라는 내용이 첨가 되어있으며 이는 2절[22]까지 계속된다. 4분의 4박자 라장조인 이 노래에 대해 야마스미 마사미는 이 곡이 그저 많은 창가 중의 하나로서 취급되었으며 아쉽게도 거의 불러지지 않았다[23]고 언급한 반면, 야스다 히로시(安田寛)는 『창가라는 기적 12 이야기(唱歌という奇跡十二の物語)』에서 민속학자인 다토 히사오(田刀尚雄)의 초등학교 시절의 기미가요

선율의 강한 인상에 대한 경험담을 예로 들면서 이 선율이 1890년 전후까지 초등학생이 불렀던 기미가요였음을 언급한 바 있다.[24] 이 기미가요는 성군에 대한 찬가 성격의 노래로 장수를 기원하는 것이었으나, 이자와 슈지에 의해 천황 친정의 영구함을 우러러 칭송하는 의미의 노래로 탈바꿈 되었으며, 그 후 에케르트 편곡의 기미가요의 내용에 이와 같은 해석 방법을 유지시키며 현재에 이르고 있다.[25]

외국 곡으로 알려진 이 선율은 4분의 4박자 라장조의 아름다운 멜로디의 노래이다. 한 옥타브의 음역을 사용하고 있으나(솔라시도레미파솔) 낮은 '솔'을 배치한 옥타브이기 때문에 전체적 구성은 부드러우면서 안정감 있는 감정을 기대할 수 있는 멜로디이다.

'국가(國歌)'로 거듭난 '기미가요'

오늘날의 거의 모든 나라는 예외 없이 자국의 역사와 문화에 기초한 국가적 상징들을 이용하여 대내적으로는 국민들의 애국심을 고취시키고 대외적으로는 나라의 이미지를 부각시킨다. 그리고 그와 같은 역할을 하는 장치 중의 하나로 '국가'를 예로 들 수 있다. 국가는 국경을 갖고 있는 나라들이 교류하는 근대적인 국제사회 속에서 타국에 대해 자국의 독립성을 나타내며 내부적 결속을 강화시키는 커다란 역할을 하고 있으며 '국가적 제전이나 국제적 행사에서 국민 및 국가를 대표하는 것으로서 불러지는 노래'[26]라는 사전적 의미를 갖는다. 일본은 이와 같은 노래가 '국가'로서 법제화가 되어 명실 공히 국가로 인정되기까지 130여년이라는 세월을 보내야했다. 위에서도 언급한 바와 같이 1870년 열병식에서 연주되었던 펜턴 작곡의 기미가요에서부터, 궁내성의 지시에 따른 오쿠 요시이사와 하야시 히로스에의 공동 작곡 및 에케르트 편곡에 의한 기미가요, 그리고 1881년 음악취조괘 편찬의 『소학창가집』 게재곡인 기미가요까지, 이 모두는 국가로서의 지위를 소유하지 못한 상태였다. 물론 기미가요 외에도 그 다음해인 1882년 11월에 문부성의 지시에 의한 국가 선정 기획으로 '메이지 송(頌)'이라는 명목 하에 8곡 정도가 검토[27]되었으나, 공표되지 않은 채 '국가' 부재 상태는 계속되었다. 그러나 관습법으로서가 아닌 성문법이 되기까지의 많은 논란을 동반한 노정 속에서도 불구하고 1999년 8월 9일 일본의 국가는 탄생하게 된다.

한 나라의 국가라고 하는 것은 그 민족의 영광과 무궁한 발전을 바라며 자유와 민중을 노래하는 것이 보편적 국가의 내용이라고 할 수 있다. 예를 들어 프랑스의 경우는 인권·자유·평등을 나타내는 삼색기와 더불어, 프랑스 혁명에 대한 상징으로 받아들여졌던 '라 마르세예즈'(La Marseilles)가 국가이다.

> 프랑스의 아들들아 일어나서 함께 가자
> 영광의 그날이 왔도다
> 압제에 대항하는 피 묻은 깃발이 올랐다
> 아들딸들이 울부짖는 소리를 들으라
> 프랑스의 아들들이여 무기를 들라
> 앞으로 앞으로 나가자
> 자유가 아니면 죽음을 결심하면서[28]

가사 내용을 통해 알 수 있듯이, 이 노래는 자유·인권·평등을 부르짖던 프랑스 혁명과 투쟁의 역동적 기여의 역할을 엿볼 수 있는 내용으로 이루어져 있다. 한편 일본의 경우는

천황의 치세는 천년만년
작은 돌이 큰 바위가 되어
이끼가 낄 때까지

작은 돌이 큰 바위로 자라서 그 위에 이끼가 낄 때까지 천황이 다스리는 나라가 천년만년 이어지길 바란다는 간절한 바람을 담은 내용의 노래이다. 즉 천황 한 사람만을 위한 노래로, 오로지 천황을 상징하고 천황의 치세가 무궁하기를 바라는 세계에 유례없는 독특한 내용의 국가이다. 오늘날의 일본 국가인 이 '기미가요'는 1893년 8월에 제정 공포된 <축일대제일 가사 및 악보>를 통해 탄생한 8곡의 의식창가 중 첫 번째에 해당하는 곡이었다. 물론 당시의 기미가요는 국가로서 제정된 법적인 근거는 없었다. 그러나 의식창가 속의 기미가요는 준 국가적 대우를 받으며 '의식'과 '의례'의 또 하나의 주인공의 자격으로 1945년 패전이 되기까지는 물론이고 현재까지도 일본 국민의 정신을 지배해 오고 있는 것이다.

천황 표상 '기미가요'

일본이 국민국가를 형성해 나가면서 메이지 시대부터 쇼와 시대의 전전(戦前)에 이르기까지 국가를 통합해 나가기 위해 내세운 국가 통합적 이데올로기는 절대천황제였다. 이 절대천황제는 신성불가침의 천황이 군주로서 통치권을 통할하는 절대주의적 정치기구로, 천황을 통치와 윤리의 중심에 놓는 정치사회 체제였으며, 메이지 유신으로 성립되고 대일본제국헌법 제정으로 제도화된 국민 통합 장치였다. 그 중 메이지기의 절대천황제, 즉 메이지적 이데올로기는 천황의 존재를 내세움으로써 국민들의 내면을 장악하였다고 할 수 있는데, 메이지 정부는 이를 위해 다양한 방법을 동원하였으며 그것은 전국순행, 교육칙어, 어진, 기미가요 등으로 표상되었다.

천황을 민중들에게 가시화시키기 위한 장치로 이용되었던 '전국순행'은 소위 천황의 지방 시찰 여행을 의미하는 것으로, 1872년 제1회를 시작으로 1885년 제6회까지 일본 열도를 거의 다 거치는 대규모의 순행이었다.[29] 이것은 천황이 거쳐 가는 공간을 그대로 민중들에게 '우리 일본'으로 새롭게 인식하게 하는 시각적 퍼포먼스였으며, 그것은 그대로 지리적 신체, 즉 '공간적 이데올로기' 그 자체였다. 그런가 하면 1890년 10월 30일 발포된 '교육칙어'는 신민이 지켜야할 15가지 덕목을 열거하여 국가가 요구하는 국민상을 제시한 전 국민의 신민화를 위한 국가적 장치였음은 주지하는 바이다. 천황의 사진인 '어진'을 통한 천황의 우상화 작업 또한 메이지적 이데올로기의 내면화를 위한 훌륭한 도구였으며, '기미가요' 역시 메이지적 이데올로기를 아동들에게 체득시키기 위한 도구적 역할을 충분히 하였다고 할 수 있다.

특히 '기미가요'는 노래의 주인공인 천황만을 위한 천황 상징의 노래로서, 천황 치세가 영원무궁하기를 바란다는 내용의 노랫말이 국가 통합 의식이라 할 수 있는 축일대제일 의식의 '장'에서 엄숙하고 장중한 '음'을 통해 시공간을 장악하였다. 그리고 이러한 환경은 아동 한 사람 한 사람의 머릿속에 존왕애국·충군애국·천황의 국가·천황의 신민 등의 가치관을 각인시키는 기반이 되었으며, 거기에는 메이지 국가의 국가 통합적 이데올로기가 투명하게 작동하고 있었다. 특히 의식의 또 하나의 주인공으로서 권력의 '장'에서 불러진 국가 '기미가요'

가 바로 그 투명한 메이지적 이데올로기를 대표하는 표상이었음은 두 말이 필요 없을 것이다.

'기미가요'는 일본 천황에 대한 충성심이 투영된 노래로 일본적 정신이 가장 잘 드러난 창가이다. 5·7·5·7·7의 와카 음률로 이루어진 이 노래는 일본의 아악적 선율을 기본으로 하고 있는 4분의 4박자의 노래이다. 국가로서의 '기미가요'는 1870년 군대 열병식을 시작으로 하여 1876년 11월 3일 메이지 천황 탄생을 기리는 천장절에서의 연주를 마지막으로 폐지된 이래, 1999년 8월 '국기·국가법제화'가 성립되면서 정식으로 일본의 국가로서 확실한 자리매김을 하게 된다. 그러나 메이지 헌법 하에서의 '기미가요'는 천황의 치세를 축하하는 '황실 노래'의 성격을 가지고 준 국가적 위치 속에 머물러 있을 뿐이었다. 그러나 그럼에도 불구하고 '기미가요'는 축일대제일 의식과 깊이 연계되면서 메이지의 절대 천황제의 전달 매개체로서 학교라는 근대적 권력 공간 안에서 강력한 힘을 소유하며 천황 표상의 대표적인 의식창가가 되었던 것이다.

의식창가의 표상—천황

이상으로 <축일대제일 의식>이 메이지적 이데올로기의 형성과 확립에 어떻게 연관되어 있는지에 대해서 <축일대제일 의식창가>의 탄생과정 및 가사와 선율 분석, 그리고 의식창가 속에서의 '기미가요'의 위상에 대해 살펴보았다.

메이지 초기 학교에서의 의식 형태가 휴일로서의 성격을 가지고 있었던 국가 축제일 의식은 <소학교 축일대제일 의식 규정>이라는

제도화를 이루며 '힘의 제도'로서 학교 행사를 장악하였다. 뿐만 아니라 그 실천 방법으로서 탄생한 '어진'과 '칙어봉독'의 연출은 메이지적 이데올로기를 응축시켜 만든 권력적 프로파간다였다. 또한 <축일대제일 의식 규정>의 제도 하에 따라 탄생한 8곡의 의식창가도 천황제 사상을 주입시키기 위해 정책적으로 만들어진 콘텍스트였음을 천황치세(君が代), 영원무궁함(ちよやちよ), 천황(天皇), 일본(日の本), 국가의 가르침(国のおしへ), 천황의 마음(大御心), 천황의 치세(御代), 천황의 영(御影), 황위의 계승(天津日嗣), 황실의 조상신(皇神), 국기(御旗), 국가의 근간(御柱) 등과 같은 어휘를 통해 알 수 있었다. 그런가 하면 아동들에게 제시되었던 메이지적 이데올로기를 전달시키기 위해 학생들을 한자리에 모아 제창이라는 음악 행동을 실천시키는 시스템도 '의식'의 지배 이데올로기 속으로 아동들을 밀어 넣는 훌륭한 에너지의 원천이었다. 이 에너지 원천이 되었던 8곡의 의식창가는 전통적 선율이라는 이데올로기적 틀 안에서 최소한의 음악 요소들을 제한적으로 배치시킴으로써 의식의 분위기를 장엄하고 엄숙하게 이끌어갔음을 악보 분석을 통해 알 수 있었다.

이렇게 '어진'과 '칙어 봉독'으로 미화되고 포장되었던 축일대제일 의식은 <축일대제일 의식 규정>의 발포와, 천황의 나라 이념들을 고취시키는 도구였던 8곡의 '의식창가'를 통해 메이지적 이데올로기를 표출하고 있었으며, 그 중에서도 특히 '기미가요'는 학교라는 권력 공간 안에서 강력한 힘으로 절대 천황제를 표상하였던 것이다.

6

결 론

■

본 연구는 메이지 정부가 근대 국민국가를 만들어 나가는 창출 과정의 양상을 국민·국가(지리적 신체)·국가관의 세 가지 측면으로 크게 나누어 일본 근대 국민국가 만들기 프로젝트에서 창가가 수행한 이데올로기적 역할을 규명하고자 한 것이다. 이를 위해 그 필수 과정으로서 메이지 정부가 구상하고 있던 국민상과 국가상에 대한 고찰을 시도하였으며, 그 실천 양상의 분석을 위해 문부성 창가집을 통해 본 국민의 신민화 양상, 철도창가를 통해 본 메이지 국가의 균질화된 근대적 공간화 양상, 그리고 의식창가를 통한 국가관 만들기라는 세 가지의 커다란 테마로 접근하여 메이지의 '근대 국민국가 만들기' 프로젝트에서 창가가 수행한 역할을 규명하고자 하였다. 그 고찰 결과를 종합적으로 정리해보면 다음과 같다.

우선 제2장에서는 본 연구의 목적을 위해 다루어야 할 필수 과정으로서 메이지 정부가 구상하고 있던 국민상과 국가상을 살펴보았다. 이를 위해 메이지 초기의 제도적·교육적 측면에서의 국민상·국가상의 양상에 대한 고찰과, 당시의 메이지에 대한 이미지를 타자의 시선과 자국민의 시선으로 그려내고 있던 담론들을 조명해 봄으로써 국민국가 메이지의 국가적 구상을 고찰하고자 하였다. 메이지 정부는 국민국가를 지향하여 그에 합당한 국가 창출을 위해 과격한 개혁을 실행해 나갔다. 특히 국민국가로서의 자기 동일성을 확보해 나가는 작업을 위해 권력 기구로서의 법과 제도 정비를 통한 국가 형성, 그리고 근대 국민으로서의 정체성을 내면화하는 국민의식 형성이 필요했으며, 이는 '대일본제국헌법' 제정과 '교육칙어' 발포를 통해 천황제 국가라는 국가상으로 그 모습을 강하게 표출하였다. 뿐만 아니라 국가 안으로 재편성 되었던 국민은 일본식 국민국가로서의 천황제 통치 구조 속에서 천황의 백성으로서 천황에 대한 절대 복종만이 절대 미덕으로 살아가야 하는 '신민'으로 재탄생되었다. 이렇듯 메이지 정부 주도의 국가적 구상의 모습은 천황제라는 새로운 이데올로기 창출을 위한 제도적 표상으로서의 '대일본제국헌법'과, 그 실천 명령서인 '교육칙어', 그리고 그 모든 과정을 위해 필요했던 철저한 중앙 통제적 국가 체제의 기초적 역할을 한 '군인칙유'가 이루어짐으로서 구체화되었음을 알 수 있었다. 한편 당시 메이지는 일본 국내외의 시선을 통해 묘사되고 있었는데, 타자의 시선으로서 일본을 방문한 외국인 기록자들이 만들어낸 이미지는 오리엔탈리즘적 시선의 내면화 속에서 투영되는 '고귀한 야만인' 그 자체였다. 그런가 하면 자국의 이미지를 발신하는 입장에서 메이지를 바라보았던 일본인 기록자들은 국민국가로서 갖추어야 할 이미지로서 '힘'을 강조하며 내셔널리즘을 표출하였다. 결국 담론이라는 공간 안에서 표상되었던 메이지의 모습은 전근대성과 근대성을 동시에 바라보았던 외국인(타자)의 시선과, 회귀적 사이클 속에서의 강한 일본을 추구하였던 일본인 시선과의 스펙트럼을 통해 형성되어갔으며, 이는 메이지 정부가 추구했던 국민상·국가상의 방향과 그 맥을 같이 하고 있었음을 분석을 통해 알 수 있었다.

제3장에서는 근대 국민국가를 창출함에 있어서 그 실천적 양상을

파악하기 위해 첫 번째 작업으로 '국민'을 만들어가는 과정을 고찰하였다. 메이지 정부는 '국민 만들기=신민화'를 위해 가장 중요한 영역으로 교육을 설정하고 국민 통합장치의 하나인 근대적 공간, 즉 학교 안에서 국민을 국가 체제 안으로 포섭하였는데, 그 도구로서의 역할을 담당하였던 것이 바로 '창가'였다. 이 장에서는 일본의 국민국가 창출에 있어서 대전제를 이루는 요소 중의 하나인 '국민 만들기=신민화'를 위해 중요한 기제로 작동한 창가를, 메이지 정부가 제시하는 근대 국민상에 초점을 맞추어 그 실천 과정의 양상을 살펴보았다. 그리고 이를 위해 일본 최초 근대 음악 교과서인 『소학창가집』 전 3편과, 일본 최초 유아용 음악 교과서인 『유치원창가집』, 그리고 문부성에 의해 편찬된 『심상소학창가』 전 6권을 연구 대상으로 하였다.

먼저 국민국가 메이지 일본의 제도적 발판의 여명기에 성립된 『소학창가집』 전 3편 내의 91개 곡의 가사 속에는 메이지 정부가 제시하는 '국민상=신민'의 모습이 그대로 반영되어 있었음을 알 수 있었다. 이 작업을 위해 가사의 내용을 세 가지 유형, 순수 화조풍월형(Ⅰ), 천황치세 및 충군애국형(Ⅱ) 그리고 도덕적 교훈 및 권학형(Ⅲ)으로 분류하여 분석하였으며, 분석 결과 중에서 특히 '천황치세 및 충군애국형'은 41.8%라는 높은 수치를 차지하면서 메이지 일본의 지배적 이데올로기를 표상하고 있었다. 뿐만 아니라 여기에 '도덕적 교훈 및 권학형'의 27.4%를 포함시킬 경우 69.2%라는 높은 점유율을 나타내는데, 이는 당시의 음악 교육의 도달점인 덕성함양, 그것도 일반적 미적 도야를 의미하는 덕성함양이 아닌 절대 천황제, 즉 메이지적 이데올로기를 향한 굴절된 덕성함양을 아동들에게 유도하였음을 가늠하게 해주는 결과라고 하겠다. 또한 『소학창가집』 전 3편의 선율과 리듬에 대하여 그 속에 내재되어있는 음악적 감정 가치의 분석을 시도하였으며, 다음과 같은 결과를 확인할 수 있었다. 우선 91곡 중에서 70곡이 장조 음계로서 76.9%에 달하고 있었으며, 4분의 4박자의 곡도 51곡인 56%를 차지하고 있었다. 또한 리듬은 고정적인 리듬의 배열이 두드러지지만, 점차 리듬의 진화를 통해 유동적인 리듬으로 변화하는 양상을 보였다. 이러한 리듬의 변화는 메이지가 설정한 창가(음악) 교육의 목적을 위한 것이었다고 할 수 있다. 이러한 사실들은 메이지 시대 일본이 아동들의 교육을 위해 씩씩하고 건전한 심신을 양육시키는 긍정적 메시지의 선율인 장조 음계를 필요로 했으며, 근대라는 메이지 일본의 규격에 맞는 국민을 만들어내는 박자임과 동시에, 규율화된 사회 속에서의 신체적 통제를 위한 근대적 리듬을 교육에 반영한 결과라고 할 수 있을 것이다. 이러한 음악적 편성은 위에서도 언급한 『소학창가집』 전 3편의 가사 내용의 덕목 분포 수치, 특히 충군애국 관련 노래(41.8%)와 도덕적 교훈·권학 관련 노래(27.4%)를 합친 69.2%라는 수치와 더불어, 인의충효의 봉건윤리를 교육의 도달점으로 삼고 있었던 메이지 정부의 의도성을 읽어낼 수 있는 분석 데이터라고 할 수 있겠다. 뿐만 아니라 음악의 구조적 요소들은 가사의 내용과 함께 메이지 아동의 의식의 통제, 신체의 통제를 가능하게 하는 힘을 갖고 있었으며, 그 힘은 메이지의 절대 천황제의 틀을 위한 기제로 작용하였던 것이다.

한편 일본 최초 유아용 음악 교과서인 『유치원창가집』에 실린 29곡의 가사와 선율을 살펴본 결과는 다음과 같다. 29곡의 대부분의 가사는 권학·복종·군사·근면·신의·인내·정의·천황치세·보은·효행 등과 같은 덕목을 전달하는 메시지였으며, 덕육 함양을 위한 직·간접적 레토릭이었음을 분석을 통해 확인할 수 있었다. 또한 메이지 국가가 지향하는 국민(=신민)의 생활적 템포를 아동들에게 체득시키기 위하여 『유치원창가집』 내의 음악적 감정 가치를 국가가 추구하는 생활적 템포와 동일화시켰으며, 1890년대 전후에 국가가 요구하는 신체적 통제를 위해 동원된 템포로써 신민화 작업의 최하위 단위인 유아들에게 교육되어져 갔음도 분석을 통해 알 수 있었다.

그런가하면 『심상소학창가』 전 6권 안에서도 신민화 작업이 구체적으로 이루어지고 있었다. 『심상소학국어독본』의 부교재의 성격을 갖고 있던 『심상소학독본창가』는 순수한 음악 교재라기보다는 독본 학습의 효과를 증진시키기 위한 부 텍스트적 성격이 강했다. 따라서 독본 안에 실어놓은 메이지 국가의 이데올로기는 또 다시 노래라고 하는 음악적 실천 행동을 통해 반복됨으로써 아동들은 자연스럽게 국가가 제시하는 틀 안으로 포섭되어 갔던 것이다. 실제로 『심상소학창가』 1학년용부터 6학년용까지 총 120곡 안에는 메이지 국가의 이데올로기를 표상하는 주제들을 노랫말 속에 가득 담고 있었는데, 주로 국가주의·군국주의의 색채를 띤 충군애국·전쟁 미화·황실 칭송·국체 강조 등의 덕목들과, 강한 정신주의를 주입시키기 위한 효·신의·근면·권학·노력·근로생활 등을 주제로 한 내용들이 적게는 50%에서 많게는 76%까지 차지하고 있었다. 요컨대 『심상소학창가』 전 6권은 메이지 국가에 의해 선택되고 관리되어 편성된 가사를 통해 아동들을 통제하였으며, 그 결과 메이지 아동들은 신민화를 위한 국가의 의도대로 신민의 규격을 갖추어갔던 것이다.

그런 면에서 창가는 국민국가의 국민 통합장치의 하나인 학교 안에서 '국민 만들기=신민화' 프로젝트를 위한 보편적이고 핵심적인 역할을 수행하였다고 할 수 있다. 즉 신민화 프로젝트를 실행하기 위해 교육의 하위 대상으로서의 아동들을 메이지적 이데올로기 하에서의 신민으로 그 의식을 통합해 가는 것에 목적을 두고 있었으며, 이를 위해 위의 창가집들이 도구로서 이용되었다는 것은 가사 및 선율 분석을 통해 확인한 바와 같다.

제4장에서는 메이지 국가의 균질화된 근대적 공간화에 대한 고찰을 시도하였다. 일본 민족에게 있어서 일본이라는 경계는 오늘날처럼 명확하지는 않았다. 이렇게 메이지 이전의 국가라는 공간의 무 경계성에 지리적으로 집합되어진 이데올로기적 공간의 필요성을 의식하게 된 메이지 정부는 국민국가로서의 균질 공간, 즉 공간의 국민화를 만들어내기 위해 근대적 교통망 구축과 그에 따른 철도 부설에 몰입하였다. 이 장에서는 이와 관련하여 『지리교육 철도창가』 전 5집의 가사 분석을 통해 메이지 정부의 국민국가 창출 구상의 하나인 근대 공간으로서의 '지리적 신체 만들기' 과정을 고찰하였다. 이를 위해 가사의 분석 내용을 크게 역사를 통해 생산되는 공간과 국토 예찬을 통해 생산되는 공간, 그리고 국력 표상을 통해 생산되는 공간으로 구분하여 살펴보았으며, 그 결과는 다음과 같다.

물리적 공간이라는 영토성만이 아니라 '국가 신체'라는 이데올로기적 공간을 생산해내는 역사 관련 풍경을 노래한 내용은 전체 334개 절 중 60개 절인 18%를 차지하였다. 그 중에서 특히 산요·규슈 지역을 다루고 있는 제2집이 26.4%의 높은 분포도를 나타내는데, 이는 많은 역사성의 스토리를 담고 있는 지역적 특성 때문인 것으로 해석할 수 있다. 또한 문화 유적지 관련 내용 및 자연 풍광에 대한 예찬을 통해 생산되는 공간은 기존의 전통적 풍경들을 '국민적 풍경'으로 치환시키는 역할을 주도하였으며, 전체 334개 절 중 151개절인 45.2%가 이와 관련된 내용의 노래였다. 그런가 하면 국력 표상을 통해 생산되는 공간은 전근대적 공간을 근대적 공간으로 그 질적 변화를 유도한 전국적 철도망 구축으로 달성되어갔다. 즉 지역 간의 폐쇄성은 접근성으로 대체되고, 접근의 편의성이 재고된 그 공간은 역동적이고도 생산적인 공간으로 변환되어갔다. 이렇게 근대화로 변화되어가는 자국의 모습을 국민들로 하여금 확인할 수 있게 만든 것이 바로 전 국토를 커버하고 있던 『지리교육 철도창가』의 노래였으며, 실제로 총 334개 절 중 108개절에 해당하는 32.3%가 이와 관련된 내용의 노래이다. 그 중에서도 다소 변방 지역을 다루고 있는 제3집(43.7%)과 제4집(47.2%)의 높은 수치는 전근대적 공간에서 부국강병을 지향하는 근대적 공간으로의 질적 변화를 나타내는 바로미터로 해석할 수 있겠다. 요컨대 『지리교육 철도창가』는 전국적 철도망 구축으로 인해 형성되기 시작하던 국민들의 국토에 대한 막연한 의식을 '지리적 신체'로 각성시키는 중추적 역할을 담당하였다고 할 수 있다. 그 과정은 역사와 국토 예찬, 그리고 국력 표상 등을 재편성함으로 생산되는 공간들로 표출되었으며, 이렇게 생산된 공간들은 국민들로 하여금 국가에 대한 소속감과 더불어 국민적 일체성 의식을 제공하는 기제적 역할을 하며 국민국가 메이지의 지리적 신체로서의 근대 공간을 구축해갔던 것이다.

제5장에서는 근대 국민국가의 필수 요소 중의 하나인 국민적 일체성 의식, 즉 내셔널 아이덴티티라는 국가 의식의 구축을 위한 과정을 축일대제일 의식과 관련하여 규명하고자 하였다. 이를 위해 구체적으로 학교 행사로서의 '축일대제일 의식'이 메이지적 이데올로기의 형성

과 확립에 어떻게 연관되어있는지에 대하여 살펴보았으며, 학교 의식의 심화 장치였던 '축일대제일 의식창가'의 탄생 과정 및 가사와 선율 분석, 그리고 의식창가 속에서의 기미가요의 위상에 대하여 살펴보았다. 또한 이와 같은 고찰을 통해 축일대제일 의식과 메이지적 이데올로기와의 연계성을 규명하고자 하였다. 메이지 초기 학교에서 '휴일'로서의 성격을 가지고 있었던 국가 축제일 의식을 학교의 중요한 교육 활동으로 정착시킬 수 있도록 그 단초적 역할을 한 것은 <교학성지>이다. 그리고 이를 시작으로 일련의 제도적 교육과정을 거치는데, 결국 국가 축제일 의식은 <소학교 축일대제일 의식 규정>이라는 제도화를 이루며 '힘의 제도'로서 학교 행사를 장악하였다. 뿐만 아니라 그 실천 방법으로서 탄생한 축일대제일 의식의 꽃이라고 할 수 있는 '어진'과 '칙어봉독'의 연출은 메이지적 이데올로기를 응축시켜 만든 권력적 프로파간다에 다름 아니었다. 또한 <축일대제일 의식 규정>의 제도 하에서 탄생한 8곡의 의식창가도 천황제 사상을 주입시키기 위해 정책적으로 만들어진 콘텍스트였다고 할 수 있다. 그 이유는 천황치세(君が代), 영원무궁함(ちよやちよ), 천황(天皇), 일본(日の本), 국가의 가르침(国のおしへ), 천황의 마음(大御心), 천황의 치세(御代), 천황의 영(御影), 황위의 계승(天津日嗣), 황실의 조상신(皇神), 국기(御旗), 국가의 근간(御柱) 등, 대부분이 천황 탄생, 천황의 신적 권위 표상, 천황에 의한 건국의 축하 및 회상, 일본 황실의 신성성, 천황치세의 영원성 등, 천황 관련 내용으로 점철되어있음이 가사 분석을 통해 확인되었기 때문이다. 뿐만 아니라 8곡의 의식창가는 전통적 선율이라는 이데올로기적 틀 안에서 최소한의 음악적 요소들을 제한적으로 배치시킴으로써 의식의 분위기를 장엄하고 엄숙하게 이끌어갔다.

따라서 이와 같은 내용들은 천황제 국가를 상징하는 의식 안에서 의식의 분위기를 고양시키면서 아동들의 정서를 자극하는 미시적 힘으로 작동하였던 것이다. 그리고 아동들에게 제시되었던 메이지적 이데올로기의 전달을 위해 학생들을 한자리에 모아 제창(합창)이라는 음악 행동을 실천시키는 시스템 또한 '축일대제일 의식'의 지배 이데올로기 속으로 아동들을 밀어 넣는 훌륭한 에너지의 원천이 되었다고 볼 수 있다. 즉 '어진'과 '칙어 봉독'으로 미화되고 포장되었던 축일대제일 의식은 <축일대제일 의식 규정>의 발포와, 천황의 나라 이념들을 고취시키는 도구였던 8곡의 '의식창가'를 통해 메이지기의 이데올로기를 표상하고 있었으며, 그 표상을 아동들의 의식 속으로 내면화시키는 최고의 장치가 바로 8곡의 <축일대제일 의식창가>이었음을 분석을 통해 확인할 수 있었다. 특히 8곡의 의식창가 속의 기미가요는 그 역할이 커서 준 국가적 위치를 차지하고 있었으며, 절대 천황제의 전달 매개체로서 학교라는 권력 공간 안에서 강력한 힘을 소지하고 있었다. 즉 메이지적 이데올로기를 표상하는 최고의 의식창가였던 것이다.

이상 메이지 정부가 근대 국민국가를 창출해 나가는 과정 속에서 동시대의 창가 중 총 582곡의 창가의 이데올로기적 역할을 분석 고찰한 결과, 메이지 정부는 근대 국가 창출을 위해 국가가 요구하는 국민상과 국가상을 제시해 놓고, 그 3대 요소라 할 수 있는 국민·국가(지리적 신체)·국가관을 구축해 나갔으며, 그 과정 속에서 중요한 기제로 작동했던 도구가 바로 창가였음을 명확히 규명할 수 있었다. 이와 같이 창가의 교육은 메이지적 이데올로기의 틀을 아동들에게 주입시키기 위한 중요한 메커니즘으로 작동하면서 그 속에서 일본식 국민국가 만들기 프로젝트를 위해 철저히 그리고 계획적으로 진행되어 갔던 것이다. 이상과 같은 고찰 결과는 일본이 근대를 만들어 나가는데 있어서 창가가 중요한 이데올로기적 역할을 수행했다는 점과, 나아가 현 일본의 현상을 올바르게 인식해나가는데 미비하게나마 도움이 되는 분석 결과라고 할 수 있겠다. 더불어 일본의 근대 국민국가 형성 과정을 음악을 통해 읽어내려고 한 본격적인 연구라는 측면에서 앞으로의 일본의 음악, 즉 창가를 통한 근대 연구에 기초적 자료를 제공할 수 있을 것으로 기대하는 바이다. 그러나 그럼에도 불구하고 본서에서 다루고 있는 창가가 메이지 시대에 출간된 창가 중 그 일부분에 그치고 있어 좀 더 심도 있는 분석에 대한 한계성을 인식하고 있다. 따라서 메이지 시대에 창가가 수행한 이데올로기적 역할을 더욱 명확히 규명하기 위해서는 본서에서 다루고 있는 창가의 영역에 그치지 않고 민간 차원에서 만들어진 다양한 측면에서의 창가 영역까지 그 분석의 폭을 넓히는 연구가 앞으로의 과제로서 필요하다고 하겠다.

주

1. 서론

1 '창가' 교과목 명칭은 1941년부터 '음악'으로 변경되었다.

2 일본 최초의 관립음악연구조사기관으로 1879년 문부성 내에 이자와 슈지(伊沢修二: 1851~1917)를 '장'으로 하여 설치되었으며 주로 교과서 작성, 교원양성 등의 일을 담당하였다.

3 唱歌ハ平易ナル歌曲ヲ唱フコトヲ得シメ兼テ美感ヲ養ヒ徳性ノ涵養ニ資スルヲ以テ要旨トス。(文部省令(1907)「小学校教則大綱」)

4 アラン.P.メリアム著, 藤井智昭 訳(1980), 『音楽人類学』, 音楽之友社, pp.253~254 참조

5 미국 정치학자 메리엄의 용어로 정치권력에 부여하는 인상에 관련된 사항들로 의식·신화·예술·역사, 그리고 대중 동원에 이르기까지 모든 상징 형식의 사용이 여기에 포함된다. 『現代政治学事典』(1991), ブレーン出版, p.221

6 고토 야스시 저, 이남희 역(2006), 『천황의 나라 일본』, 예문서원, pp.148~150 참조

7 이들 창가집은 거의 유·소년들을 대상으로 하고 있다. 그러나 창가 교육을 통해 학교라는 정치권력의 '장'에서 반복적으로, 그리고 강제되어 주입 되어진 의식은 아동들이 어른이 된 후에도 국가의식 형성에 미시적 힘으로 작동했을 터이다. 실제로 이와 같은 교육을 받은 메이지의 아동들은 성인이 되어가는 과정 속에서 청일전쟁과 러일전쟁을 체험하며 15년 전쟁에 몰입하게 되는 과정을 함께 했다는 점을 고려할 때 그 시사하는 바가 크다 하겠으며, 이와 같은 메커니즘 속에서 메이지 국가는 특수한 근대 국민국가로 구축되어져갔다고 할 수 있겠다.

8 니시카와 나가오 저, 윤대석 역(2002), 『국민이라는 괴물』, 소명

9 西川長夫(1995), 「日本型国民国家の形成」, 『幕末明治期の国民国家形成と文化変容』, 新曜社

10 鈴木貞実(2005), 『日本の文化ナショナリズム』, 平凡社

11 이효덕 저, 박성관 역(2002), 『표상공간의 근대』, 소명출판

12 함동주(2009), 『천황제 근대 국가의 탄생』, 창비

13 박영재·박충석·김용덕(1999), 「근대 일본에 있어서 국가주의의 형성」, 『19세기 일본의 근대화』, 서울대학교출판부

14 山住正巳(1967), 『唱歌教育成立過程の研究』, 東京大学出版会

15 그는 일본의 근대 음악 교육 창시자로 서양 음악의 보급에 큰 공헌을 하였으며, 도쿄음악학교(현재 도쿄예술대학 음악학부)의 초대 교장이었다. 그는 아이치(愛知)사범학교장 시절, 부속 유치원에서 아동들에게 창가를 부르게 하면서 유희를 가르친 경험을 가지고 있으며, 바람직한 교원 양성을 위한 목적으로 1875년 문부성에 의해 미국으로 파견되었으며 거기에서 창가 교육의 중요성을 통감, 귀국 후 창가 교육에 헌신하였다. 堀内敬三(1968), 『音楽明治百年史』, 音楽之友社, pp.33~34

16 堀内敬三(1968), 위의 책

17 山東功(2008),『唱歌と国語』, 講談社

18 西島央(1997),「ヘゲモニー装置としての唱歌科の成立過程」,『教育社会学研究』60

19 西島央(1994),「学校音楽の国民統合機能－ナショナル·アイデンティティとしてのカントリー意識の確立を中心として－」,『東京大学教育学部比較教育社会学研究』, pp. 173～184

20 松原武実(2003),「『小学唱歌集』全三編の構成と諸問題」,『鹿児島国際大学短期大学部研究紀要』第71号, pp.49～82

21 佐藤敏雄(1973),「小学唱歌集の一研究」,『秋田大学教育学部研究紀要』23, pp.107～118

22 일본의 창가 탄생은 기독교가 세계적으로 전개한 근대 교육과 깊은 관계가 있음은 주지의 사실이다. 이들은 선교는 물론 교육도 전개했는데, 선교지에 교회를 중심으로 하는 공동체를 세우고 거기에서 찬송가를 현지의 언어로 번역하여 교회가 아닌 학교에서 현지인에게 가르쳤으며, 이와 같은 형성 과정을 통해 일본에서의 음악이라는 영역이 근대화의 길을 가게 되었던 것이다. 한국의 경우도 근대 음악의 시작은 거의 같은 경로를 거치고 있다고 할 수 있으며 선율도 거의 외국 곡으로, 그 중에는 찬송가의 선율이 다수를 차지하고 있다.

23 桜井雅人(2004),「唱歌集の中の外国曲－『小学唱歌集』 を中心として(1)」,『言語文化』第41巻, pp.3～13

24 岩本真智子(1998),「明治唱歌教材『幼稚園唱歌集』研究その1」,『神戸大学大学院教育学研究科教育過程論研究室』5, pp.9～15

25 嶋田由実(1981), 「明治20年代における子どもの歌に関する考察(1)－保育における唱歌教育開始のための様々な試み」,『日本保育学会大会研究論文集』53, pp.460～461

26 中山エイ子(1999),「明治時代の読本唱歌集」,『金沢工業大学日本学研究所日本学研究』2巻, pp.311～354

27 嶋田由実(1980),「尋常小学読本唱歌·尋常小学唱歌編纂過程の研究－小学校における唱歌教材としての位置とその役割」,『武蔵野音楽大学研究紀要』13号, pp.31～50

28 山口幸男(1994),「明治期における地理教育唱歌について」,『新地理』41-4, pp.27～36

29 加藤有子(2004),「鉄道唱歌をめぐって」,『大垣女子短期大学教育紀要』, pp.45～56

30 佐藤秀夫(1963),「わが国小学校における祝日大祭日儀式の形成過程」,『教育学研究』30巻

31 本田活(1989),「明治20年代前半の唱歌教育について－とくに儀式唱歌を中心として－」,『大正史学』19巻

32 김병선(2007),『창가와 신시의 형성 연구』, 소명출판

33 구인모(2008), 「가사체(歌辞体) 형식의 창가화(唱歌化)에 대하여」, 『한국어문학연구』 제51집, pp.107～137

34 창가라는 말은 옛날부터 일본에 있었던 것으로, 헤이안 시대에는 악기의 악보를 목소리로 부르는 것을 창가(唱歌: 쇼가 또는 소가)라고 하였으며, 무로마치 말기부터 에도 시대에 이야기책이나 수필서 안에 들어있는 짧은 가곡의 가사를 창가(唱歌: 쇼가)라고 불렀던 예도 있다. 1872년의 <학제>에서 다루고 있는 창가(唱歌: 쇼카)는 위의 내용과는 전혀 다른 것으로 사용되었는데, 이는 영어의 singing 또는 song의 번역어를 의미하였다. 즉 메이지 이후의 창가는 초등·중등학교에서 교과용으로 이용되어 일본어로 불렸던 양악계의 짧은 가곡을 지칭하였다. 가사는 덕성의 함양과 정조의 도야에 도움이 되는 교훈적·미적인 내용을, 곡은 서구의 민요·찬송가·학교창가 및 평이한 예술적 성악곡을 그대로 받아들였으며, 일본인이 창작한 짧은 가곡 및 소수의 일본 민요와 동요도 창가에 포함되었다. (堀内敬三·井上武士(1982), 『日本唱歌集』, 岩波クラシックス, pp.239～240) 창가라는 단어의 사용에 대한 출처에 대해 간단히 살펴보면 당나라의 대표적 문학자인 백거이(白居易: 772～846)의 『酔題沈子明壁詩』에 "愛君簾下唱歌人, 色似芙蓉声似玉"라는 부분이 있으며 이것이 '창가'라는 말의 초출일 것으로 보고 있다. 일본 문헌에서의 최초 등장은 『竹取物語』(9세기 후반에서 10세기 초의 작품/작자 미상)에 "或は笛を吹き、或は歌をうたひ、或はしょうかをし"라고 되어 있다.

35 메이지 시대의 창가집의 실태를 살펴보면 보육창가로 시작하여 『소학창가집』(1881～1884), 『유치원창가집』(1887), 『중등창가집』(1889), 『심상소학독본창가』(1910), 『심상소학창가』(1911～1914) 등, 관찬 창가집의 발행이 계속되었으며, 이 외에도 다음과 같은 다수의 창가집이 준 관찬 및 사찬의 형태로 잇따라 출판되었다. 『메이지창가』(1888～1890), 『국민창가집』(1891), 『소학창가』(1892～1893), 『부인종군가』(1894), 『교과적용대첩군가』(1894～1897), 『신편교육창가집』 (1896～1906), 『유년창가』(1900), 『지리교육철도창가』(1900), 『여학창가』(1900～1901), 『유치원창가』(1901), 『중학창가』 (1901), 『소년창가』(1902), 『창가교과서』(1902), 『고등소학창가』(1906～1907), 『중등창가』(1909), 『교과통합여학창가』(1910) 堀内敬三·井上武士(1982), 위의 책, pp.273～277 참조

36 이효덕 저, 박성관 역(2002), 앞의 책, pp.251～252, 재인용

37 일본의 국문학자이며 시인인 오와다 다케키는 에히메(愛媛)현 남서부에 위치한 우와지마(宇和島) 출생으로, 1884년 28세로 도쿄대학 고전 강습과 강사를 역임, 1886년 도쿄고등사범대학교 교수가 되었다. 이때부터 노래와 기행문 등을 발표하기 시작하였으며, 1891년 34세에 교직을 그만두고 문필생활을 시작하였다. 그는 대단한 속필가였다고 전해지며, 국문학·수필·기행문·시가 등의 분야에서 계속적으로 작품을 발표, 문인의 육성에도 열심이었다. 이후 『철도창가』의 개정판이라 할 만한 『기차』 시리즈를 발표하면서 병상에 눕게 되었고, 1910년 54세로 일생을 마쳤다. 그가 발표한 작품은 총 150권이 넘으며, 그의 문하생의 수는 500명에 이르는 것으로 알려져 있다. 창가 작품으로는 『지리교육 철도창가』 외에도 『산보창가』, 『국민창가 일본해군』, 『국민창가 일본육군』 등이 있다. 原口隆行(2002), 『鉄道唱歌の旅行－東海道線 今昔』, JTB, p.6

38 니시카와 나가오는 일본 메이지 이후의 역사의 사이클이 거의 30년을 단위로 회전하며, 그 사이클을 규정하는 요소는 '서구화'와 '회귀'가 반복하는 왕복운동이라고 언급하였다. 그리고 그 구체적 시기는 제1 서구화기를 메이지 초부터 구화주의의 상징적 존재 '로쿠메이칸(鹿鳴館)'의 설립연도인 1883년까지로 잡고 있으며, 그 반동으로 '회귀'의 사이클이 시작됨을 지적하였다. 제1 회귀, 즉 내셔널리즘 제1기는 메이지 말기까지 계속된다. 西川長夫(2008), 『日本回帰·再論』, 人文書院, p.206

39 절대 천황제는 일본이 국민국가를 형성하고 국가 통합을 위해 내세운 국가적 이데올로기로써, 메이지기(明治期)부터 쇼와기(昭和期)의 전전(戦前)에 이르기까지 일본의 국가 통합을 위한 지배 이데올로기였음은 주지하는 바이다. 본서에서 사용하고 있는 '메이지적 이데올로기' 또는 '메이지기 이데올로기'란 국가 통합 이데올로기인 절대 천황제 중에서도 특히 메이지 유신으로 성립되고 대일본제국헌법 제정으로 제도적 완성을 보게 되는 '메이지 시대의 절대 천황제'를 의미하고 있다.

2. 메이지 정부의 국가적 구상

1 크리스토퍼 피어슨 저, 박형신·이택면 역(1998), 『근대 국가의 이해』, 일신사, pp.26~28

2 크리스토퍼 피어슨 저, 박형신·이택면 역(1998), 위의 책, p.65

3 니시카와 나가오 저, 윤대석 역(2002), 앞의 책, pp.288~290

4 크리스토퍼 피어슨 저, 박형신·이택면 역(1998), 앞의 책, p.31

5 船曳建夫(2003), 『日本人論再考』, NHK出版, pp.156~157

6 谷川稔(2007), 『国民国家とナショナリズム』, 山川出版社, p.71

7 '국민'은 공식적으로 신헌법에 처음 등장하는 말이지만, 메이지기를 대표하는 종합 잡지였던 『국민지우(国民之友)』(1887년 2월~1898년 3월, 총 372호 발행)의 발행부수를 살펴보면 제9호(1887년 7월) 8,800부 발행, 제37호(1889년 1월) 20,000부 발행, 창간호는 3간까지 했으며, 그 부수는 수만을 넘었다고 기록되어있다. 이와 같은 잡지의 출판 부수를 살펴보았을 때, 잡지의 발행 수가 1,000부를 넘는 일이 드물었던 당시의 상황을 고려해 보면 전대미문의 발행 부수였다는 것을 알 수 있으며, 이는 '국민'이라는 용어가 당시의 일본 사회에서 꽤 보편화 되었을 것이라는 것을 예측할 수 있는 바로미터라고 할 수 있겠다.

8 니시카와 나가오 저, 윤대석 역(2002), 앞의 책, p.114 참조

9 김필동(1999), 『근대 일본의 출발』, 일본어 뱅크, pp.43~44

10 야마가타 아리토모(山県有朋: 1838~1922)는 군인이자 정치가였으며, 유신 후 징병령을 제정하는 등, 일본의 근대 육군을 창설한 인물로, 후에 수상 등을 역임하였다. 또한 청일전쟁 시 제1군사령관, 러일전쟁 시 참모총장, 그 후 추밀원의 장을 역임하였으며, 군·관 계통에서 거대한 파벌을 만들며 정계에 절대적 권력을 휘둘렀다.

11 사이고 쓰구미치(西郷従道: 1843~1902)는 사이고 다카모리의 동생으로 군인·정치가·해군대장이었으며, 무진전쟁 종군 후 유럽으로 건너가 병제를 연구하여 육군 창설에 공헌하였다.

12 1878년에는 참모 본부가 창설되었고, 1883년에는 고급장교 양성을 위한 참모대학이 설립되었으며, 포병 및 기술 분야의 전문학교 설립, 개정 징병령 등으로 인해 메이지의 군사력은 강력해져 갔다. W.G.비즐리 저, 장인성 역(2004), 『일본 근현대사』, 을유문화사, pp.115~116 참조

13 西川長夫·渡辺公三(1999), 『世紀転換期の国際秩序と国民文化の形成』, 柏書房, p.22

14 입헌 군주제는 절대 군주제가 시민계급과 타협한 결과 이루어진 체제로 삼권분립의 원칙을 인정한 헌법에 따라 군주의 권력이 일정한 제약을 받는 정치 체제를 말한다.

15 메이지 헌법이 반포된 1887년은 서양 주요국에서도 입헌제의 실험이 거듭되고 있던 시점이었다. 1688년 명예혁명으로 의원정치의 틀이 잡힌 영국과, 독립과 함께 공화제를 채택한 미국은 가장 먼저 입헌제의 원칙을 세운 경우이며, 프랑스는 대혁명 이후 1875년 새로운 헌법을 제정하면서 정치적 안정을 맞이한다. 그런가 하면 독일의 경우는 1871년 독일제국이 성립됨과 동시에 독일제국헌법을 공포한다. 함동주(2009), 앞의 책, p.139 참조

16 함동주(2009), 위의 책, p.136

17 이노우에 고와시(井上毅 1843~1895): 구마모토번 번사 출신으로 정치가. 메이지 유신 후 정계에 입문하였으며 사법성 법제국에서 일했다. 메이지 헌법과 교육칙어와 군인칙유의 기초 등, 일본 근대 법제사에서 중요한 역할을 담당하였다.

18 함동주(2009), 앞의 책, p.137 참조

19 朕惟フニ我カ皇祖皇宗国ヲオサムルコト宏遠ニ徳ヲ樹ツルコト深厚ナリ我カ臣民克ク忠ニ克ク孝ニ億兆心ヲ一ニシテ世々厥ノ美ヲ済セルハ此レ我カ国体ノ精華ニシテ教育ノ淵源亦実ニ此ニ存ス爾臣民父母ニ孝ニ兄弟ニ友ニ夫婦相和シ朋友相信ジ恭倹己レヲ持シ博愛衆ニ及ホシ学ヲ修メ業ヲ習ヒ以テ知能ヲ啓発シ徳器ヲ成就シ進テ公益ヲ広メ世務ヲ開キ常ニ国憲ヲ重シ国法ニ遵ヒ一旦緩急アレハ義勇公ニ奉シ以テ天壌無窮ノ皇運ヲ扶翼スヘシ是ノ如キハ独リ朕カ忠良ノ臣民タルノミナラス又以テ爾祖先ノ遺風ヲ顕彰スルニ足ラン斯ノ道ハ実ニ我カ皇祖皇宗ノ遺訓ニシテ子孫臣民ノ倶ニ遵守スヘシ所之ヲ古今ニ通シテ謬ラス之ヲ中外ニ施シテ悖ラス朕爾臣民ト倶ニ拳々服膺シテ咸其徳ヲ一ニセンコトヲ庶幾フ /明治二十三年十月三十日/御名御璽 仲新 外(1984), 『日本近代教育小史』, 福村出版, p.80

20 에릭 홉스봄(E.Hobsbawm)은 '이 시기의 소수 국가들에 의한 세계의 분할은 지구가 강자와 약자로, 진보와 후진으로 점차 분리되어가고 있음을 극명하게 드러내준다'고 설명하면서 '지구 땅의 약 4분의 1이 6개국에 의해 식민지로 분배 되었으며, 영국은 약 400만 제곱마일, 프랑스는 약 350만 제곱마일, (중략) 일본은 10만 제곱마일정도 차지하였다'고 서술하고 있다. 에릭 홉스봄 저, 김동택 역(1998), 『제국의 시대－1875~1914』, 한길사, pp.153~280 참조

21 제1회 내국 권업박람회가 1877년 102일간에 걸쳐서 도쿄 우에노에서 개최되었으며, 16,000여명의 출품인, 45만 명의 입장수를 기록하였다. 吉見俊哉(2000),『博覧会の政治学』, 中公新書, p.122

22 니시카와 나가오는 "에도말기, 그리고 특히 개국 이후는 서구 모델에 따라 근대화를 진행시켜 가게 하려는 구화주의와, 낡고 순수하게 일본적인 가치를 보지하려고 하는 내셔널리즘과의 사이에 대단히 심각한 대립과 갈등이 계속되고 있었으며, 그 속에서 일본의 근현대사는 구화주의(근대주의)시대와 내셔널리즘의 시대의 교대에 의해 특징지워진다"고 논하고 있다. 또한 그 구분 시기로서 1883~84년까지를 '제1기 서구화시대'로 보고 있으며, 청일·러일전쟁과 대역사건이 일어났던 1912년(메이지 말)까지를 서구화의 반동으로서의 '제1기 회귀시대'로 보았다. 西川長夫(2008), 앞의 책, p.13

23 올코크는 일본으로 건너가기 전부터 일본의 역사를 연구하였으며 쇄국시대의 켄벨, 돈베리, 티칭 등이 쓴 일본에 관한 저작물들을 탐구하여 그것으로부터 얻은 지식과 일본의 현실과의 대비를 통해 잘못 인식되고 있던 부분에 대한 비판을 가하기도 하였다. オールコック 著, 山口光朔 訳(1962),『大君の都』上, 岩波書店, p.4 참조

24 現在の天皇は、クロービス (メロビング王朝のフランク王: 465~511) の最後の子孫そっくりで、「物悲しく孤独で、弱々しく衰え、実権をともなわぬ王位」を保ち、虚飾にみちたわずらわしい無用の一生をため息とともにすごす運命にあり、監獄そのものの宮殿の門を出るもとは許されない。(中略) 過去何代となくただ君臨しているにすぎない称号だけの君主と、ただ統治するだけで君臨しない帝国の代理者というこの二重の機構は、たしかにひじょうに奇妙なものである。これがながいあいだ継続されてきた結果、世界の他のどこにもこれまでけっしてないような二重組織を生み、これが生活のほとんどあらゆるこまかい点にまでゆきわたって行なわれている。どの役職も二重になっている。各人がお互いに見張り役であり、見張り合っている。全行政機構が複数制であるばかりでなく、完全に是認されたマキアベリズムの原則にもとづいて、人を牽制し、また反対に牽制されるという制度のもっとも入念な体制が当地ではこまかな点についても精密かつ完全に発達している。オールコック 著, 山口光朔 訳(1962), 위의 책, pp.339~340

25 私の旅行コースで、日光から北の方は全くのいなかで、その全行程を踏破したヨーロッパ人は、これまでに一人もいなかった。西欧の影響を少しも受けていない地方で、私は、日本人とともに暮し、日本人の生活様式を見てきた。女性の一人旅であり、私の旅行した地方には、はじめて西欧の婦人が訪れたというところもあり、私の得た経験は、今までの旅行者のものとはかなり大きく異るものがあった。イサベラ.L.バード著, 高梨健吉 訳 (1973),『日本奥地紀行』, 平凡社, p.xiii

26 私は、見たことをありのままに書いたのであり、そういうことは、私が作り出したものでもなく、わざわざ探しに出かけたのでもない。私は真相を伝えんがために述べただけである。(中略) 正確さこそ、私の第一の目標ではある。イサベラ.L.バード 著, 高梨健吉 訳(1973), 위의 책, p.xv

27 佐伯彰一　外(2008),『外国人による日本論名著』, 中公新書, p.95

28 天皇以下政府の重臣、庶民にいたるまでの全国民にあふれる愛国心と、それに支えられた教育·政治·経済·軍事の近代的諸制度。佐伯彰一　外(2008), 위의 책, p.101

29 進歩のはやいことは、古今万国未曾有である。アメリカの大官や学者とあい、日本のことのはなしになると、かれらは全く、一も二もなく、日本に感服している。(中略) ああ！わがくにの知識人は、見聞がせまく、外国のことについては、これまで、すこしも注意しなかった。いまは見たり聞いたりしているが、やはりまだ、ふるいしきたりをよいことだとおもい、自己満足している。黄遵憲著, 実藤恵秀·豊田穣 訳(1968),『日本雑事詩』, 平凡社, p.6

30 佐伯彰一　外(2008), 앞의 책, pp.52～57 참조

31 司馬遼太郎·ドナルド　キーン(1972),『日本人と日本文化』, 中公新書, p.4

32 이효덕 저, 박성관 역(2002), 앞의 책, p.291

33 景観は個個人のノスタルジアの対象となるとともに、集団的アイデンティティの形成にも、きわめて大きな役割を演ずることになる。(中略)集団のアイデンティティを確立しようとするとき、景観はその道具としてきわめて効果的になる。米地文夫·増子義孝(2004),「アジア·ナショナリズムの勃興期における景観の役割－志賀重昂『日本風景論』と土屋健治『カルティニの風景』との視座の比較－」,『総合政策』第5巻　第1号, p.122

34 문화 인류학의 전신이기도 한 박물학 등의 異人, 異文化에 대한 관점이었으며, 시대에 뒤떨어지기는 하지만 고귀함은 가지고 있는, 문명의 기준으로 보면 '야만'이라고 하는 위치에 있다고 하는, 19세기 사회 진화론의 영향까지 가미된 사고방식이다. 막말 일본이 견구사절로서 파견되었던 무사들은 모두 이러한 평가를 받았던 것으로 추정되며, 이후 외국으로부터 일본인 남성에 대한 오리엔탈적인 시선을 의미하는 것이기도 하였다. 船曳建夫 著(2003), 앞의 책, p.218 참조

35 西洋人は、日本が平和な文芸にふけっていた間は、野蛮国と見なしていたものである。しかるに満州の戦場に大大的殺戮を行ない始めてから文明国と呼んでいる。近ごろ武士道－わが兵士に喜び勇んで身を捨てさせる死の術－について盛んに論評されてきた。しかし茶道にはほとんど注意がひかれていない。(中略)もしわれわれが文明国たるためには、血なまぐさい戦争の名誉によらなければならないとするならば、むしろいつまでも野蛮国に甘んじょう。
岡倉天心 著, 村岡博 訳(1967),『茶の本』, 岩波書店, p.21

36 礒田道史는 그의 글 속에서 "우치무라는 이 5명을 감히 '대표적 일본인'이라고 부르고 있지만 나는 그렇게 생각하지 않는다. 그들은 대표적 일본인이 아니라 '예외적 일본인'이었다. 이제야 위인으로 여겨지고 있지만 살아 있었을 때에는 분명 세상의 상식에서 벗어난 '기인'이었을 것이다"라고 언급하였다. 礒田道史(2004),「内村鑑三『代表的日本人』を貫く精神」,『文芸春秋』82号, pp.275～276

37 本書は、近代西洋文明を背景にした一外交官が、まだ開国直後でいぜんとして封建制度のものにあり、きわめて遅れた社会状態を呈している日本を対象として縦横無尽に書きなぐった文明批評ともいえよう。オールコック 著, 山口光朔 訳(1962), 앞의 책, p.5

38 일본 국정 교과서 1기(1904)부터 3기(1918)까지의 수신 교과서 내의 등장 빈도수는 우에스기 요잔 11회, 니노미야 손토쿠 14회, 나카에 도주 5회로 수신교과서 속에서도 무게감 있는 역할을 완수하고 있으며, 그들은 효·우애·자선이라는 덕목의 모델로서 국가적 차원에서조차 영웅화되었다고 하겠다. 김순전·박선희(2004),「수신서에 나타난 영웅의 유형」,『수신하는 제국-명치·대정기『심상소학수신서』연구』, J&C, pp.390~401 참조

3. '문부성 창가집'을 통해 본 국민의 '신민화' 양상

1 田甫桂三(1980),『近代日本音楽教育史Ⅰ』, 学文社, p.10 참조

2 人々自ラ其身ヲ立テ其産ヲ治メ其業ヲ昌ニシテ以テ其生ヲ遂ル所以ノモノハ他ナシ身ヲ修メ智ヲ開キ才芸ヲ長スルニヨルナリ而シテ其身ヲ修メ智ヲ開キ才芸ヲ長スルハ学ニアラサレハ能ハス是レ学校の設アル所以ニシテ日用常行言語書算ヲ初メ士官農商百工技芸及ビ法律政治天文医療等ニ至ル迄凡人ノ営ムトコロノ事学アラサルハナシ人能ク其才ノアル所ニ応シ勉励シテ之ニ従事シ而シテ後初テ生ヲ治メ産ヲ興シ業ヲ昌ニスルヲ得ヘシサレハ学問ハ身ヲ立ルノ財本共云ヘキ者ニシテ人タルモノ誰カ学ハスシテ可ナランヤ夫ノ道路ニ迷ヒ飢餓ニ陥リ家ヲ破リ身ヲ喪ノ徒ノ如キハ畢竟不学ヨリシテカヽル過チヲ生スルナリ従来学校ノ設アリテヨリ年ヲ歴ルコト久シト雖トモ或ハ其道ヲ得サルヨリシテ人其方向ヲ誤リ学問ハ士人以上ノ事トシ農工商及ヒ婦女子ニ至ツテハ之ヲ度外ニヲキ学問ノ何物タルヲ弁セス又士人以上ノ稀ニ学フモノモ動モスレハ国家ノ為ニスト唱ヘ身ヲ立ルノ基タルヲ知ラスシテ或ハ詞章記誦ノ末ニ趨リ空理虚談ノ途ニ陥リ其論高尚ニ似タリト雖モ之ヲ身ニ行ヒ事ニ施スコト能ハサルモノ少カラス是即チ沿襲ノ習弊ニシテ文明普ネカラス才芸ノ長セスシテ貧乏破産喪家ノ徒多キ所以ナリ是故ニ人タルモノハ学ハスンハ有ヘカラス之ヲ学フニハ宜シク其旨ヲ誤ルヘカラス之ニ依テ今般文部省ニ於テ学制ヲ定メ追々教則ヲモ改正シ布告ニ及フヘキニツキ自今以後一般ノ人民華士族卒農工商及婦女子必ス邑ニ不学ノ戸ナク家ニ不学ノ人ナカラシメン事ヲ期ス人ノ父兄タル者宜シク此意ヲ体認シ其愛育ノ情ヲ厚クシ其子弟ヲシテ必ス学ニ従事セシメサルヘカラサルモノナリ高上ノ学ニ至テハ其人ノ材能ニ任カスト雖トモ幼童ノ子弟ハ男女ノ別ナク小学ニ従事セシメサルモノハ其父兄ノ越度タルヘキ事

但従来沿襲ノ弊学問ハ士人以上ノ事トシ国家ノ為ニスト唱フルヲ以テ学費及其衣食ノ用ニ至ル迄多ク官ニ依頼シ之ヲ給スルニ非サレハ学ハサル事ト思ヒ一生ヲ自棄スルモノ少カラス是皆惑ヘルノ甚シキモノナリ自今以後此等ノ弊ヲ改メ一般ノ人民他事ヲ抛チ自ラ奮テ必ス学ニ従事セシムヘキ様心得ヘキ事

右之通被仰出候条地方官ニ於テ辺隅小民ニ至ル迄不洩様便宜解訳ヲ加ヘ精細申論文部省規則ニ随学問普及致候様方法ヲ設可施行事　明治五年壬申七月 太政官.
仲新　外(1984), 앞의 책, pp.31～32

3 田甫桂三는『近代日本音楽教育史Ⅱ』서문에서 아동을 '소국민'이라 표현하였다. 田甫桂三(1981),『近代日本音楽教育史Ⅱ』, 学文社

4 메이지 정부는 개정교육령의 취지를 구체화하는 일환으로서 1881년 5월의 <소학교 교칙강령>과 같은 해 6월 <소학교 교원수칙>을 제정하였다. 충의의 지기 함양을 목적으로 하는 <소학교 교칙강령>의 주 내용은 수신 교과서의 상위 부상과, 외국인의 수신 교과서 내에서의 배제, 역사의 서양사에서 일본사로의 전환, 덕목으로서 효행과 충절의 중시 등이다. 또한 <소학교 교원수칙>은 교사의 임무로써 지육보다 덕육의 중시를 요구하여 학생들에게 충군애국과 유교적 덕목이 중시되는 내용을 가르치게 하였는데, 이는 황도주의 교육 방침의 정신을 관철시키려는 정부의 의도로써 메이지 정부가 요하는 '교사상'을 만들기 위한 제도였다고 할 수 있겠다.
島為男(1968),『明治百年教育史』上, 日本教図, pp.140～143

5 메이지 정부는 1886년 3월에 <제국대학령>, 4월에 <사범학교령>, <소학교령>, <중학교령>을 차례로 제정함으로써 1872년부터 시작되었던 근대 국민국가 메이지의 학교 정비 계획의 완성을 맞이하게 된다. 仲新　外(1984), 앞의 책, pp.64～65 참조

6 『소학창가집』의 5년간의 판매수를 살펴보면 1888년부터 1892년까지 초편은 5만 6천여 부, 2편은 4천부 정도가 판매되었다. 田甫桂三 編著(1981), 앞의 책, p.75

7 堀内敬三(1968), 앞의 책, p.30

8 <학제>에 의하면 교사의 자격으로서 초등학교(소학교)는 만 20세 이상으로 사범학교 내지는 중학교 졸업 증명서 소지자이며, 중학은 만 25세 이상의 대학 졸업자, 대학의 교원은 학사 칭호가 있는 자라고 규정하고 있다. 그러나 당시에는 이러한 자격을 소유한 자는 거의 없었으며 번학(藩学), 데라코야(寺子屋) 등의 교사 및 사범이었던 자들이 교사의 역할을 담당하였다. 島為男(1968), 앞의 책, p.77

9 『소학창가집』은 1881년 11월에 초편, 1883년 3월에 2편, 그리고 그 다음해인 1884년 3월에 3편이 음악취조괘에서 간행되었다. 음악취조괘은 1879년 이자와 슈지의 강력한 추진력에 의해 음악 교육의 연구기관으로서 문부성 관할 하에 창설된 기관이었으며, 여기에서는 일본의 전통 음악에 대한 조사, 창가 교재 창작, 음악 교사의 양성, 관현악 교육 등을 목적으로 하는 활동을 전개하였으며, 후에 도쿄음악학교(1887, 현 도쿄예술대학 음악부)가 되었다.

10 名著復刻(1974),『日本児童文学館小学唱歌集初編』, ほるぷ出版, 序言 1～2 참조

11 이나가키 지카이(稲垣千穎: 생몰연도가 명확하지 않음): 그는 사이타마현(埼玉県) 사족으로 도쿄사범학교 교원이었으며, 생몰연도는 알 수는 없으나 창가 작사에 종사한 인물로 알려져 있다. 그는 많은 교과서를 편집하였으며 메이지 초기 교육계에서는 중요한 인물이었던 것으로 알려져 있다.

사토미 다다시(里見義: 1824∼1886): 고쿠라(小倉)출신으로 막말 유신기에 고쿠라번 국학자로 활약하였다. 1881년 음악취조괘 어용이 되었으며 1883년부터 편집국에서 근무하였다. 그는 지방 교육자로서 나름대로의 중요한 관리직을 맡았으며, 그의 저서 중에는 문법에 관한 연구도 포함되어있어 작사 기술과 어법 지도의 양쪽에 뛰어난 교육자로 알려져 있다. 가베 이즈오(加部厳夫: 1849∼1922): 시마네현(島根県) 교육자로 1869년 신기관으로 출사 후에 궁내성 출사를 거쳐 도쿄사범학교 교원으로서 활약하였다. 그는 교육관계서 외에도 전기 편찬을 행하였으며, 번교 양노관을 재흥하여 니시 아마네(西周), 모리 오가이(森鴎外) 등, 유신 후의 인재를 배출하는 근원을 구축한 인물로서 알려져 있다. 山東功(2008), 앞의 책, pp.78∼94

12 A.P.メリアム 著, 藤井智昭 訳(1980), 앞의 책, p.254

13 A.P.メリアム 著, 藤井智昭 訳(1980), 위의 책, p.228

14 덕목의 유형을 분류함에 있어서 우선 표면적으로 읽어낼 수 있는 보편성에 따라 그 유형을 크게 세 가지로 나누었으며,(순수 화조풍월형Ⅰ, 천황치세 및 충군애국형Ⅱ, 도덕적 교훈 및 권학형Ⅲ) 표면적 분류에서 벗어나 메타포적 성격을 함유하고 있는 경우는 그 내재적 내용에 따라 그에 맞는 각 유형 안에 넣어서 다루었다.

15 伊沢修二 編, 山住正巳 校註(1971),『洋楽事始』, 平凡社, p.164.『소학창가집』가사의 출처는 이상과 동일하다.

16 이 범주에 들어가는 노래는 총 91곡 중 10곡이며, 유형 구분에 있어서는 제Ⅱ유형인 천황치세 및 충군애국형 안에서 다루었다.

17 고베 시 중앙부를 흐르는 강. 롯코(六甲) 산에서 발원하여 오사카만으로 흘러든다.

18 西島央(1994), 앞의 책, p.180

19 凡ソ教育ノ要ハ徳育智育体育ノ三者ニ在リ而シテ小学ニ在リテハ最モ宜ク徳性ヲ涵養スルヲ以テ要トスヘシ今夫レ音楽ノ物タル性情ニ本ツキ人心ヲ正シ風化ヲ助クルノ妙用アリ故ニ古ヨリ明君賢相特ニ之ヲ振興シ之ヲ家国ニ播サント欲セシ者和漢欧米ノ史冊歴々徴スヘシ曩ニ我政府ノ始テ学制ヲ頒ツニ〇リテヤ已ニ唱歌ヲ普通学科中ニ掲ケテ一般必須ノ科タルヲ示シ其教則綱領ヲ定ムルニ至テハ亦之ヲ小学各等科ニ加ヘテ其必ス学ハサル可ラサルヲ示セリ然シテ之ヲ学校ニ実施スルニ及ンテハ必ス歌曲其当ヲ得声音其正ヲ得テ能ク教育ノ真理ニ悖ラサルヲ要スレハ此レ其事タル固ヨリ容易ニ挙行スヘキニ非ス我省此ニ見ル所アリ客年特ニ音楽取調掛ヲ設ケ〇ルニ本邦ノ学士音楽家等ヲ以テシ且ツ遠ク米国有名ノ音楽教師ヲ聘シ百方討究論悉シ本邦固有ノ音律ニ基ツキ彼長ヲ取リ我短ヲ補ヒ以テ我学校ニ適用スヘキ者ヲ選定セシム爾後緒〇ノ協力ニ頼リ梢ヤク数曲ヲ得之ヲ東京師範学校及東京女子師範学校生徒併両校付属小学生徒ニ施シテ其適否ヲ試ミ更ニ取捨選択シ得ル所ニ随テ之ヲ録シ遂ニ歌曲数十ノ多キニ至レリ爰ニ之ヲ剞劂ニ付シ名ケテ小学唱歌集ト云是レ固ヨリ草創ニ属スルヲ以テ或ハ未タ完全ナラサル者アランと雖庶幾は亦我教育進歩ノ一助ニ資スルニ足ラントト云爾　明治十四年十一月　音楽取調掛長　伊沢修二　謹識　名著複刻

(1974), 앞의 책

20 有道惇·津上崇(2007), 「わが国における子どもの歌の多様性について一明治時代からの変遷(1)」

21 山下恭子(2006), 「わが国の唱歌教育について一唱歌教育の創設から昭和初期まで」, 『佐女短研究紀要』 第40集

22 名著複刻(1974), 앞의 책, pp.1～2

23 <악보 3～13>의 출처: 伊沢修二 編, 山住正巳 校註(1971), 앞의 책, pp.164～277

24 長音階の旋法に属する楽曲は勇壮活溌にして、其快情の甚だしきものとす。故に長音階の楽曲を演ずる者は、心性の淵底より歓楽を覚え、其快情発して容貌に顕れ、之を見聞するものといえども、知らず識らず亦、其快楽を享くるに至る。而るに短音階の楽曲を演ずる者は、哀情計らず、悲嘆の感を催し、其外貌に露わるるや、覆わんとするも得べからざるに至る。是を以て幼時長音階に由て薫陶を受けし者は、よく勇壮活溌の精神を発育し、有徳健全なる心身を長養するを得、また幼時短音階に由て教練を受けし者は、柔弱憂欝の資質を成し、無力多病なる気骨を、求むべし。伊沢修二 編, 山住正巳 校註(1971), 위의 책, pp.106～107

25 声音を練り、体格を正し、呼吸を適度に使用して胸膈を開暢し、以て肺臟を強健ならしむるの効益あるを以てなり。伊沢修二 編, 山住正巳 校註(1971), 위의 책, p.110

26 일본음악에서 박이 있는 리듬의 가장 전형적인 예는 2개의 박이 한 조가 되어 더 큰 단위를 구성하는 경우이며 이것을 2박자의 리듬이라고 한다. 岸辺成雄 외 저, 이지선 역(2003), 『일본음악의 역사와 이론』, 민속원, p.191 참조

27 루돌프 E.라도시·J.데이비드 보일 공저, 최병철·방금주 역(2001), 『음악심리학』, 학지사, p.137

28 1868년부터 그 다음해까지 계속된 메이지 신정부군과 구 막부 측과의 내전의 총칭으로, 도바(鳥羽)·후시미(伏見) 전투, 우에노(上野) 전투, 나가오카(長岡)번·아이즈(会津)번과의 전투, 그리고 무진전쟁의 마지막 전투였던 하코다테(函館) 전투 등이 포함된다.

29 이와 관련하여 그 변화와의 연관성을 찾아볼 수 있는 영역은 가사라고 할 수 있다. 즉 『소학창가집』의 가사 덕목 분류를 통해 알 수 있는 것은 순수 화조풍월 관련 노래는 초편 42%, 2편 37.5%에 비해 3편에서는 19%로 차지하는 수치가 현저히 떨어지는 반면, 천황치세 및 충군애국 관련 노래는 초편 42.4%, 2편 50%, 3편 38%, 그리고 도덕적 교훈 및 권학 관련 노래는 초편 15.2%, 2편 12.5%, 3편 43%로 평균을 유지하거나 상승세를 보인다. 즉 인의충효의 봉건윤리를 중핵으로 하는 덕성함양을 위한 노래의 경우는 3편으로 갈수록 그 차지하는 비율이 높아지고 있으며, 이러한 변화는 결국 리듬이나 박자가 진취적, 약동적으로 변화하게 되는 요인이 되었다고 해석할 수 있겠다.

30 번갈아 한쪽 발로 가볍게 뛰는 느낌의 스킵(skip) 리듬과 동일한 리듬을 말하며, 일본에서는 이것의 명칭을 뽕코부시(ピョンコ節)라고도 한다.

31 『소학창가집』이 편찬되던 당시의 교육계는 <개정교육령> 공포(1880)로 인해 중앙집권적 인 강력한 성격을 띠고 있었으며, 그 교육 목표로서 존왕애국의 지기양성, 그리고 그것을 위해 건국의 체제를 가르치며 천황에 대한 충의야말로 백성의 의무라는 골자를 그 내용으로 하였는데, 이와 같은 <개정교육령>의 내용에 있어서 그 기초적 자료가 된 것은 바로 인의충효의 봉건윤리를 중핵으로 하는 <교학대지>(1879)였다. 그리고 그것은 『소학창가집』의 교육목적 안으로 그대로 반영되었다.

32 学齢未満ノ小児ヲシテ天賦ノ知覚ヲ開達シ固有ノ心思ヲ啓発シ身体ノ健全ヲ滋補シ交際ノ情誼ヲ暁知シ善良ノ言行ヲ慣熟セシムル。文部省(1979),『幼稚園教育百年史』, ひかりのくに, p.37

33 幼稚小学ハ男女ノ子弟六歳迄ノモノ小学ニ入ル前ノ端緒ヲ教フルモノナリ。倉橋惣三 外(1956),『日本幼稚園史』, フレーベル館, p.317

34 1879년 획일적 성격의 <학제> 폐지 후 자유교육령으로서의 새로운 교육령이 공포되면서 교육법령 사상 처음으로 유치원이라는 명칭이 사용되었다. 文部省(1979), 앞의 책, p.38

35 文部省(1979), 위의 책, p.5 참조

36 岡田正章 監修(1977),『明治保育文献集』別巻, 日本らいぶらり, p.109

37 文部省(1979), 앞의 책, p.5

38 독일 교육가이며 세계 최초 유치원을 창설한 프뢰벨은 '신에게 받은 물건'이라는 의미를 가진 장난감을 고안하였다. 일명 '은물(Gabe)이라 불리는 장난감에는 공, 적목, 판, 막대기 등이 있으며 일본에는 메이지 10년대에 도입되었다.

39 藍川由実(1998),『これでいいのかにっぽんのうた』, 文芸春秋, p.16 참조

40 아악료 에서 아악을 연주하는 사람으로 아악료의 공무원이라 할 수 있다.

41 이나다 레이치로(稲田嶺一郎)(1983)는 일본 최초 유일의 일본 관제 유치원용 교과서인『유치원창가집』이 만들어지게 되는 경위에 대해서 유교적 도덕교육주의를 지향한 교육 정책 전환을 그 하나의 원인으로 들고 있다. 이는 메이지기에 생애 교육의 기반이라고 할 수 있는 유아 교육이 프뢰벨의 아동의 창조적 자기표현과 자기활동의 중시라는 기본 이념에 입각하여 시작되었으나, 점점 그 기본 이념의 궤도에서 이탈하여 당시 정부의 교육정책에 따른 유교적 도덕교육주의를 향해 코드 전환이 이루어져 갔음을 지적한 것으로, 덕육 교육을 위해 '어린 시절에 뇌리에 각인시켜 육성하기'에 유효한 과목으로서 수신과 함께 창가를 지목한 문부성 당국, 그리고 유치원 관계자들에 의해 추진되었다고 설명하였다. 稲田嶺一郎(1983),「本邦幼児音楽教育史考－明治期の唱歌教育(其三)－」,『美作女子大学紀要』28号, p.23 참조

42 一　本編ハ児童ノ始メテ幼稚園ニ入リ、他人ト交遊スルコトヲ習フニ当リテ、嬉戯唱和ノ際、自ラ幼徳ヲ涵養シ、幼智ヲ開発センガ為ニ、用フベキ歌曲ヲ纂輯シタルモノナリ。一　唱歌ハ自然幼稚ノ性情ヲ養ヒ、其発声ノ節度ニ慣レシムルヲ要スルモノナレバ、殊ニ幼稚園ニ欠ク可ラズ。諸種ノ園戯ノ如キモ、亦音楽ノ力ヲ仮ルニ非

ラザレバ、十分ノ効ヲ奏スルコト能ハザルモノナリ。一 幼稚園ノ唱歌ハ殊ニ拍子ト調子ニ注意セザル可ラズ。拍子ノ、緩徐ニ失スルトキハ、活溌爽快ノ精神ヲ損シ、調子ノ高低、其度ヲ失スルトキハ、啻ニ音声ノ発達ヲ害スルノミナラズ、幼稚ノ性情ニ厭悪ヲ醸シ、其開暢ヲ妨グル恐レアリ。故ニ本編ノ歌曲ハ、其選定ニアタリ、特ニ此等ノ要旨ニ注意セリ。一 幼稚園ニハ、箏、胡弓、若クハ洋琴、風琴、ノ如キ楽器ヲ備ヘテ、幼稚ノ唱歌ニ協奏スルヲ要ス。是レ楽器ニヨリテ、唱歌ノ勢力ヲ増シ、深ク幼心ヲ感動セシムルノ力アルヲ以テナリ。明治十六年七月 岡田正章 監修(1977), 앞의 책, p.104

43 『유치원창가집』 서언 중, 2항에서 밝히고 있는 유희 관련 내용을 살펴보았을 때, 유희 관련 창가가 명확히 밝혀있지 않다는 점과, 3항의 음역과 관련하여 살펴보았을 때, <표 9>을 통해 알 수 있듯이, 29곡 중 음역이 5음 이하인 곡은 2곡, 8음 이상인 곡은 19곡이다. 이것은 '소학교 교칙 강령'에서 초등과의 음역으로 정해놓은 '5음 이하'라는 규정에서 벗어난 편성이다.

44 関計夫(1967), 『新しい音楽心理学』, 音楽之友社, p.197

45 <개정교육령>이 발포되는 1880년경에는 자유민권운동이 최고조에 이르는 시기로 구 학제보다 한층 더 중앙집권적이고 강제적 성격을 가진 교육령이 요구되는 상황이었다. 따라서 <개정교육령>의 목표 또한 강력해지는데, 존왕애국의 지기 양성과 그것을 가르치기 위해 아마테라스 오미카미의 자손인 만세일계의 일본 통치자 천황에 대해 충의를 다하는 것이 신민으로서의 백성의 의무임에 그 초점이 맞추어진다. 이로써 <개정교육령>은 메이지 천황제적 교육 통제 체제로의 일보를 내딛었다고 할 수 있다.

46 <개정교육령>의 강력한 지배체제에 대한 예로 당시 메이지 정부가 요구하던 교사의 상을 살펴보면 1873년 5월에 <小学教師心得>이 발표되는데, 이는 문부성이 제정한 교사의 자세를 처음으로 제정한 것으로 이 시기에 국가가 요구하는 바람직한 교사의 상을 집약한 내용으로 이루어져 있다. 이후 8년이 지난 1881년 <小学校教員心得>이 다시 제정되었으며, 이는 그 전 해인 1880년 공포된 <교학성지>의 취지에 기초한 '교사의 상'이었다. 즉 학제 이래의 주지주의적 교육을 배척하고 인의충효 특히 '공자의 학'을 주로 하는 유교주의적 교육의 추진을 중심으로 하는 내용이 명시되는 등, 국가가 교사의 사상이나 언행에 직접적으로 제한을 가함으로써 교사를 국가가 요구하는 틀 안으로 끼워 넣으려 하였다. 이렇게 메이지 국가의 교육 통제는 품행 규정에 의해 국가에 대적하는 교사를 배제시키는 형태로 철저히 이루어져 갔다. 千成俊夫·早川正昭 編(1990), 『音楽教育学』, 福村出版, pp.138~145

47 세키 가즈오(関計夫)는 아동관의 참 의미로서 아동을 어떻게 교육할 것인가라는 실천적 의미를 갖는다고 말하면서 아동을 바라보는 인식에는 여러 가지 관점이 있음을 지적하였다. 그는 메이지 이후의 아동관을 성인 중심주의 아동관, 아동 중심주의 아동관 그리고 생활 중심주의 아동관으로 크게 나누어 설명하였다. 関計夫(1967), 앞의 책, pp.164~189 참조

48 文部省音楽取調掛(1887), 『幼稚園唱歌集』, 日本学舎復刻(1977) 이하 『幼稚園唱歌集』

가사의 출처는 이상과 동일하다.

49 西島央(1997), 앞의 책, pp.27~34

50 田甫桂三(1981), 앞의 책, p.117

51 후쿠바 비세이(福羽美静: 1831~1907)는 쓰와노(津和野)의 번주였으며 국학자이자 시인이다. 1869년 메이지 천황의 시강이었으며 1872년는 教部大輔가 되었다. 1876년에 국헌 조사위원, 1880년에 문부성 담당관, 그리고 1880년부터 그 다음해인 1881년까지 도쿄여자사범학교 摂理(교장)를 맡았으며 1890년 귀족의원으로 선출된 후 같은 해 공직에서 물러나 은거생활을 하였다. (ウィキペディア フリー百科事典 2012년 5월 9일 검색)

52 후쿠바 비세이의 「숫자풀이 노래」(1880~1881 사이의 작품)의 가사는 다음과 같다.
一トヤ　人ハ心が第一ヨ第一ヨ研イテ修メテ世ヲ渡レ世ヲ渡レ
二トヤ　再帰ラヌ光陰ヲ光陰ヲ徒シク過シテ済ムモノカ済ムモノカ
三トヤ　三四五ノ稚児ガ稚児ガ智識ヲ育ツル幼稚園幼稚園
四トヤ　善友選ビテ交レヨ交レヨ善友良師ハ身ノ守身ノ守
五トヤ　何時マデ言ヘドモ尽キセヌハ尽キセヌハ我身ヲ育テシ親ノ恩親ノ恩
六トヤ　古ヲ弁ヘ今ヲ見テ今ヲ見テ今ヨリ開ケン世ヲ想ヘ世ヲ想ヘ
七トヤ　何ヨリ大事ハ人ノ道人ノ道人々励メバ国モ富ム国モ富ム
八トヤ　八千代ト寿ブク君ガ代ヲ君ガ代ヲ翼クル人コソ人ゾカシ人ゾカシ
九トヤ　心ヲ修ムル学問ノ学問ノ光ハ清ケキ窓ノ月窓ノ月
十トヤ　処ハ日ノ本日ノ光日ノ光治キ国恩忘ルナヨ忘ルナヨ
嶋田由実(1994), 「明治期小学校唱歌教育における'数えうた'の研究－歌詞内容の分類と唱歌教授細目の分析を通して－」, 『大阪女子短期大学紀要』 19号, p.27

53 関計夫(1967), 앞의 책, p.66

54 1951년 메튜인이 일본을 방문하였을 때 그의 요청에 따라 일본 음악을 듣게 되었으며, 그 후 그는 일본 음악에 대하여 전체적으로 상당히 어둡다는 평가를 내렸다. 関計夫(1967), 위의 책, p.68

55 이와 같은 편성은 오늘날 일본 유치원이나 보육원에서 불러지고 있는 동요의 선율과 비교하여 별 차이가 없음을 알 수 있는데, 이는 메이지 정부가 근대 국가를 만들기 위해 취한 음악적 편성으로서, 그 전까지의 전근대적 선율이나 리듬 등으로부터 근대적 선율과 리듬으로의 전환을 보여주는 것으로 해석 가능하다.

56 스즈키 사다미는 유럽에서는 국민국가가 탄생되는 과정을 통해 '국어'가 각각의 국민문화의 토대가 되었음을 지적하면서 국민의 언어로서의 '국어의 국민화'를 언급하였으며, 메이지기에 있어서 국어의 국민화를 위해 행해진 대표적인 것이 바로 '언문일치'임을 언급하였다. 鈴木貞美(2005), 앞의 책, p.82

57 1904년 제1기 국정 교과서 사용 개시(1904~1909)
1910년 제2기 국정 교과서 사용 개시(1910~1917)
1918년 제3기 국정 교과서 사용 개시(1918~1933)

1934년 제4기 국정 교과서 사용 개시(1934~1940)
1941년 제5기 국정 교과서 사용 개시(1941~1945)

58 교과서 국정화는 학교에서 사용하는 검정 교과서 채용과 관련하여 출판사와 교육 관계자 간의 유착이 드러나면서(교과서 의옥사건: 1902) 그 해결을 위한 방안으로 실시되었다.

59 本書ハ本省編纂ノ尋常小学読本中ノ歌詞ニ就キ本書ニ設置セル小学校唱歌教科書編纂委員ヲシテ作曲セシメタルモノナリ。

60 국정 교과서 시대의 독본 교과서는 많은 창가집을 탄생시켰다. 제1기 국정 독본을 바탕으로 1904년을 중심으로 7종류의 독본 관련 창가집이 출판되었으며, 제2기 국정 독본을 바탕으로는 문부성 저작인『심상소학독본창가』한 권이 출판되었다. 제1기『심상소학독본』(문부성/1904)에 따른 7권의 독본 관련 창가집은 다음과 같다.
①『国定小学読本唱歌集』(26곡), 元々堂書房, 1905
②『尋常小学読本唱歌』(25곡), 啓文館, 1905
③『国定小学読本唱歌集』, 野崎鶴吉, 1905
④『国定小学読本唱歌集』(25곡), 宮井平安堂, 1905
⑤『国定小学読本唱歌』(24곡), 修文館, 1905
⑥『国定尋常小学読本唱歌』(23곡), 郁文舎, 1905
⑦『国定読本唱歌楽譜と遊戯法』(25곡), 文学社, 1906
中山エイ子(1999), 앞의 책, p.311

61 니탄노 시로(仁田四郎: ~1203, 仁田忠常닛타 다다쓰네의 통칭)는 가마쿠라 초기의 무사로 미나모토 요리토모(源頼朝)를 섬겼으며 미나모토 요리토모의 장남인 요리이에(頼家)의 명령에 따라 호조 도키마사(北条時政)를 공격하나, 이루지 못하고 가토 가게카도(加藤景廉)에게 죽임을 당하는 인물이다.

62 1907년 <소학교령> 개정으로 창가는 필수 과목으로서의 지위를 얻게 되는데 당시의 매주 수업 시수를 살펴보면 심상소학교에서는 1·2학년은 음악과 체조로 4시간이 부여되었으며, 3·4학년은 창가 1시간, 5·6학년은 2시간이 할당되었다. 千成俊夫·早川正昭 編(1990), 앞의 책, pp.27~28

4. '철도창가'를 통해 본 메이지의 근대적 공간화

1 2003년 기준 UN 가입국은 191개국이며, 국제법(비독립국 포함) 기준으로는 242개국에 달한다.

2 최진석(2007),『문화정치학의 영토들』, 그린비, pp.225~227 참조
이러한 영토의 애매성에 대해 부연하자면 성서적 세계관을 시각적으로 표상한 T-O도라는 지도의 예로서 설명할 수 있다. 즉 이 지도는 지도의 본질이라 할 수 있는 사실에 대한 정보보다는 당시의 사람들이 알고 있던 세계의 단편을 그림으로 이미지화 한 것으로, 이는 영토적 애매성을 보여주는 좋은 예라 할 수 있다.

3 아미노 요시히코 저, 박훈 역(2003), 『일본은 무엇인가』, 창작과 비평사, p.25

4 대일본제국헌법과 황실 전범을 한 조목씩 차례대로 설명한 책으로, 헌법 기초자인 이토 히로부미(伊藤博文)에 의해 1889년에 간행되었다.

5 정선태 외(2010), 『메이지 유신, 동아시아의 기억』, 지금여기, pp.183~184 재인용

6 이효덕 저, 박성관 역(2002), 앞의 책, p.282 참조

7 다키 코지 저, 박삼헌 역(2007), 『천황의 초상』, 소명출판, pp.77~79 참조

8 태국 출신인 통차이 위니차쿤 교수는 동남아를 이해하는 인식의 틀로서 지리적 신체(Geo-body)라는 개념을 제시하였는데, 이는 영토에서 비롯된 정체성으로써 동남아시아의 여러 나라들이 국민국가로 재편되면서 생긴 국경에 따라 얻게 되는 정체성을 의미한다고 언급하였다. 비교문화역사문화연구소(2004), 『근대의 국경, 역사의 변경』, 휴머니스트, p.196 참조

9 일본해외철도기술협력회의, 최경수 역(2011), 『세계의 철도』, 매경출판, p.10 참조

10 1830년대 유럽과 북미에서 시작된 철도는 열강의 식민지를 중심으로 세계로 확장되어 19세기 중반에는 인도(1853년), 오스트레일리아(1854년), 이집트(1856년), 남아프리카공화국(1860년), 인도네시아(1868년) 등의 철도가 개통되었으며, 일본(1872년)에 이어서 중국(1878년), 미얀마(1877년), 베트남(1885년), 말레이시아(1885년), 터키(1896년) 등도 철도가 개통되었다.(한국의 경우는 1899년 9월 18일 경인선) 일본해외철도기술협력회의, 최경수 역(2011), 위의 책, p.12

11 볼프강 쉬벨부쉬, 박진희 역(1999), 『철도여행의 역사』, 궁리, p.53

12 한국철도기술연구원 엮음, 하라다 가쓰마사(2005), 「일본에 있어서 철도의 특성과 그 발달(1872년-민영화 이전)」, 『일본철도의 역사와 발전』, BG북갤러리, p.58 참조

13 이효덕 저, 박성관 역(2002), 앞의 책, p.230 참조

14 철도창가는 제1집과 제2집은 오노 우메와카(多梅稚)와 우에 사네미치(上真行)가 작곡한 선율로 불러졌으며, 제3집의 경우는 오쿠 요시이사(奥好義)와 다무라 도라조(田村虎蔵), 제4집은 노쇼 벤지로(納所弁次郎) 작곡의 선율이, 그리고 제5집은 오노 우메와카 곡이 약간 변용되어 불러졌다. 原口隆行(2002), 위의 책, p.4 참조

15 小川和佑(2005), 『唱歌·賛美歌·軍歌の始原』, アートアンドクラフツ, p.193

16 原口隆行(2002), 앞의 책, p.5

17 율령제 하의 지방 행정 구획으로 야마시로(山城)·야마토(大和)·셋쓰(摂津)·가와치(河内)·이즈미(和泉)의 5개 지역과, 도카이(東海)·히가시야마(東山)·호쿠리쿠(北陸)·산인(山陰)·산요(山陽)·난카이(南海)·사이카이(西海)의 7도, 즉 일본 전국을 의미한다.

18 도카이도에 속한 지역은 15개 지역으로 다음과 같다.
이가(伊賀): 지금의 미에(三重)현 서부
이세(伊勢): 지금의 미에현 대부분

시마(志摩): 지금의 미에현 동부
오와리(尾張): 지금의 아이치(愛知)현 서부
미카와(三河): 지금의 아이치현 동부
도토우미(遠江): 지금의 시즈오카(静岡)현 서부
스루가(駿河): 지금의 시즈오카현 중앙부
가이(甲斐): 지금의 시즈오카현 동부
이즈(伊豆): 지금의 시즈오카현 동부
사가미(相模): 지금의 가나가와(神奈川)현 대부분
무사시(武蔵): 지금의 도쿄도(東京都) 사이타마(埼玉)현 일부는 가나가와현
아와(安房): 지금의 지바(千葉)현 남부
가즈사(上総): 지금의 지바현 중앙부
시모우사(下総): 지금의 지바현 북부
히타치(常陸): 지금의 이바라키(茨城)현 대부분

19 인용문의 소재 표기 방법에 있어서는 각 집의 경우는 로마숫자를, 각 절의 경우는 아라비아 숫자를 사용한다. 예를 들어 제1집의 65절은 <Ⅰ-65>, 제2집의 40절은 <Ⅱ-40>으로 표기한다.

20 오기칠도(五畿七道)의 하나로 총 8개 지역이 이에 속한다.
하리마(播磨): 지금의 효고(兵庫)현 남서부
미마사카(美作): 지금의 오카야마(岡山)현 북부
비젠(備前): 지금의 오카야마현 남부
비추(備中): 지금의 오카야마현 서부
빈고(備後): 지금의 히로시마(広島)현 동부
아키(安芸): 지금의 히로시마현 서부
스오(周防): 지금의 야마구치(山口)현 동부
나가토(長門): 지금의 야마구치현 서부와 북부

21 예로부터 와카의 소재가 된 명승지로 노래를 지을 때 문헌상의 근거가 될 만한 마쿠라고토바(와카 등에 쓰이는 수사법의 하나), 명소 등을 의미한다.

22 오슈는 무쓰(陸奥)지방의 별칭으로 옛 나코소(勿来), 시라카와세키(白河関) 이북으로, 지금의 후쿠시마(福島), 미야기(宮城), 이와테(岩手), 아오모리의 4현과 아키타(秋田)현의 일부가 이 지역에 속한다.

23 이와키는 무쓰지방을 분할하여 설치한 곳으로, 일부는 지금의 후쿠시마현 동부와, 일부는 미야기현 남부가 이에 속한다.

24 호쿠리쿠 지방은 다음의 7개 지역을 가리킨다.
와카사(若狭): 지금의 후쿠이(福井)현 지명의 하나
에치젠(越前): 지금의 후쿠이현 동부
가가(加賀): 지금의 이시카와(石川)현의 남부
노토(能登): 지금의 이시카와현 북부

엣추(越中): 지금의 도야마(富山)현
에치고(越後): 지금의 니가타(新潟)현 대부분
사도(佐渡): 지금의 니가타현

25 교토(京都), 오사카(大阪), 고베(神戸) 지역이 이에 속한다.

26 이세신궁에 참배하러 가는 가도로써 이세가도(伊勢街道)라고도 한다.

27 남해도는 일본의 옛 행적 구획인 5畿7道의 하나로, 6개의 지역이 이에 속한다.
기이(紀伊): 지금의 와카야마(和歌山)현과 미에현 일부
아와지(淡路): 지금의 효고현 아와지시마
아와(阿波): 지금의 도쿠시마(徳島)현
사누키(讃岐): 지금의 가가와(香川)현
이요(伊予): 지금의 에히메현
도사(土佐): 지금의 고치(高知)현

28 『지리교육 철도창가』는 다이쇼(大正) 초까지 공식적으로 2천만 부라는 경이로운 부수를 간행시켰다. 小川和佑(2005), 앞의 책, p.195

5. '의식창가'를 통한 국가관 만들기

1 <교학성지>는 메이지 천황이 1872년부터 1878년에 걸쳐 전국 각지를 순행, 민정을 사찰하고 학교를 방문하는 등, 교육 현장을 경험하면서 그 결과에 근거하여 천황이 의견을 말하고 그것을 당시 시강이었던 모토다 나가자네(元田永孚)가 초안을 정리하여 공포한 것으로, '교학대지'와 '소학조목'으로 구성되어있다. 주 내용은 메이지 유신 후 구미 문화에 너무 심취하여 일본 고래의 도덕을 잃어버린 폐해를 고쳐 인의충효의 가르침을 교육의 기본으로 해야 함을 담고 있다. 島為男(1968), 앞의 책, p.126 참조

2 教学ノ要、仁義忠孝ヲ明ラカニシテ、智識才芸ヲ究メ、以テ人道ヲ尽スハ、我祖訓国典ノ大旨、上下一般ノ教トスル所ナリ、(中略) 故ニ自今以往、祖宗ノ訓典ニ基ヅキ、専ラ仁義忠孝ヲ明ラカニシ、道徳ノ学ハ孔子ヲ主トシテ、人々誠実品行ヲ尚トビ、然ル上各科ノ学ハ、其才器ニ随テ益々長進シ、道徳才芸、本末全備シテ、大中至正ノ教学天下ニ布満セシメハ、我邦独立ノ精神ニ於テ、宇内ニ恥ルコト無カル可シ(下略) 島為男(1968), 위의 책, p.126

3 小学校ニ於テハ日曜日夏季冬季休業日及大祭日祝日等ヲ除クノ外授業スヘキモノトス 佐藤秀夫(1963), 앞의 책, p.44 재인용

4 메이지 정부는 천황의 생일을 축하하는 천장절을 시작으로 1873년에 다음과 같은 국가 축제일을 제정하였다.
원시제(元始祭: 1月3日): 일본 황실이 천손 강림과 황위의 시초를 축하하는 제례
신년연회(新年宴会: 1月5日): 旧制의 황족, 친임관, 외국사신 등을 위해 천황이 여는 연회 의식

고메이천황제(孝明天皇祭: 1月30日): 효명천황제로 궁중 관습에 기인하는 선황제 제례
기원절(紀元節: 2月11日): 진무천황 즉위 날을 설정하여 축일로 정함
진무천황제(神武天皇祭: 4月3日): 진무천황 서거 날
신상제(神嘗祭: 10月17日): 천황이 거행하는 추수감사 궁중행사로, 술과 음식을 이세신궁에 바침
천장절(天長節: 11月3日): 천황탄생을 축하하는 제례로 메이지 1년에 제정됨
신상제(新嘗祭: 11月23日): 천황이 햇곡식을 천지 여러 신께 바치고 친히 먹기도 하는 궁중 제사
佐藤秀夫(1963), 위의 책, p.43

5 籠谷次郎(1973),「明治教育における学校儀式の成立」,『日本史研究』132号, p.19 참조

6 국가의 안녕과 질서가 국민의 도덕성 육성에 의해 이루어진다고 주장하였으며 이것이 교육칙어 정신과 일치한다 하여 융성해졌다. 山本信良·今野敏彦(1973),『近代教育の天皇制イデオロギー』, 新泉社, p.49

7 사토 히데오(佐藤秀夫)는 그의 논문에서 의식을 '공교육의 장에서의 천황 예배 의식'이었다고 언급하였다. 佐藤秀夫(1963), 앞의 책, p.43

8 Basil Hall Chamberlain은 1873년에 처음 일본에 왔으며, 그 후 1886년부터 1890년까지 도쿄대학에서 강의하는 등, 일본의 근대 국어학 수립에 공헌하였다.

9 山本信良·今野敏彦(1973), 앞의 책, p.71 참조

10 '어진'은 천황의 대리물이자 분신으로서 '예'를 다하여 다루도록 강제되었는데, 어진을 내려보낼 때 거행되는 '拝戴의식', 어진을 맞이하는 '奉迎의식', 그 행렬을 따르는 '供奉', 어진이 안치되는 곳으로서 '玉座', 그곳에 이르는 통로인 '御道筋', 어진을 경호하는 奉衛 (이효덕 저, 박성관 역(2002), 앞의 책, p.302) 등, 단순한 초상 사진 안에서 살아서 숨 쉬는 천황의 존재감을 강하게 각인시키기 위해 다양한 장치들이 만들어졌다.

11 橋本勝(1993),「明治期学校行事の社会的機能に対する一考察」,『教育研究』第37号, 青山学院大学教育学会紀要

12 佐藤秀夫(1963), 앞의 책, p.48 참조

13 明治二十三年十月勅令第二百十五号小学校令第十五条ニ基キ、小学校ニ於ケル祝日大祭日ノ儀式ニ関スル規定ヲ設クルコト左ノ如シ。(中略)
第一条　紀元節、天長節、元始祭、神嘗祭及新嘗祭ノ日ニ於テハ学校長、教員及生徒一同式場ニ参集シテ左ノ儀式ヲ行フヘシ。
一　学校長、教員及生徒
　　天皇陛下及皇后陛下ノ御影ニ対シ奉リ最敬礼ヲ行ヒ、且両陛下ノ万歳ヲ奉祝ス。
　但、未ダ御影ヲ拝戴セサル学校ニ於テハ、本文前段ノ式ヲ省ク。
二　学校長若クハ教員、教育ニ関スル勅語ヲ奉読ス。
三　学校長若クハ教員、恭シク教育ニ関スル勅語ニ基キ聖意ノ在ル所ヲ誨告シ、又ハ歴代天皇ノ盛徳鴻業ヲ叙シ、若クハ祝日大祭日ノ由来ヲ叙スル等、其祝日大祭日

ニ相応スル演説ヲ為シ、忠君愛国ノ志気ヲ涵養センコトヲ務ム。

四　学校長、教員及生徒、其祝日大祭日ニ相応スル唱歌ヲ合唱ス。

本田活(1989), 앞의 책, p.35

14 稲田嶺一郎(1984),「明治期就学前唱歌教育－祝日大祭日儀式唱歌と幼稚園－」,『美作女子大学紀要』 29号, p.14 참조

15 ①我大君 ②君が代(『소학창가집』 초편) ③天津日嗣 ④栄ゆく御代 ⑤五日の風 ⑥太平の曲 ⑦祝へ吾君を ⑧瑞穂 ⑨治る御代 ⑩君が代の初春 ⑪紀元節 ⑫天長節 ⑬君が代(『중등창가집』) 稲田嶺一郎(1984), 위의 책, p.15

16 江崎公子 編輯(1991),「祝日大祭日儀式唱歌」,『音楽基礎研究文献集』 第16巻, 大空社(이하 '축일대제일 의식창가'의 출처는 위와 동일함)

17 서현섭(1997),『일본인과 천황』, 고려원, p.182 참조

18 레너드 번스타인 저, 박종문 역(1982),『대답 없는 질문』, 主友출판사, p.23

19 산토 이사오는 그 외에도 東儀頼玄撰譜, 山井基清訳譜의 'サザレイシ'와, 육군 예식 나팔곡인 '君が代'를 포함시킨 5개의 기미가요에 대한 설명을 언급하였다. 山東功(2008), 앞의 책, p.31

20 영국 공사 관부 군악대장이었던 펜턴(John William Fenton: 1829～?)은 1869년부터 1877년까지 8년간 일본 해군 군악대와 궁중악사인 식부료 영인들을 지도하였다.

21 민경찬·장전·야스다 히로시·류인옥·김성준(2008),『동아시아와 서양음악의 수용』, 음악세계, p.149 참조

22 임의 세상은 깊은 바다 속 작은 돌이 물새 사는 바위 될 때까지
끝없는 태평성대를 축원 드리네
きみがよは 千尋の底の さざれいしの 鵜のいる磯と あらわるるまで
かぎりなき みよの栄を ほぎたてまつる 伊沢修二 編, 山住正巳 校註(1971), 앞의 책, p.183

23 山住正巳(1994),『こどもの歌を語る』, 岩波新書, p.45 참조

24 安田寛(2003),『唱歌という奇跡十二の物語』, 文春新書, p.99

25 小川和佑(2005), 앞의 책, p.128 참조

26『広辞苑』第五版, 岩波書店

27 長志珠絵(2002),「ナショナル·シンボル論」,『近代知の成立』, 岩波書店, p.140 참조

28 이장직(1990),『음악의 사회사』, 전예원, p.179

29 이효덕 저, 박성관 역(2002), 앞의 책, p.296 참조

참고문헌

■

1차 자료

文部省(1881),『小学唱歌集』初編: 日本児童文学館 復刻(1974)
伊沢修二 編, 山住正巳 校註(1971),「小学唱歌集」2～3集,『洋楽事始』, 平凡社
文部省音楽取調掛(1887),『幼稚園唱歌集』全: 日本学舎 復刻(1977)
文部省(1911年),『尋常小学唱歌』第一学年用, 大日本図書株式会社: 日本学舎復刻(1977)
文部省(1911年),『尋常小学唱歌』第二学年用, 大日本図書株式会社: 日本学舎復刻(1977)
文部省(1912年),『尋常小学唱歌』第三学年用, 大日本図書株式会社: 日本学舎復刻(1977)
文部省(1912年),『尋常小学唱歌』第四学年用, 大日本図書株式会社: 日本学舎復刻(1977)
文部省(1913年),『尋常小学唱歌』第五学年用, 大日本図書株式会社: 日本学舎復刻(1977)
文部省(1914年),『尋常小学唱歌』第六学年用, 大日本図書株式会社: 日本学舎復刻(1977)
江崎公子 編輯(1991),「地理教育鉄道唱歌1集-5集」,『音楽基礎研究文献集』第16巻, 大空社
江崎公子 編輯(1991),「祝日大祭日儀式唱歌」,『音楽基礎研究文献集』第16巻, 大空社

국내 단행본

고석규(2004),『근대도시 목포의 역사 공간문화』, 서울대학교출판부
국사편찬위원회(2008),『여행과 관광으로 본 근대』, 두산동아
김병선(2007),『창가와 신시의 형성 연구』, 소명출판
김순전 외(2004),「수신서에 나타난 영웅의 유형」,『수신하는 제국－명치·대정기『심상소학 수신서』 연구』, J&C
김종환(2004),『음악교육론』, 교육과학사
김필동(1999),『근대일본의 출발』, 일본어 뱅크
민경찬·야스다 히로시 외(2008),『동아시아와 서양음악의 수용』, 음악세계

박상현(2009),『해석의 정치학』, 제이엔씨
박영재·박충석·김용덕(1999),「근대일본에 있어서 국가주의의 형성」,『19세기 일본의 근대화』, 서울대학교출판부
박지향(2004),『일그러진 근대』, 푸른역사
박찬석(1977),『음악교육총론』, 대림출판사
박천홍(2003),『매혹의 질주, 근대의 횡단』, 산처럼
비교문화역사연구소(2004),『근대의 국경, 역사의 비평』, 휴머니스트
서울사회과학연구소(1997),『근대성의 경계를 찾아서』, 중원문화
서현섭(1997),『일본인과 천황』, 고려원
원용진(1996),『대중문화의 패러다임』, 한나래
이강숙(2009),『음악의 이해』, 민음사
이승원·오선민·정여울(2003),『국민국가의 정치적 상상력』, 소명출판
이장직(1990),『음악의 사회사』, 전예원
이진경(1997),『근대적 시공간의 탄생』, 푸른숲
이진경 편저(2007),『모더니티의 지층』, 그린비
__________(2007),『문화정치학의 영토들』, 그린비
전종환 외(2005),『인문지리학의 시선』, 논형
전지영(2005),『근대성의 침략과 20세기 한국의 음악』, 북코리아
정선태 외(2010),『메이지 유신, 동아시아의 기억』, 지금여기
정진농(2003),『오리엔탈리즘의 역사』, 살림출판사
최병두(2002),『근대적 공간의 한계』, 십인
최진석(2007),『문화정치학의 영토들』, 그린비
한국사 연구회(1995),『근대 국민국가와 민족문제』, 지식산업사
한주성(1996),『교통 지리학』, 법문사
함동주(2009),『천황제 근대국가의 탄생』, 창비

일본 단행본

藍川由実(1998),『これでいいのかにっぽんのうた』, 文芸春秋
A.P.メリアム 著, 藤井智昭 訳(1980),『音楽人類学』, 音楽之友社
イサベラ.L.バード 著, 高梨健吉 訳(1973),『日本奥地紀行』, 平凡社
伊沢修二 編, 山住正巳 校註(1971),『洋楽事始』, 平凡社
大久保喬樹(2008),『日本文化論の名著入門』, 角川選書
オールコック 著, 山口光朔 訳(1962),『大君の都』上, 岩波書店
岡倉覚三 著, 村岡博 訳(1967),『茶の本』, 岩波書店

小川和佑(2005),『唱歌·賛美歌·軍歌の始原』, アーツアンドクラフツ
奥中康人(2008),『国家と音楽』, 春秋社
唐沢富太郎(1997),「教科書の歴史」,『唐沢富太郎著作集第6巻』, ぎょうせい
金田一春彦(1977),『日本の唱歌』上, 講談社
大学教育社　編(1991),『現代政治学事典』, ブレーン出版
倉橋惣三 外(1956),『日本幼稚園史』, フレーベル館
黄遵憲 著, 実藤恵秀·豊田穣 訳(1968),『日本雑事詩』, 平凡社
佐伯彰一　外(2008),『外国人による日本論名著』, 中公新書
桜井哲夫(1993),『近代の意味』, NHKブックス
山東功(2008),『唱歌と国語』, 講談社
司馬遼太郎·ドナルド　キーン(1972),『日本人と日本文化』, 中公新書
島為男(1968),『明治百年教育史』上, 日本教図
鈴木貞美(2005),『日本の文化ナショナリズム』, 平凡社新書
関計夫(1967),『新しい音楽心理学』, 音楽之友社
田甫桂三(1980),『近代日本音楽教育史Ⅰ』, 学文社
________(1981),『近代日本音楽教育史Ⅱ』, 学文社
谷川稔(2007),『国民国家とナショナリズム』, 山川出版社
長志珠絵(2002),『近代知の成立』, 岩波書店
仲新　外(1984),『日本近代教育小史』, 福村出版
西川長夫(1995),『地球時代の民族=文化理論－脱'国民文化'のために-』, 新曜社
________(1995),「日本型国民国家の形成」,『幕末明治期の国民国家形成と文化変容』, 新曜社
________(2001),『日本思想史辞典』, ぺりかん社
________(2008),『日本回帰·再論』, 人文書院
原口隆行(2002),『鉄道唱歌の旅行－東海道線今昔』, JTB
船曳建夫(2003),『日本人論再考』, NHK出版
堀内敬三(1968),『音楽明治百年史』, 音楽之友社
________外(1982),『日本唱歌集』, 岩波クラシック
村上俊亮 外(1981),『明治文化史』第巻, 原書房
岡田正章 監修(1977),『明治保育文献集』別巻, 日本らいぶらり
名著復刻(1974),『日本児童文学館小学唱歌集初編』, ほるぷ出版
文部省(1979),『幼稚園教育百年史』, ひかりのくに
安田寛(2003),『唱歌という奇跡十二の物語』, 文春新書
山住正巳(1967),『唱歌教育成立過程の研究』, 東京大学出版会

_______(1994), 『こどもの歌を語る』, 岩波新書
山本信良·今野敏彦(1973), 『近代教育の天皇制イデオロギー』, 新泉社
吉見俊哉(2000), 『博覧会の政治学』, 中公新書

번역서

가라타니 고진 저, 박유하 역(1997), 『일본 근대문학의 기원』, 민음사
가쓰라지마 노부히로 저, 김정근 역(2009), 『동아시아 자타인식의 사상사』, 논형
고토 야스시 저, 이남희 역(2006), 『천황의 나라 일본』, 예문서원
岸辺成雄 외 저, 이지선 역(2003), 『일본음악의 역사와 이론』, 민속원
니시카와 나가오 저, 윤대석 역(2002), 『국민이라는 괴물』, 소명
다카하시 지하야 저, 김순희 역(2002), 『에도의 여행자들』, 효행출판
다키 고지 저, 박삼헌 역(2007), 『천황의 초상』, 소명출판
徳丸吉彦 저, 김영봉 역(2003), 『민족음악학 이론』, 민속원
레나드 번스타인 저, 박종문 역(1982), 『대답 없는 질문』, 主友출판사
루돌프 E.라도시 외 저, 최병철·방금주 역(2001), 『음악심리학』, 학지사
마셜 맥루언 저, 김성기·이한우 역(2004), 『미디어의 이해』, 민음사
Michael.H.Thaut 저, 차영아 역(2009), 『리듬, 음악 그리고 뇌』, 학지사
水内俊雄 저, 심정보 역(2010), 『공간의 정치지리』, 푸른길
스즈키 마사유키 저, 류교열 역(1998), 『근대일본의 천황』, 이산
아미노 요시히코 저, 박훈 역(2003), 『일본이란 무엇인가』, 창작과 비평사
에릭 홉스봄 저, 김동택 역(1998), 『제국의 시대-1875~1914』, 한길사
W.G.비즐리 저, 장인성 역(2004), 『일본 근현대사』, 을유문화사
와카바야시 미키오 저, 정선태 역(2006), 『지도의 상상력』, 산처럼
이효덕 저, 박성관 역(2002), 『표상공간의 근대』, 소명출판
J.L.머셀 저, 김정태 역(1990), 『음악교육과 인간형성』, 삼호출판사
크리스토퍼 피어슨 저, 박형신·이택면 역(1998), 『근대국가의 이해』, 일신사
星旭 저, 최재륜 역(1994), 『일본음악의 역사와 감상』, 현대음악출판사
히야마 히사오 저, 정선태 역(2000), 『동양적 근대의 창출』, 소명출판
H.M.Miller 저, 편집국 역(1987), 『서양음악사』, 세광음악출판사

논문

구인모(2008), 「가사체(歌辭体) 형식의 창가화(唱歌化)에 대하여」, 『한국어문학연구』 제51집
김동식(2005), 「철도의 근대성-'경부철도노래'와 '세계일주가'를 중심으로」, 『돈암어문학회』

이주열(2010),「철도공간에 대한 최남선과 김기림의 시적 발현 연구」,『외국문학연구』40호
浅岡隆裕(2006),「イメージ形成に関する社会学的研究序説」,『立正大学文学部論叢』124
有道惇·津上崇(2007), 「わが国における子どもの歌の多様性について－明治時代からの変遷(1)」
礒田道史(2004),「内村鑑三『代表的日本人』を貫く精神」,『文芸春秋』82号
稲田嶺一郎(1983),「本邦幼児音楽教育史考－明治期の唱歌教育(其三)－」,『美作女子大学紀要』28号
_________(1984),「明治期就学前唱歌教育－祝日大祭日儀式唱歌と幼稚園－」,『美作女子大学紀要』29号
岩本真智子(1998),「明治唱歌教材『幼稚園唱歌集』研究その1」,『神戸大学大学院教育学研究科教育過程論研究室』5
籠谷次郎(1973),「明治教育における学校儀式の成立」,『日本史研究』132号
大竹聖美(2008),「日本と韓国の『鉄道唱歌』－大和田建樹『満韓鉄道唱歌』(1906) と崔南善『京釜鉄道歌』(1908)－」,『東京純心女子大学紀要』第12号
加藤有子(2004),「鉄道唱歌をめぐって」,『大垣女子短期大学教育紀要』
桜井雅人(2004),「唱歌集の中の外国曲－『小学唱歌集』を中心として(1)」,『言語文化』第41巻
佐々木正昭(2008),「学校の祝祭についての考察－学芸会と唱歌」,『人文論究』第58券, 関西学院大学人文学会
佐藤敏雄(1973),「小学唱歌集の一研究」,『秋田大学教育学部研究紀要』23
佐藤秀夫(1963),「わが国小学校における祝日大祭日儀式の形成過程」,『教育学研究』30巻
嶋田由実(1980),「尋常小学読本唱歌·尋常小学唱歌編纂過程の研究－小学校における唱歌教材としての位置とその役割」,『武蔵野音楽大学研究紀要』13号
________(1981),「明治20年代における子どもの歌に関する考察(1)－保育における唱歌教育開始のための様々な試み」,『日本保育学会大会研究論文集』53
________(1994),「明治期小学校唱歌教育における'数えうた'の研究－歌詞内容の分 類と唱歌教授細目の分析を通して－」,『大阪女子短期大学紀要』19号
中山エイ子(1999),「明治時代の読本唱歌集」,『金沢工業大学日本学研究所日本学研究』2巻
西島央(1994), 「学校音楽の国民統合機能－ナショナルアイデンティティとしてのカントリー意識の確立を中心として－」,『東京大学教育学部紀要』34巻
______(1997),「ヘゲモニー装置としての唱歌科の成立過程」,『教育社会学研究』60
橋本勝(1993),「明治期学校行事の社会的機能に対する一考察」,『教育研究』第37号, 青山学院大学教育学会紀要
本田活(1989),「明治20年代前半の唱歌教育について－とくに儀式唱歌を中心として－」,『大

正史学』19巻
松原武実(2003),「『小学唱歌集』全三編の構成と諸問題」,『鹿児島国際大学短期大学部研究紀要』第71号
山口幸男(1994),「明治期における地理教育唱歌について」,『新地理』41-4
山下恭子(2006),「わが国の唱歌教育について－唱歌教育の創設から昭和初期まで」,『佐女短研究紀要』第40集
米地文夫·増子義孝(2004),「アジア·ナショナリズムの勃興期における景観の役割－志賀重昂『日本風景論』と土屋健治『カルティニの風景』との視座の比較－」,『総合政策』第5巻 第1号

박선희(朴善姬)는 전남대학교 일어일문학과에서 박사학위(2012)를 받았다. 조선대학교 강의, 광주대학교 겸임교수를 역임하였으며, 현 전남대학교 일어일문학과 시간강사로 출강하고 있다. 저서로는『일본인은 어떻게 신이 되는가』(공역),『수신하는 제국』(공저),「明治唱歌에 나타난 '근대 臣民만들기' 양상 -『소학창가집』의 가사를 중심으로-」,「『소학창가집』 속의 찬미가와 메이지」 등이 있다.

메이지 시대의 창가(唱歌) 연구 – 일본의 근대 국민국가 형성 양상을 중심으로 –

인쇄 2014년 11월 25일
발행 2014년 11월 28일

저 자_박선희
발행인_지병문
발행처_전남대학교출판부

등 록_1981. 5. 21. 제53호
주 소_500-757 광주광역시 북구 용봉로 77
전 화_(062) 530-0571~2 마케팅부 530-0573
팩 스_(062) 530-0579
홈페이지_http: //www.cnup.co.kr
이메일_cnup0571@hanmail.net

값 23,000 원

ISBN 978-89-6849-162-7 (93830)

이 도서의 국립중앙도서관 출판예정도서목록(CIP)은 e-CIP홈페이지(http://www.nl.go.kr/ecip)와 국가자료공동목록시스템(http://www.nl.go.kr/kolisnet)에서 이용하실 수 있습니다.
(CIP제어번호: CIP2014035646)